KB233983

Metaphor-Theology &
Digital-EcoTheology

은유신학과 디지털-생태신학

Metaphor-Theology &
Digital-EcoTheology

은유신학과 디지털-생태신학

사이버생태신학을 향하여

심영보(Ph.D) 지음

한국학술정보[주]

사랑하는 아내 채정, 아들 경진·규헌이와
생명을 사랑하며
자연을 보듬어 안아 아우르고 환경을 만들어가는
모든 사람들과 더불어……

들어가는 말

나무가 꽃을 피울 때, 그것은 곧 '신(God)'이 꽃피는 것이다. 씨앗이 싹틀 때, 그것은 신이 싹트는 것이다. 강이 흐르는 것은 곧 신이 흐르는 것이다. 새가 노래하는 것은 신이 노래하는 것이다.

신은 인격체가 아니다. 또한 어느 한 개인도 아니다. 그분은 순수한 존재이다. 그분은 존재 그 자체이다. 그분은 어느 곳에나 존재한다.

신은 에너지이다. 생명력, 그것이 신이다. 앙리 베르그송은 신을 '생의 약동'이라고 표현한다. 신은 존재계 그 자체이다. 사물이 존재하는 곳이면 어느 곳이나 신은 존재한다. 왜냐하면 다른 것은 존재하지 않기 때문이다. 이것은 매우 난해한 문제이다.

예수 그리스도는 이해의 대상이 될 수 없있다. 그래서 그는 십자가에 못 박히신 것이다. 그가 "나는 하나님의 아들이다"라고만 말했어도 유대인들은 그를 용서했을 것이다. 그러나 그는 그 이상의 메타포를 주장하고 나섰다.

"나는 세상의 빛이다. 나는 세상에 빛으로 왔다."

그는 빛이다. 그는 아들이라기보다는 아버지다. 그로부터 모든 것이 나왔고 모든 것이 그에게로 돌아간다. "나로부터 모든 것이 나왔고 모든 것이 나에게로 돌아온다. 나무토막을 쪼개보라. 내가 그곳에 있다. 돌들을 들추어보라. 그러면 그곳에서 너희는 나를 발견할 것이다"라고 주장한다. 예수 자신은 자연과 유기체적인 합일을 강조한다.

"나는 하나님의 아들이 아니다. 내가 하나님 자신이다." '하나님의 아들'이라고만 말했어도 예수는 살아남았을 것이다. 그러면 용서를 받았을 것이다.

아버지는 근원이다. 아들은 그 산물이다. 그들은 매우 닮은꼴이다. 그러나 아들은 아들이며 아버지는 아버지다. 그 구분은 유지될 수 있으며 아들은 아버지에게 복종해야 한다. 그것은 주인과 노예의 관계가 아니다. 아버지와 아들의 관계에 더 가깝다. 그러나 관계는 관계이다. 그들은 여전히 둘로 남아 있다. 이 같은 내용은 66권 성경에서 찾아볼 수 없다. 기록될 수도 없었다.

예수는 이러한 내용들을 소수의 제자들과 이름 없는 여자들에게만 이야기했을 것이다. 가장 가까운 사람들에게만 들려주었다. 시장에서나 광장에서 공개적으로 이런 말을 할 수 없었다. 그곳에서는 "나는 하나님의 아들이다"라고만 했을 것이다. 특히 가장 가까운 제자들에게 "나는 하나님이다. 나는 아들이 아니다. 나는 모든 것의 근원이다. 나는 알파요, 오메가다. 나에게서 모든 것이 나오고 나에게로 모든 것이 돌아온다. 나는 모든 것이다. 나는 중심이다. 나는 우주이다. 나는 천체이다. 나는 모든 것의 근원이다. 모든 것이 내 안으로 녹아 들어온다. 그대의 에고를 던져 버리고 내 발아래로 들어오라"고 초청한다.

『도마복음서』(The Gospel of Thomas)에서 들려주는 이야기다. 도마

(Thomas)에 의하면, 예수 그리스도는 환경을 보호하는 선구자이다. 도마에 의하면 예수는 '범신론자'가 아니다. '범재신론자'이다.

　인간과 동물과 식물은 이 지구라는 행성에서 공동으로 위험에 직면해 있다. 이 행성과 그것이 운행하고 있는 이 우주 바다 자체도 마찬가지다. 모두가 같은 것으로 만들어져 있어서 공동운명에 처해 있는 것이다. 역사의 궁극을 이야기할 때, 개인의 역사에 초점을 맞추어서도 안 되지만 인간 역사에 초점을 맞추어서도 안 된다.
　'호모 사피엔스(Homo Sapiens)'가 나타나기 이전, 억겁의 세월을 지탱해온 실재를 위한 희망이어야 하고 그 희망은 지극히 작은 이 지구의 희망이기도 하다.
　폭풍이 몰아치는 가운데서 하나님은 욥(Job)에게 큰 그림 속에서 네 위치가 무엇인지 살피고 과대망상이나 착각하지 말라고 권고한다. "내가 땅의 기초를 놓았을 때", "그날 새벽에 별들이 함께 노래할 때", "네가 거기 있기라도 하였느냐?"(욥 38:1～7)라고 묻는다. 달리 표현하면 나선형 성운이 식기 시작할 때, 혹은 세 뿔 달린 공룡이 지구를 배회할 때, 너는 어디에 있었느냐고 묻는 것과 같다. 욥의 우주론이 우리를 인간으로서 자리매김하게 한다.
　기독교인의 미래관이나 종말론은 시렁이와 블랙홀을 모두 포함시켜야 한다. '인간이 우주의 흙이나 바위에 들어가 있다'는 밀이 일종의 수사에 불과하던 때도 있었다. 그러나 생태 환경운동이 일어나면서 '모든 미분자는 상호 의존되었다'는 사실이 강조되었다. 이것은 더 이상 이상한 소리로 들리지 않는다.
　예수 자신은 '겨자씨', '포도 가지', '공중에 나는 새', '들의 백합'

등 성장과 성숙을 말하는 이미지, 곧 유기체적 은유를 지속적으로 사용한다. 자신만의 독특한 '생태-메타포(Eco-Metaphor)'를 통하여 우주와 지구의 미래를 생각한다.

자연과의 일치나 합일을 토로해내는 예수 자신이 사용하는 화법의 핵심은 은유법(metaphor)이다. 그러나 은유는 항상 위험성이 존재한다. '거대 담론'의 진실도 마찬가지이다. 함부로 발설해서는 안 되는 화법이다. 복음서에서 예수가 자신에 대하여 언급하는 은유적 담론은 하나같이 위험한 발상이었다. 이것 때문에 33세의 젊은 나이에 요절한 것이다. 예수는 스스로 자청한 메타포의 희생자였다. 그래서 우리는 성서 속의 은유적 텍스트들을 좀 더 면밀하게 살펴볼 필요가 있다.

최후의 만찬에서 예수 그리스도가 빵 조각을 들고 "이것이 나의 몸이다", 포도주잔을 들고 "이것은 나의 피다"라고 말씀하신다. 이 얼마나 이상한 메타포(Metaphor)인가? 그러나 이 은유는 우리들의 심장을 두근거리게 만들며 더 의미 있게 들리게 한다. 그의 몸은 우리 몸과 마찬가지로 우주의 얼개를 이루는 한 조각이며 파편이다. 샤르댕에 의하면 "지구는 생명의 미사가 계속 드려지는 제단이다." 특히 바울은? 베드로는? 인간의 몸이 성령께서 안주하시는 성전이라고 고백한다.

메타포는 참된 영혼을 걸러내는 과정 속에서 긴급성과 생동력을 가지고 있다. 진리에 이르는 유일한 방법은 메타포를 통해서만 가능하나. "나는 길이다", "나는 진리다", "나는 생명이다." 이 같은 은유의 행진들은 예수가 메타포의 전문가였으며 '환유신학(Metonymy Theology)'의 대가라는 것을 리얼하게 보여준다.

하비 콕스(Harvey Cox)에 의하면 "예수의 몸이 승천했다"고 하는 것은 일종의 '수직적 해결'이라고 주장한다. 이 '수직적 해결'이라는 말이 지니고 있는 치명적인 결함은 그것이 '공간적 메타포(Space Metaphor)'로 구성되었다는 점이다. 한 시대에 멋진 효과를 가지고 있던 '시대적 메타포(Time Metaphor)'와 상징들이 다른 시대에는 혼란을 일으키거나 심지어 조롱을 받게 되는 결과를 초래한다. 지난 2000년 동안, 초기 기독인들이 말하려고 의도했던 것이 무엇인지 알아내는 것이 중요하다. 분명 우리는 지금까지 그들의 의도를 어느 정도(?) 바르게 전달할 수 있었다.

예수의 몸 혹은 그의 부활을 생태학과 연계시킬 때 조심해야 한다. 인간이 토양이나 해초와 분리될 수 없이 연결된 하나라는 사실은 중요하다. 그러나 '어머니 지구'에 대한 메타포에 지나칠 정도로 의미를 부여하고 있다는 것이다. 지구를 '어머니'라고 보지 않고 '구세주'라고 보려는 데 문제가 있다. 즉, 지구를 지구의 여신 '가이아(Gaia)'로 숭배하는 것은 불도저나 전기톱으로 이 땅을 생각 없이 파헤치거나 잘라내는 것에 대한 과민반응이다. 반신성화가 신격화로 대체된 셈이다. '어머니 지구'를 신격화하는 것은 지구도 우리와 같이 유한성, 우리처럼 죽어야 할 운명을 공유하고 있다는 사실을 알아야 한다.

이 지구는 하나님이 아니라 하나님의 피조물이다. 우리의 희망은 지구에 있는 것이 아니라 지구를 '위한' 것에 두어야 한다. 사도 바울이 말한 것처럼 탄식하고 신음하는 것은 인간만이 아니라 우주의 전 피조물이다. 우리와 함께 피조물 모두가 인간의 손에 의해 당하는 수모로부터 그리고 죽음과 속박으로부터 완전히 해방되기를 고대하고 있다(롬 8:18~24). 그러나 인간은 물론 이 지구도 생주이멸(生住異滅)의 원칙에 따라 조만간 사라지게 될 것이다. 이 땅은 결국 죽어가는 태양의 폭발로 불탄 재로 변하게 될 것이다.

　21세기가 도래하여 하나님은 '자신만의 고유한 방법'으로 인간 역사의 한 페이지를 넘기고 있다. 따라서 우리들은 새로운 메타포를 찾아내야 한다.

　WWW는 새로운 메타포이다. WWW는 우주뿐만이 아니라 이 땅이 평화로운 지구촌이 되도록 통합을 지향하는 디지털-생태 유기체적 메타포이다. 지금까지 역사의 마디마다 표현해왔던 모든 전통적인 신학을 포함하여 사이버신학, 디지털신학, 웹신학 등 하나님과 인생에 관한 모든 것들이 메타포의 '덮개'로 포장되어 있다. 이 '덮개'로 포장된 '사이버생태신학' 역시 은유의 한 과정이다.

　스티븐스(Wallace Stevens)의 말을 인용해본다. "은유의 은유와 같은 것은 존재하지 않는다(No such thing as a metaphor of a metaphor)."

　『은유신학과 디지털-생태신학(Metaphor-Theology and Digital- EcoTheology): 사이버생태신학을 향하여』를 출판할 수 있도록 배려해주신 한국학술정보(주) 채종준 대표이사님과 출판기획팀 지성영 선생님을 비롯한 모든 편집 담당자에게 감사드린다.

2012. 9.
사이버신학 연구소장 심영보
Blog: http://blog.naver.com/jdewpoint.do
E-mail: jdewpoint@naver.com
1983208@daum.net

목 차

제2부

제1부

십자가에 달려 "나와 아버지는 하나다"라고 말한 이 젊은 랍비에 대하여, 바울이 발견한 위대한 깨달음은 예수의 깨달음과 같은 것이었다. 이것은 '지식'의 멋진 예라고 할 수 있다. 신을 사실로 생각할 때, 신과 우리 자신을 동일시할 수 없다. 그러나 신을 생명의 역동성에 대한 메타포(은유)로 보고 우리 자신을 거기에 포개 놓을 때, 비로소 우리는 신이 된다.

―조셉 캠벨, 『네가 바로 그것이다』―

제1장 인풋(Input)

봄
아침 일곱 시
하늘엔 종달새가 날고
달팽이 가시나무 위를 기어가는데
하나님은 하늘에 계시니
만사태평하구나

－'피파의 노래'에서－

제1절 농부와 개미의 협상

자연을 사랑했던 낭만주의 시인들의 시(詩)를 감상하고 있으면 자연과 동화되어 평화로운 전원의 아름다움을 느낄 수 있다. 아무리 감정이 메마른 사람들이라 할지라도 자연스레 '감정이입'이 되어 자연의 일부가 되는 것을 알 수 있다. 바로 그 순간, 인간의 파괴적 본능은 사라지게 된다. 무슨 이유일까?

자연을 의인화시켜 노래하는 낭만주의자들은 모두가 생태학자들이다. 도시인들보다 시골 사람들이 더 생태적이다. 시골 사람들보다 동물들이 더 생태적이다. 동물들보다 식물들이 더 생태적이다. 들에 핀 한 송이 백합화가 더 생태적이다. 공중을 날아다니는 참새 한 마리가 더 생태적이다.

개미가족들이 지난가을에 이사를 왔다. 넓고 넓은 고구마밭 한가운데 기초공사를 하고 보금자리를 틀었다. 꿈과 희망이 부풀어 올랐다. 한겨울을 포근하고 아늑하게 보냈다.

이 개미가족들은 왜 하필이면 밭 한가운데로 이사를 왔을까? 내년에 새봄을 맞이하면 누군가 이 땅을 갈아엎어 곡식을 심을 텐데. 이곳이 얼마나 위험한 지역이라는 것을 모르고 이사해온 것일까?

새봄을 맞아 농부가 소에 쟁기를 씌워 밭을 갈기 시작한다. 얼큰한 막걸리 한잔에 취기가 돈 농부의 눈이 흐릿하다. 이 인간의 눈엔 과연 개미집이 보이겠는가? 개미가족들의 운명이 풍전등화와 같은 위기에 직면해 있다. 자신들의 집이 한순간에 무너져 뿌리가 허공에 매달린 나무처럼 파헤쳐질 것이다.

250㎏이 넘는 엄청난 몸무게에 실린 소 발굽에 짓밟힐 것이다. 쟁기의 차디찬 쇳덩이가 자신들의 집을 초토화시킬 것이다. 해체시킬 것이다. 뒤엎을 것이다. 대지진이 발생할 것이다. 살아남은 개미들이 몇이나 될까?

행동으로 옮기기 전, 밭을 갈기 전에 한 번쯤 밭 전체를 둘러보면 어떨까? 혹시 개미집이 있거들랑 무릎을 꿇고 그늘과 머리를 맞내고 상의 한번 해주면 좋지 않겠는가?

"언제 이사 가시겠습니까?"

"1달만 말미를 주시오."

"안 됩니다. 씨는 적기에 뿌려야 하고 고구마순은 적기에 심어야 합니다."

"이사 갈 준비가 안 되었는데 어떡합니까?"

"내일 밭을 갈아엎을 생각입니다."

"한 번만 봐주시오. 시간 좀 늦추어주세요."

"꿀벌들이 지구에서 사라지고 난 뒤, 4년 안에 지구는 멸망한다"고 아인슈타인은 말한다. 공원조성 사업을 한다고 아카시아 나무를 생각 없이 베어내고 있다. 지구온난화, 생태계의 파괴와 변화로 인하여 지구촌 곳곳에서 꿀벌들이 급속히 사라지고 있다. 만약 꿀벌들이 사라지면 인간의 먹거리가 사라진다. 인간이 먹는 모든 양식 가운데 3분의 1이 곤충의 수분에 의하여 공급된다. 이 중 80%는 꿀벌들의 '발품'이다.

꿀벌들이 사라진다면 아카시아 나무들도 그 종자가 사라질 것이다. 아카시아 나무들이 사라진다면 그 꽃향기도 사라질 것이다. 온 지구촌에는 썩은 냄새만 가득 차게 될 것이다. 잘라내고 베어내는 데 온갖 정신이 팔려 있다면, 더불어 살아가는 생명체들이 신음하게 될 것이다. 한낱 미물에 지나지 않아 보이는 꿀벌의 도움이 없이 인류는 결코 풍요로운 삶을 살 수 없다. 우리는 이렇게 생명의 그물망으로 서로 연결되어 있다.

농부들이여!

개미들은 밭 토양에 산소를 공급해준다. 공중의 유무기물들을 땅 속으로 스며들게 하여 토질의 질을 높여 주고 있는 제2의 전문 농사꾼들이다. 대형 포클레인을 불러다가 개미집이 부서지지 않도록 온전히 들어 올려 안전한 곳으로 이주시키고 난 다음, 밭을 갈아주시오.

부탁이오!

노르웨이의 철학자 네스(Arne Naess)에 의해 형성된 '심층 생태론(Deep Ecology)'은 생명 중심적 평등, 즉 인간을 다른 종과 동등한 위치 또는 다른 종들보다 높지 않은 위치에 놓기 위해 싸우고 있다.[1]

개미나 벌들도 인간과 동일한 대우를 받으며 살아가야 할 권리가 있다면, 그 권리를 인정해준다면, 이 지구촌은 덜 오염될 것이다.

21세기보다 12세기에 살기를 원해야 한다. 12세기보다 1세기에 살기를 원해야 한다. 1세기보다 역사[2] 이전의 시대에 살기를 원해야 한다. 원시시대로 돌아가야 한다.

21세기, 사이버시대를 살아가면서 어떻게 원시시대로 돌아가야 하는 것인가 반문할지 모른다. 이러한 반문 속에 자연과 환경을 살리는 우리들의 과제와 최소한의 대책이 있을 것이다.

제2절 사이버생태신학의 태동

사물을 생물학적으로 바라보는 것은 새로운 방식이 아니다. 2천 년 전에 특히 헬라사상에서 그것은 흔한 방식이었다. 사실 에콜로지(ecology)라는 말은 고대 헬라사상으로까지 거슬러 올라간다. 에콜로지는 가족에 대한 학문을 의미한다. 헬라어로는 *oikos*로서 이것은 *eco*라는 접두어를 가진 단어들의 어근이다.

그리스 사상가들은 우주의 모든 것이 어떻게 서로 연결되어 있는지를 논하기 위해 오이코노미아(*oikonomia*)와 오이쿠메네(*oikumene*)라는 말을 사용하였다. 이 말들은 우리가 사용하고 있는 economy와 ecumenical이라는 단어의 기원이다. 따라서 '경제(economy)'라는 것은 사실 하나의 생태학적인 개념이다. '코이노니아(*koinonia*)', 즉 친교에 참여하는 파트너들은 재화와 서비스를 관리하며 분배하는 '오이코노모이(*oikonomoi*)', 즉 경제학자들(economists)이다. 이 코이노니아는 인간들뿐만이 아니라 우주의 모든 생태학적 생명체를 포함하고 있는데 의미가 있으며 특히 나그네와 아웃사이더들과 생필품을 함께 공유해야 한다는 '친구로서 하나님'의 사랑 메타포가 내포되어 있다.[3]

헬라사상에서 이러한 연계성은 종종 존재의 거대한 사슬로서 묘사되었다. 존재의 사슬이란 개념은 정적일 수 있고 사회적으로 압제적일 수도 있다. 그러나 그것은 일관성이 있으며 따라서 매력적이다. 사슬과 생태학이라는 개념들을 언급하면서 『자연의 역사』 편집자는 1968년 예언적으로 다음과 같이 묘사하고 있다.

우주의 모든 것이 서로 밀접하게 연결되어 있다는 것은 오래된 사상이지만, 여전히 널리 퍼져 있는 사상이다. …… 심지어 오늘날에도 살아 있는 세계의 도덕적 질서라고 하는 대중적인 관념은 사라지지 않고 있다. …… 우리는 이제 …… 그 거대한 사슬을 재규정하고 재결합하고 있다. 그러나 철학적이고 신학적인 가치에 근거한 계급체계 대신에 우리는 관계에 있어서의 실제적인 역할과 결과를 인식할 수 있는 체계를 발전시켜 나가고 있다. …… 우리 중 많은 사람들은 새로운 사슬의 과학을 묘사하는 단어, 즉 생태학이라는 단어에다 신비적인 특성을 부여하는 경향이 있지만, 사실 과학 그 자체는 구체적이며 분명하며 경험적이다. 그럼에도 그것은 위대한 종교적인 사상만큼이나 엄청나게 세계와 사슬에 대한 우리의 관념을 재구성하고 있다.[4]

황금사슬 또는 존재의 거대한 사슬이라는 은유적 표현은 적어도 플라톤에게까지 거슬러 올라간다. 그것은 서양사상에 있어서 상당한 영향력을 발휘한 것이었다. 그 사상은 중세시대와 심지어 18세기에 이르러서도 지배적이었다. 법학자였던 포테스큐(John Fortescue)는 1400년대를 다음과 같이 지적하고 있다.

> 이 질서 안에서 뜨거운 것은 차가운 것과 건조한 것은 습기 있는
> 것과 무거운 것은 가벼운 것과 큰 것은 작은 것과 높은 것은 낮은
> 것과 조화를 이루고 있다. 이 질서 안에서 천사는 천사가 됨으로써
> 천상의 계급이 질서를 유지하며 사람은 사람이 되고 짐승은 짐승
> 이 되며 새는 새가 되고 물고기는 물고기가 됨으로써 이 지상과 공
> 중과 바다의 질서가 유지되고 있는 것이다. 따라서 땅 위에 기는
> 벌레, 공중의 나는 새, 바닷속을 헤엄치는 물고기 등 이 모두를 질
> 서의 사슬이 최상의 조화 속에서 묶고 있는 것이다.[5]

중세의 최고의 철학자이며 신학자였던 토마스 아퀴나스는 하나님
께로부터 시작되어 그 지능의 순서에 따라 천사, 인간, 동물 그다음에
는 식물과 무생물로 정렬되는 존재의 사슬을 말하고 있다. 중세 대성
당들의 난해한 조각들도 종종 이 존재의 사슬을 묘사하고 있다.

생태학은 2가지 열쇠를 암시한다. 즉, 통일성 혹은 전체성과 다양
성 혹은 독특성이다. 생태학이 되기 위해서는 전체를 구성하는 부분,
즉 수적으로 측정될 수 있는 실체들이 있어야만 한다. 생태학은 숫자
(사람, 곤충, 요소, 미립자, 개념, 혹은 그 밖의 무엇이든 간에)를 요구
한다. 그리고 의미는 그 부분들 간의 관계로부터 생겨나는 것이다.

그렇다면 의미란 무엇인가? 의미는 어떤 하나가 다른 것과 관계하
고 있다고 하는 일치(correspondence)와 표시(signification)이다. 우리는
오직 어떤 것이 다른 것과 맺고 있는 관계성을 통해서만 그 어떤 것
이 무엇인가를 의미한다고 말할 수 있다. 따라서 의미는 두 가지 사
이의 관계를 필요로 한다. 사실 의미는 둘이나 셋 간의 패턴을 포함

한다. 어떤 첫째가 둘째 것과 관계하며 그리고 그 첫 두 가지 때문에 셋째 것이 의미를 갖게 된다. 즉, 관계 그 자체의 의미를 갖게 되는 것이다. 어떤 면에서 이 관계는 둘 사이 통일성을 위한 접착제와 같은 것이고 적어도 비유적으로는 통일성은 그 관계의 소산인 것이다. 따라서 의미는 생태학적인 것이며 어떤 점에서는 수적이기까지 하다.

기독교 전통에서 철학자들과 신학자들은 삼위일체라는 교리를 통하여 이 의미와 관계의 문제를 다루어왔다. 즉, 하나님이 어떤 존재이든 간에 하나님은 단순한 하나가 아니라는 것이다. 하나님은 하나 속에 셋이시다. 삼위일체는 하나님의 자기 인식의 복잡성과 다중성을 묘사하는 한 가지 방법이다. 하나님의 통일성 혹은 의미는 둘 속의 하나, 셋 속의 둘, 혹은 셋 속의 하나가 서로 불가분적으로 상호 교통하는 관계성에서 발견할 수 있다. 기독교적인 관점에서 볼 때, 의미는 삼위일체론적이며 관계론적인 것이다. 아버지와 아들과 성령이 인격적으로 일치하고 있는 삼위일체의 하나님은 사랑스러운 상호교통 가운데 연합되어 계신다. 삼위적 인격을 구성하는 하나님의 존재성에 있어서 이 같은 연관성은 너무도 심원한 것이다. 그것은 한 존재 안에 세 위격이 있는 그 어떤 비인격적인 에너지나 정신에 의해 연합된 두인경이 아닌 형태이다. 여기서 중요한 것은 세위격의 관계성이다. 따라서 삼위일체라는 교리 그 자체가 의미의 단일성이 지니고 있는 본질적인 이중성과 심중성에 있는 흥미 있는 암시인 것이다. 디옥 흥미로운 것은 그 교리가 실제적으로 기계론적이거나 계급주의적인 개념이 아니라 분명히 생태학적인 개념이라는 사실이다.[6]

만약 모든 것이 독립적으로 연관되어 있음을 의미한다면, 의미의 생태학에서 의미란 상호 연관된 수많은 부분들의 복합현상이라는 점을 보여준다. 의미는 그 자체로서 한 가지가 아니라 서로 연관되어 있는 많은 것들이다. 예를 들면 남성과 여성은 상호관계하며 사랑은 진리와, 개인은 사회와, 인류는 환경과, 현재는 과거나 미래와 관계하고 있는 것이다. 또한 정신은 물질과 관계하며 어떤 것들은 자체의 관계성의 패턴과 관계하고 있고 상징은 그것을 상징화하는 것과 관계하고 있다. 의미의 생태학은 의미라는 것이 복잡하기도 하며 단순하기도하다. 전체적이기도 하며 부분적이기도 하다는 것을 보여준다. 그것은 복잡하기도 하지만 한편으로는 일관성이 있다. 그것은 거대한 컴퓨터의 소프트웨어 프로그램의 부분과 같다. 각 부분은 전체가 작동하도록 하기 위하여 필수적인 것이며 그와는 정반대로 각각의 요소를 한 부분이 되도록 작동하는 전체가 있는 것이다. 그러나 우주는 소프트웨어 프로그램 이상의 것이다. 그것은 사람들이 존재할 수 있는 상황을 조성해주는 삶과 의지를 포함하는 실체인 것이다.[7]

달팽이와 참새의 삶이 우리 인간의 삶과 여러 면에서 연결되어 있다는 것을 깨닫게 된다면, 이 지구촌은 한층 더 아름다운 세상이 될 것이다.

사이버신학은 자연의 생태계를 보존하는 생명신학이며 녹색신앙이다. 21세기의 사이버신학은 잃어버린 창조의 질서를 회복시키며 재조명하기 위한 하나님의 자연을 사랑하기 위한 지혜의 신학이다.

생태신학은 종교와 자연의 상호관계에 초점을 맞추고 있는 건설적 신학의 한 형식이다. 출발의 전제는 인간의 종교적 영적 세계관과 자연의 타락 사이의 관계성에서 출발한다. 자연에 대한 인간의 지배와 생태학적 가치 사이의 상호작용의 관계성을 탐험한다. 따라서 생태신학적 운동은 종교-환경이라는 프로젝트 안에서 제기된다.

적대적 세계관, 세속적 가치관, 기계문명의 신성시, 물질만능주의, 개발논리 등 서구 문화적 가치들은 자연과 문화를 분리하는 이분법적 가치관을 가지고 흑백을 가리듯이 자연을 대하고 있다.

지구의 생태계에는 땅, 물, 공기, 자원, 식량 등 5가지 위기가 발생하고 있다. 이러한 위기들은 인간들의 일반화의 위험성과 과잉 단순성, 문화적 상대성, 이상의 결핍, 개인적 편견 등에서 비롯된다.

기독교 세계관은 초월과 연합이다. 개인구원의 중요성, 소용돌이와 같은 자연의 야성에 대한 위협과 공포, 생필품으로써 유용성의 가치, 장애물, 선과 악의 요소들이 자연을 보는 관점에 따라 다르다.

하나님께서 창조한 자연은 기본적으로 본질적인 가치가 있다. 자연의 모든 요소와 연합하여 공생하려는 희생의지가 있어야 한다. 하나님의 질서 정연한 생태계를 파괴하고 교란시키는 것이 바로 죄가 될 수 있으며 인간의 죄성을 그대로 보여주고 있는 것이다.

이성과 계시, 신앙과 역사, 방법론적으로나 인식론적으로 어떻게 하나님을 알 수 있을까? 1960년대 해방신학을 비롯한 현대의 신학은 "우리가 어떻게 하나님을 알 수 있을까"라는 문제가 아니라 "우리가 어떻게 세계를 변화시킬 수 있을까"를 묻고 있었다.

20세기 말부터 전체적으로 생각하는 것, 존재하는 모든 것을 고려하는 방향으로 시대적 흐름이 바뀌고 있나 WCC는 평화와 정의의 연합된 목소리에서 창조의 통합을 추구하고 있다. 지구상에 존재하는 모든 것은 상호 관련성이 있으며 상호 의존적이라는 것이다. 여기서 각자의 운명은 전체의 운명과 필연적으로 묶여 있다는 것이다. 교부적, 계급적, 전투적인 이미지를 가진 하나님의 중심적인 상징들을 반대하기보다는 생명의 관점에서 재해석할 것을 요구했다.

21세기의 신학적 패러다임은 "우리가 어떻게 멸종으로부터 종을, 파멸로부터 지구를 구해낼 수 있을까"라는 생태학적 질문으로 바뀌어가고 있다. 모든 신학은 역사적으로 특이한 맥락에서 쓰인 것이다. '사이버생태신학' 또한 21세기의 지구촌을 살리기 위한 피할 수 없는 과정의 신학이라고 볼 수 있다. 그동안 무시되어 왔던 지구촌의 생태계가 인류의 생존을 위한 공유의 맥락으로 바뀌어 가고 있는 현실을 직시하면서 가장 이상적인 환경을 위한 환경에 대한 환경에 의한 신학이 있다면, 사이버생태신학이라고 할 수 있다.

여성신학자들을 중심으로 생태여성주의(Eco-Feminism)[8] 관점에서 생태신학이 활발하게 논의되고 있다. 자연의 힘과 여성의 힘은 불가피하게 연계되어 왔다. 많은 사람들이 지적하고 있듯이 여성의 신분과 자연의 신분에 역사적으로 공통분모를 가지고 있다. 인간 억압의 형태와 자연계에 대한 무시 사이에 유사한 상관관계가 나타난다. 만약 생태계의 건강이 악화된다면, 가난한 이들은 제대로 식량에 접근할 수 없을 것이다. 보리는 모든 이들이 공유할 수 있도록 자라야 한다. 땅의 건강이 인류의 생명을 지킬 수 있다.

고든 카프만은 1983년 미국종교학회 연설에서 해석학의 패러다임 전환을 요구했다. 신학자들은 하나님, 그리스도, 토라 등의 유대교와 기독교 전통들의 기본적인 상징들을 해체시키고 재구축할 것을 천명했다.[9]

자연과 인간의 관계성을 배제시킨 서구 남성중심의 창조신학의 연구들은 이원론적 체계와 인간중심주의, 문화식민주의, 기능중심주의, 개인주의, 실용주의의 특징을 나타내고 있다.

최근 서구 남성중심의 창조신학이 지닌 이러한 한계점에 대한 인식과 더불어 생태계에 영향을 주는 주요요인으로 '자연'과 '문화'의 충돌에 대한 연구가 새롭게 시작되었다. 문화가 개인의 창조적인 생산물을 평가하여 창조성을 공적으로 인정해주는 역할을 하는 하나의 영역이라는 점에서 문화의 긍정적인 기능을 강조하지만, 인간의 삶 전반에 영향을 주는 문화의 지배적인 힘은 자연 생태계를 파괴하는 장애요인이 될 수 있다.

자연에 대한 폭력적인 이데올로기의 문화에 오랫동안 순응함으로써 창조적인 생태 지향적 사고가 억압되어 왔다. 그동안 생태신학의 연구들은 공통적으로 개인의 창조성과 사회문화적인 환경과의 상호관계성에 있어 '지나친 순응'이 생태계를 억압해왔다는 것이다. 따라서 문화에 지나치게 순응하도록 하는 '자연의 문화화'가 아니라 '문화의 자연화'가 이루어져야 할 필요성을 느낀다.

서구적인 창조신학의 개념은 개발 및 생산 지향적이며 생태적 창조성을 억압하며 무시한다. 따라서 기존의 서구, 남성중심의 과학적 실증주의 연구방법이 아닌 새로운 생태계 대안적 연구가 필요하다.

이러한 문제의식을 가지고 있는 지금까지 저명한 생태학자들의 이론과 주장들을 살펴볼 것이다. 필자의 주 저서인 『사이버신학과 디지털교회』(2008), 『사이버신학과 사이버은총』(2011)[10]을 기초로 하여 어떻게 '사이버생태신학'이 지구촌을 더불어 살리는 '살림의 생태신학'으로서 기듭 대이나는지 고찰해볼 것이다.

최근 생태계 위기문제와 함께 등장한 '에코페미니즘(eco-feminism)'[11]은 인간의 관계성을 인간 상호뿐 아니라 자연세계와도 연결시켜 이해한다. 지금까지 가부장적 문화에서 자연은 문화화가 되었으며 가부장제의 위계적이고 이원적이며 억압적인 사고양식은 자연에 해를 끼쳐왔다. 이러한 사유체계로는 생태학적 문제들에 대한 해결책은 결코 있을 수 없기 때문에 자연의 해방을 위해서는 사회의 관계구조와 가치들이 철저하게 재구성되도록 해야 한다.

하늘/땅, 여성/남성, 정신/몸, 자연/문화 등 이원론적이며 차별화된 사유체계에서 탈피하여 '상생' 혹은 '합생'의 '초월적 이원론'으로 그 패러다임이 바뀌어야 할 것이다.

12세기 힐데가르트(Hildegard von Bingen, 1098~1179)는 자신의 저서, *Physica*에서 생물과 무생물을 포함한 모든 자연계의 사물에서 생명의 힘을 느끼며 자연과 더불어 살아가야 할 것을 주장한다.

예수회 신학자이며 과학자인 샤르댕(Teilhard de Chardin)은 우주를 시공간상의 일차적인 계시적 실재로 이해함으로써 과학과 종교 사이의 분열된 상태를 치유하는 데 관심을 기울였으며 철학과 신학의 종합에서 진일보하여 우주를 살아 있는 유기체로 보았다는 점에서 이후의 기독교 생태신학 발전에 많은 영감과 통찰력을 주었다.

샤르댕에 이어 도미니크회 수사, 창조영성 신학자인 팍스(Matthew Fox)가 창조영성(creation spirituality)[12]을 제안하였다. 팍스는 인간이 속한 우주에 대한 경외심을 고양시키는 영성이 없다면 환경에 대한 경외심도 생기지 않을 것임을 역설하면서, 서구 기독교 역사에서 가려져 왔거나 왜곡된 영성의 전통을 새로 조명하였다. 그는 득히 11~13세기 독일 라인 지방에 살았던 네 명의 신비주의자[13]에 주목하면서, 원죄(original sin)가 아니라 '원복(original blessing)'을 강조하였다.[14]

팍스는 하나님을 어머니로 부르고 원죄의 중심성을 부인하며 페미니즘을 열렬히 찬양했다는 이유로 1988년 교황청으로부터 일 년 동안 침묵을 강요받기도 했다. 비록 그의 창조영성이 피상적이고 다양한 기독교 전통을 지나치게 단순화하며 따라서 죄나 죽음과 같이 기독교 전통에서 중요한 문제들에 깊은 해명을 못한다는 한계에도 불구하고, 팍스의 창조영성은 기독교 신학에 새로운 신-인간-자연 이해의 길을 열었다는 점에서 높이 평가할 만하다.

우리가 주목해야 할 것은 과정사상에 근거한 생태신학의 발전이다. 화이트헤드(Alfred North Whitehead)의 과정사상은 모든 존재가 그 근원적인 특성상 관계적이라는 것을 전제하며 모든 이원론적이고 기계론적인 사상에 도전하였다. 유기체 철학이라고도 불리는 이 사상에 근거하여 코브(John B. Cobb, Jr.)와 그리핀(David Griffin)과 같은 신학자들이 모든 존재 사이의 상호 연관성을 강조하며 전통적인 남성 신개념을 거부하고 신의 응답적이고 교감적이며 고통을 나누는 사랑을 강조하는 과정신학을 발전시켰다.

류터(Rosemary Radford Ruether)[15]는 지구를 '가이아(*Gaia*)'[16] 여신의 몸에 비유하면서 초월적 남성 신인 하나님과 인격화된 존재로 내재적인 신인 가이아라는 용어를 함께 사용함으로써 새로운 생태 신학적 영성을 말하고자 한다.[17]

맥페이그(Sallie McFague)는 우주와 생태계를 '하나님의 몸'으로 은유한다. 이러한 은유는 정신과 물질, 그리고 하나님과 세계에 대한 이원론적인 사고를 극복하고 유기체적인 생태계 안에서 인간의 책임과 위치를 재정립하려는 것이다.

'자연의 인간화'와 '인간의 자연화'에 대한 우선순위의 문제, 은유 신학적 관점에서 본 '소마(*Soma*)'의 생태적 의미가 무엇인지 정의해보며 '소마'로서의 지구가 어떠한 상황에 처해 있는지 현상학적으로 살펴볼 것이다. 그리고 하나님의 은총인 '그린은총'과 '레드은총'을 고찰해볼 것이다.

은유법의 원리, 은유 신학적 사고, 소생의 은유법을 살펴볼 것이다. 지구 전체가 '하나님의 몸'에 대한 메타포로서 재조명해 보면서 '소생의 은유법'을 새롭게 제기해볼 것이다. 몸을 주체로 한 인간은 자연과 '더불어 살리는 주체'가 되어야 하며 '관계성의 힘'을 소생과 살림을 위한 공동체적 치유를 모색할 것이다.

12세기부터 지금까지 생태신학의 역사적 흐름을 주장하는 학자들의 내용을 중심으로 비교 분석해 볼 것이다.

사이버은유법이 무엇인지 정의해보고 21세기 사이버생태학과 생태윤리를 살펴볼 것이다. 오프라인의 생태 신학적 관점을 초월하여 온라인의 '사이버생태신학'에로 더욱 연구되어야 할 필요성이 있는 실천적 연구주제들에 관하여 제언할 것이다.

제2장

하늘의 무지개를 바라볼 때면
내 가슴이 두근거렸소
어렸을 때도 그러했고
성인이 된 지금도 그러하오
그렇지 않다면
차라리 죽는 것이 더 낫겠소
어린이는 어른의 아버지요
나의 남은 생애 하루하루가
자연의 경건함으로 맺어지길 바랄 뿐이오

– 워즈워드의 '무지개(Rainbow)'에서 –

제1절 자연의 인간화와 인간의 자연화

근대 인간학은 인간이 세계의 중심이요, 세계는 사람 때문에 사람의 유익을 위하여 창조되었다. 인간을 우주 혹은 자연으로부터 구별되는 존재로 파악하며 인간을 자연에 의존하는 존재가 아닌 자연에 대한 지배자, 정복자로 파악하며 자연을 인간의 지배대상으로 보는 것이 특징이다.[18]

기독교 인간학은 성경의 창조신앙에서 근거를 발견하였다. 인간이 창조의 완성이요, 면류관이며 창조의 중심이요, 지배자이다. 근대 서구인들이 마음 놓고 세계를 정복하고 지배할 수 있는 근거를 마련하였다.

전통적 창조론에 의하면 우주의 중심이 지구의 중심이다. 지구의 중심은 인간이다. 인간이 세계의 중심이다. 그러나 코페르니쿠스와 갈릴레이의 지동설에 의하면 태양계의 중심이 지구의 중심이다. 인간은 지구의 중심으로 볼 수 있으나 우주의 중심이라고는 볼 수 없다. 인간은 우주의 중심에서 추방되었다. 이것은 근대의 인간 중심적 세계관에 대한 결정적 부정이 되었다.[19]

생태신학은 인간을 하나님의 수많은 피조물들 가운데에 한 피조물로 인식한다. 창조신앙에 있어서 인간의 창조는 자연의 창조와 연결되어 있으며 인간은 자연과 결합되어 있는 존재이며 자연을 떠나서 살 수 없다. 인간은 창조의 공동체에 속한 하나의 지체이다. 이 세계의 중심은 하나님이시며 인간은 우주의 한 작은 별에 살고 있는 자연의 일부라는 것이 하나님 중심의 세계관이다.[20]

창조기록에 의하면 인간은 모든 피조물 가운데서 제일 마지막으로 창조되었다. 그러나 창조의 완성은 안식일에 있다.[21] 다른 피조물들이 인간의 돌봄과 가꿈을 받아야 하는 반면, 인산은 다른 피조물을 떠나서 생존할 수 없다. 다른 피조물들과 인간은 서로 의존하도록 되어 있다.[22] 하나님은 인간이 독처하는 것이 좋지 못함으로 그를 위하여 흙으로 각종 들짐승과 공중의 새들을 지으셨다. 이것은 하나님이 지은 다른 피조물들은 인간들의 친구요, 파트너임을 나타낸다.

창조이야기에서 인간은 다른 피조물로부터 구별된다. 인간은 하나님의 형상을 따라 창조되었으며 다른 피조물들을 가꾸고 돌보아야 할 책임과 사명을 부여받았으며 도움을 필요로 하는 존재라는 점에서 다른 피조물과 구분된다. 또한 인간은 자율성을 가진 존재로 창조되었다. 이와 같이 인간은 우주에 있어 특별한 위치를 차지하고 있다. 이러한 위치는 하나님께서 인간에게 맡기신 자연을 가꾸고 돌보아야 할 인간의 책임과 사명, 자연세계에 대한 인간의 의무를 말하는 것이다. 인간은 자연의 진화과정에서 우주의 모든 생물로부터 나왔으며 다른 생물들의 완성된 모습을 나타낸다. 이런 뜻에서 하나님의 형상을 닮은 인간은 세계의 형상이 된다. 여기서 인간이 가진 두 가지 중복된 기능을 말할 수 있다.[23] 하나는 인간은 세계의 형상이라는 점이다. 인간은 안식일 바로 앞에 창조된 마지막 피조물로서 진화의 단순한 모든 체계들을 자기 안에 포함시키며 그것들을 나타낸다. 다른 하나는 세계의 형상인 인간은 하나님 앞에서 모든 다른 피조물들을 대리한다. 인간은 모든 피조물들을 위하여 살고 말하고 행동해야 할 청지기적 피조물이다. 또한 하나님의 형상으로서 모든 피조물에 대해서 하나님을 대리하여 하나님의 영광과 뜻을 나타낸다. 인간은 하나님 앞에서 피조물의 고난을 함께 감당하며 그들을 하나님의 나라로 인도해야 한다.

인간도 자연이다. 영혼과 육체의 이원론은 인간을 언제나 자연으로부터 분리시키고 자연의 지배자로 보며 자연을 인간의 지배대상으로 삼는 데서 기인한다. 즉, 이원론은 인간과 자연의 관계도 명령과 복종, 위와 아래, 지배와 섬김의 관계로 보게 한다. 자연은 어머니와 같이 인간을 섬기며 인간을 위하여 자기를 헌신해야 하는 여성으로 생각되었다. 그러나 인간과 자연의 본래적인 관계는 사귐과 교통과 나눔의 관계이다. 인간은 자연 안에서 자연과 함께 그 스스로 자연의 한 부분으로서 살도록 강조되었다. 이것이 창조질서이다. 인간은 자연과 똑같이 하나님의 피조물임에 틀림없다. 인간은 자연으로부터 분리되어 있지 않고 자연과 상호작용 속에 있으며 연대성 속에 살아간다. 현대신학에 있어서 인간과 자연의 이러한 관계는 파트너관계, 협동, 상호작용, 연대성이라는 개념으로 표현된다.[24]

자연은 인간의 본향이다. 자연을 어떻게 대해야 하는가는 2가지 관점이 있다. 하나는 노동과 소유의 관점이 있다. 자연은 노동과 소유의 대상이다. 인간은 자연을 가공하는 존재이며 자연은 인간에 의하여 가공되는 존재이다. 다른 하나는 거주와 본향의 관점이 있다. 자연은 인간이 그 속에 살며 그곳으로 돌아가야 할 곳이다. 본향은 인간이 살 수 있는 곳을 말하며 이곳에 평화, 조화와 균형과 자유가 있다. 이곳은 인간과 모든 피조물이 그 속에서 편히 쉴 수 있고 함께 사는 곳이어야 한다.

오늘날 생태학적 신학은 인간도 자연으로 보며 양자관계를 사귐과 섬김의 관계로 본다. 생태학적 신학은 '인간의 자연화'를 강조한다. 인간은 자연이 인간적인 면모를 가지게 되는 '자연의 인간화'를 수행하는 동시에 그 스스로 자연화되어야 한다는 것이다. 오늘날 생태학적 신학은 인간이 아닌 자연의 독자적인 가치를 인정하는 동시에 세계의 커다란 형성과정 속에서 인간의 결합성을 인정하고자 하는 것이다.

현대의 과학적 인식방법은 2가지가 존재한다. 하나는 자연을 대상화시키며 분석하며 개체화시키며 최소의 부분으로 위축시키는 방법이다. 어떤 대상을 그의 삶의 세계로부터 분리시키고 그것을 가장 작은 더 이상 나누어질 수 없는 부분으로 분해 및 위축시킨 다음 인위적으로 재생산, 재구성한다. 이 방법은 대상이 처한 삶의 세계를 전혀 고려하지 않는다. 단지 그 대상이 우리 인간에게 무엇을 줄 것인가의 관점에 따라 관찰된다. 여기서 대상에 대한 인식은 대상에 대한 지배를 말한다.

　다른 하나는 통합적 인식, 총체적 인식, 참여적 인식이다. 대상을 그 자신의 삶의 관계들과 과정 속에서 이해하며 대상의 존재에 참여하여 그것을 이해하는 방법이다. 대상을 지배하기 위하여 인식하고자 하는 것이 아니라 대상에 참여하고 사귐을 가지기 위하여 인식하고자 한다. 참인식은 인식주체와 인식대상이 하나가 되는 것이다. 대상을 지배하고 소유하고자 하지 않고 대상과 사귐을 얻고자 한다. 참인식은 대상을 분석하기보다는 이해하고자 한다.

　자연이 병들면 인간들도 병들고 자연이 죽게 되며, 자연을 오염시키고 병들게 한 인간도 결국 죽게 된다.[25] 인간과 자연은 숙명의 공동체이며 또한 고난을 같이 나누는 공동체이다. 자연이 파괴될수록 그 안에 살고 있는 인간은 원하든 원하지 않든 그 영향을 받게 된다. 그러므로 인간은 자연과 같이 생존, 공존해나가야 하는 방향을 모색하는 것이 필요하다고 본다. 또한 인간은 생태계의 보호자로서 또는 하나님을 대신하는 선한 청지기로서 그 책임과 역할을 다해야 한다고 생각한다.

　자연훼손과 생태계를 파괴시키는 주범이 기독교라는 비판을 받고 있다. 그 이유는 기독교의 영향을 전적으로 받고 있는 국가들 안에서 주로 자연오염이 심각해졌으며 환경의 파괴가 날로 가중되고 있으며 이 나라들은 자국의 이익을 확대시키기 위하여 제3세계의 생활환경까지 파괴시키고 오염시키는 경제정책을 수행해왔기 때문이다.[26] 또한 일련의 학자들은 이러한 원인과 책임은 기독교에 있다고 주장한다. 기독교가 유대교에서 인간중심적 세계관을 받아들였고 이것을 서구사회에 전파함으로써 자연을 인간의 지배대상으로 만들었기 때문

에 오늘의 위기를 초래하였다는 것이다.[27]

인간이 자연을 인간화된 정원으로 경작되고 문명화된 세계로 변화시키는 데에는 수많은 착취, 낭비, 무절제한 파괴가 있게 된다. 기독교적 전통은 우리로 하여금 자연을 무한한 이용의 대상으로 삼도록 격려해왔는지 모른다. 이른바 '자연의 인간화'가 진행된 것이다. 또 근대과학의 출현과 함께 자연으로부터 소외감이 점증되었기 때문에 그러했던 것은 분명하다.

인간은 아직까지는 의식 있는 생명체가 발견되지 않는 별들의 공간적인 세계와 진화라는 시간적인 세계와 코페르니쿠스 이래로 점점 우연에 불과한 관계를 갖게 되는 것 같다. 과학적인 시간과 공간의 크기가 아주 거대하게 확장되어감에 따라 창조에 대한 전통적인 견해는 편집광적으로, 즉 인간의 편에서 모든 것이 인간을 위해 창조되었다는 부당하고 자기만족적인 환상으로 보이기 시작했다.

근대 이전에는 인간과 자연 사이에 동질감이나 교감이 있었고 이 동질감이 상상력을 통해 가장 잘 표현된 것은 아마도 소우주에 관한 이론, 즉 반은 정신적, 반은 물질적 실체인 인간이 전 실재의 축도라는 가정이었을 것이다.

자연과 인간의 관계는 2가지 층으로 구성되어 있다는 강한 인상을 받는다. 창세기 9장 2~3절에서 첫째, 사람이 무엇을 먹어야 되느냐에 대한 규제가 없고 이것은 나중에 단지 이스라엘에서만 내린 음식에 부과한 세밀한 율법과는 현저하게 대조되어 있음을 알 수 있다. 기독인들이 더 이상 지킬 필요가 없다고 보아 율법을 거부한 후에 기독교가 의존한 것은 노아가 맺은 기본적인 계약이다. 둘째, 이 구절은 자연에 대한 인간의 태도가 오만한 착취의 모습을 보여주고 있으며,

달리 표현하면 모든 열등한 생물을 공포로 다스리려는 태도로서 동물들은 인간이 악마로 있는 지옥에 산다는 쇼펜하우어의 말을 예증하고 있다.[28]

상위 수준의 자연과 인간의 관계는 에덴동산의 아담과 이브가 자연과 맺었던 관계인데 에덴동산에서 인간은 나무의 열매로만 살았고 모든 동물들은 이름을 지어 주어야만 할 애완동물이었다(창 2:16, 20),[29] (사 11:6~9).

이러한 세상은 사라졌고 아담과 이브의 타락과 함께 인간은 지금 우리 주변에서 볼 수 있는 냉정하고 소외된 자연으로 내려왔다. 그리고 인간은 이 속에서 노동을 해야만 한다. 그러나 여전히 힘을 발휘하는 요소가 있다. 그것은 인간이 잊어버렸고 아직도 되찾아야만 하는 세계에 대한 이미지이다. 그러나 인간이 무엇이 지옥인가를 철저하게 알게 되고 인간이 자연을 지배하고 착취하면서 얻은 기쁨은 지옥에 속한 것이라는 사실을 깨달은 후, '인간의 자연화'가 이루어질 때 비로소 인간은 그러한 세상을 되찾을 수 있을 것이다. 만약 인간이 그러한 세계에서 완전히 벗어난다면 자연의 질서는 아주 다른 모습을 띠게 된다.

> 그때에 이리가 어린양과 함께 거하며 표범이 어린 염소와 함께 누우며 송아지와 어린 사자와 살찐 짐승이 함께 있어 어린아이에게 끌리며 암소와 곰이 함께 먹으며 그것들의 새끼가 함께 엎드리며 사자가 소처럼 풀을 먹을 것이며 젖 먹는 아이가 독사의 구멍에서 장난하며 젖 뗀 어린아이가 독사의 굴에 손을 넣을 것이라. 나의 거룩한 산 모든 곳에서 해됨도 없고 상함도 없을 것이니 이는 물이 바다를 덮음 같이 여호와를 아는 지식이 세상에 충만할 것임이니라(사 11:6~9).[30]

성서를 '은유의 덩어리'나 혹은 '은유의 무더기'[31]로 볼 때, 자연은 어떠한 모습으로 비칠 것인가? 하나의 우주론이 된다. 이 우주론 속에는 비성서적인 내용이 없지 않지만, 성경이 주는 것은 우주론이 아니라 상향적 변형의 비전이다. 즉, 자연에서 소외된 인간의 삶이 자발적이고 힘들이지 않은 삶으로 변한다는 비전을 주고 있는 것이다. 힘들이지 않는다는 의미는 게으르거나 수동적인 의미가 아니라 소외가 없어지는 에너지가 있다는 의미이다.

> 그날에는 내가 저희를 위하여 들짐승과 공중의 새와 땅의 곤충으로 더불어 언약을 세우며 또 이 땅에서 활과 칼을 꺾어 전쟁을 없이 하고 저희로 평안히 눕게 하리라(호 2:18).[32]

인간은 자신이 살고 있는 세계가 실제로 어떤 세계인가를 알지 못하게 방해하고 있는 자기 파괴적인 행위를 멈출 때에 비로소 자연의 궁극적인 비밀을 알게 될 것이다.

제2절 그린은총(Green Grace)과 레드은총(Red Grace)

가톨릭과 개신교를 믿는 두 여성이 있다고 가정해보자. 좀 더 구체적인 설명을 하기 위하여 그린과 레드라고 부르겠다. 그들은 함께 레스토랑에서 식사를 하고 대화를 하는 생태신학자들이다. 그러나 그들은 결코 자신들이 '생태신학자'라고 부르지 않는다.

생태신학의 정신에 충실하기 위하여 이 두 사람은 "생명이란 윤리나 어떤 선을 행하는 것이 전부가 아니다"라고 생각한다. 그들은 웃고 떠들고 노래하고 잠을 자며 친구, 가족들과 함께 시간을 즐긴다.

또한 고독을 즐길 줄 아는 이들이다. 그들은 도덕적이지만 도덕이라
는 틀에 박힌 사람들은 아니다. 만약 플라톤의 3가지 가치 진, 선, 미
중에서 더 좋아하는 것을 선택하라 한다면 '그린'이라고 말할 것이다.
왜냐하면, 그들은 인생의 미를 좋아하기 때문이다. 좀 더 정확히 표현
하면 그들은 삶의 아름다움으로 영향을 받고 있기 때문이다. 그러나
그들도 역시 많은 사람들과 다른 동물들이 겪고 있는 불필요한 슬픔
과 비극 때문에 고통을 받고 있다.

따라서 그들은 이 세계에서 건설적인 차이를 만들어내기 위하여
자신들의 공동체에서 적극적으로 활동하고 있으며 최소한 그들의 작
은 그늘진 모퉁이를 밝히려고 노력하고 있다. 그들은 생태신학자들이
언급하고 있는 '생태정의(ecojustice)'[33)]라는 것을 위하여 헌신하고 있다.

개신교도인 레드는 사회활동가로서 생태정의를 실천하고 있다. 그
녀는 생계유지를 위하여 힘겹게 살아가는 가난한 가족들을 방문하면
서 일주일에 여러 시간을 보내고 있다. 최근에 그녀는 방과 후, 10대
들의 가정교사로 일하면서 보다 더 많은 기회를 제공해주도록 시공
무원들을 찾아가 로비를 벌이고 있다. 사람들은 그녀의 유머러스한
매너를 선호하지만 때때로 짜증을 내기도 한다. 예수처럼 그녀는 어
려운 고통받고 있는 사람들을 위로해주지만 안락하게 살아가는 사람
들을 괴롭히기도 한다.

그린은 아주 조용한 성품을 지니고 있는 가톨릭 신자이다. 그녀는
언제나 동물들과 자연세계를 사랑하며 돈 많은 부자들의 별장을 짓
는 일이 그 지역의 야생동식물들의 생활에 어떤 영향을 수고 있는가
를 감시하며 평가하는 데 많은 시간을 보내고 있다. 그녀는 동식물들
의 남아 있는 서식지를 보존하기 위하여 개발업자들이 골프장을 건

설하지 않도록 시공무원들을 상대로 로비를 벌이고 있다. 사람들은 그녀를 진보와 개발의 걸림돌이라고 비난한다. 그러나 그녀는 모든 생명의 복지를 추구하고 있는 전문적인 생명보호론자라고 말한다.

레드와 그린의 사회적 이슈가 매우 다른 것처럼 보인다. 한 사람은 인간에게 다른 한 사람은 살아 있는 동식물들에게 관심이 있다. 그러나 사실 그들은 공통의 희망을 가지고 있다. 그들은 빈부 사이에 불공정한 갭을 줄이는 지역사회 건설에 협력하기를 원한다. 여기서 그들은 공동운명체 의식을 소유하고 있으며 서로를 돌보고 있다. 또한 그들은 다른 살아 있는 존재들과 유사성을 지니고 있다. 그들은 생명의 공동체를 위하여 존경과 돌봄으로 더불어 살아가기를 희망한다. 그들은 공도의 선을 위하여 헌신하고 있으며 그 선이란 다른 살아 있는 존재들과 인간들, 특히 가난한 자들과 힘없는 자들까지 포함되는 통합의 선이다.

이것이 그린과 레드가 자신들만의 독특한 생활방식으로 살아가는 이유들이다.

그들은 다른 사람들보다 앞서 가는 것을 원치 않는다. 만약 '상승이동'이 타자들을 앞서 가는 것이라고 한다면, 그들은 '수평이동'에 더 많은 관심을 갖고 있다. 즉, 사람들과 다른 생물들과 함께할 때, 만약 그 밖의 모든 사람들이 구원을 받을 수 없다면, 그늘 역시 구원받기를 원하지 않는다는 의지가 내포되어 있다. 이른바 그린과 레드의 공존은총이다.

정의롭고 생존 가능한 공동체를 위하여 공통의 관심사들을 공유하면서 그린과 레드는 영적 친분 관계를 유지한다. 우선 그들은 그린은총, 즉 녹색은총이라고 불리는 삶에 의미를 두고 있다. 그린은총은 조화와 열정의 만족이다. 이 땅의 모든 피조물들과 풍요로운 유대관계를 통해서 얻을 수 있는 만족이다. 그린과 레드 사이처럼 사람들의 건강한 관계성이 내포되어 있다. 그러나 그린은총은 인간세계를 초월한 건강한 관계성으로 구성된다. 인간은 자신들의 몸과 건강한 관계, 치유적 관계를 유지할 때, 그리고 천체를 응시하고 바라보고 더 큰 우주가 존재한다는 것을 느끼게 될 때, 그린은총을 경험한다. 인간의 친구라고 할 수 있는 동물들의 눈을 바라보면서 이들도 지성과 미로 가득한 자신들만의 삶이 있다는 것을 인식할 때, 순수한 미적 요소, 즉 땅, 바람, 불, 물들의 아름다움을 발견할 때, 새들이 숲 속에서 노래하며 그들이 살고 있는 공동체의 특성들에 관하여 배우게 될 때, 그린은총을 경험한다.

그때 그린은총은 하나의 그린컬러가 아니고 총천연색이라고 말할 수 있다. 푸르른 바다, 노란색 고양이 집, 갈색의 불빛, 녹색의 초원들은 경이와 감사로 자신의 현존을 느낄 수 있는 존재로 빛을 발하고 있다.

그린과 레드가 함께 점심을 먹고 있는 것처럼, 그들도 자신들의 능력으로 그린은총의 혜택을 누리고 있는 것이다. 이것이 공존해야 하는 이유가 된다. 그러나 그린과 레드는 또한 레드은총을 알고 있다.

빨간색은 단순한 색상이 아니다. 기독인들이 예수 그리스도가 십자가에서 경험한 죽음으로써 삶을 공유하는 성만찬[34]에 사용하는 포도주의 색깔이다. 생태학자들로서 그린과 레드는 십자가에 대한 이해를 의심할지 모른다. 자신들이 마땅히 해야만 하는 자아희생보다도 다른 사람들에게 십자가에 대한 이해를 주입시킬 수 없다. 십자가는 때때로 타자들을 위한 단순한 신발의 흙을 터는 매트라는 것의 기능밖에 될지 모른다. 그러나 그린과 레드는 타자들의 고통과 자신들의 개인적 책임을 공유하는 상징으로서 십자가의 가치를 발견한다. 그들은 십자가에서 레드은총의 가치를 발견한다. 타자와 자신들에게 가해지는 고통과 위험이 무엇이든 자신들의 책임을 수용하면서 심지어 자신들의 위험한 행동과 고통 중에도 새로운 생명이 가능하다는 것을 인정한다. 이것이 자신의 고통과 타자와 공유를 통한 온전하게 치유되고 회복되는 레드은총이다.

그린과 레드는 역시 레드은총을 알고 있다. 그린은 암이라는 질병으로 고통을 받고 있다. 그리고 그녀는 레드의 사려 깊은 경청과 돌봄의 과정을 통하여 회복되었다. 그들이 함께하는 고통 속에서 다른 곳에서는 볼 수 없는 어떤 부류의 유대관계가 나타난다. 이것이 레드은총의 한 차원이다. 우리가 타자와 그 어떤 모양으로 다르다 할지라도 질병이라는 관점에서, 즉 고난과 고통이라는 관점에서 공통점을 지니고 있다.

레드은총의 또 다른 차원은 죄에 관한 정직과 겸손이다. 중산층의 기독인들로서, 그린과 레드는 자신들이 비평하는 지나치게 소비하는 생활습관을 지니고 있다는 사실을 인식하고 '어플루엔자(Affluenza)'[35]라는 생활습관에서 벗어나려고 노력하고 있다.

모든 사람들을 위하여 보다 더 건강한 곳이 될 수 있도록 지구를 도우려면 겸손해야 한다. 거기에 온전함이 있다. 이것은 도덕적 순수성의 짐과 환상을 극복할 수 있다. 그리고 그들은 인간생활에서 이 두 종류의 은총은 중요하다는 것을 인식하고 있다. 그린은총이 없는 레드은총은 병적이며 레드은총이 없는 그린은총은 피상적이다. 이 두 가지 형태의 은총은 어떤 영적인 심연에 생명을 부여하면서 서로를 완성시켜 나간다. 그린과 레드는 이 같은 심연을 추구한다.

물론 '은총(grace)'[36]이라는 말은 은총을 베푸는 자, 즉 하나님을 암시한다. 그린은 하나님을 개인적이며 전통적인 용어로 이해한다. 그린은 지구에 대한 청지기로서의 책임을 다하기 위하여 하나님으로부터 부름을 받는다. 이 세상의 고통과 기쁨으로 영향을 받고 있는 다른 사람들을 돌보아야 한다. 그러나 그녀는 세계에 대한 외적인 존재로서 하나님을 단순하게 생각하지 않는다. 그녀는 하나님을 이 세계 안에 현존하는 존재로, 즉 모든 살아 있는 것들 속에 현존하는 존재로 생각한다.

그녀는 하나님의 영으로서 이 같은 현존을 말한다. 성령은 그들의 생기로서 각 개인, 동물, 식물 속에 존재할 뿐만 아니라 서로의 관계성 속에서도 존재하고 있다는 것을 믿는다. 이때 하나님은 레드와 함께 하는 관계성 속에서도 존재하시며 그녀의 친구라고 할 수 있는 동물들과의 관계성 속에서도 현존하신다.

요약하면 그녀는 수평적 거룩함과 수직적 거룩함을 믿고 있다. 그녀는 수평에 의하여 고갈되지 않는 수직을 발견한다. 그녀에게 하나님은 다자(多者)를 포용하는 일자(一者), 그리고 각자의 내부에 있는 일자, 다자 사이에 있는 일자이다.

그린은 레드와 하나님을 다르게 생각한다. 가톨릭 신자로서 그녀에게 하나님은 서로서로 선상한 관계를 누리며 살 때 각 살아 있는 존재와 그 살아 있는 존재들 사이에 하나님이 존재한다고 믿는다. 그러나 하나님은 이 세상을 사랑하는 리얼리티를 포용하며 초월하는 하나님은 아니다. 그녀가 성령을 믿고 있지만, 아버지 안에서 믿는 것은 아니다. 다자 사이에 존재하는 일자를 믿지만, 다자 위에 존재하는 일자는 믿지 않는다. 믿고 있는 것은 성령이다.

부분적인 그녀의 불신은 신성에 대한 이해를 지지하는 기능이었다. 여기서 신성은 거룩한 전사나 혹은 정복하는 독재자의 유비로 그려진다. 그녀는 신이든 인간이든 독재자들에 대한 믿음을 가지고 있지 않다.

그녀의 불신에 대한 또 다른 이유는 이 세계의 고통과 함께하는 초월적인 하나님을 믿는 믿음과 화해할 수 없다. 만약 하나님이 사랑과 권능의 하나님이라면 그녀는 묻는다. "이 많은 고통은 왜 존재하는가?"

레드의 반응은 하나님은 사랑이시지만 전능하지 않다는 것이다. 그녀의 말에 의하면 "하나님은 세계를 포용하고 있지만, 강제로 그 세계가 사랑 속으로 들어오도록 하지 않으신다"라는 것이다.

하나님의 권능은 우리 내부에 있다. 강제가 아닌 설득, 무력이 아닌 지시에 달려 있다. 이 세상에는 하나님도 막을 수 없는 수많은 사건들이 발생한다. 하나님은 우리들을 수많은 사건들 속에서 건져내시고 다음 단계를 취하신다. 그러나 그린에게는 최소한의 원칙에서 모든 사건들을 통제할 수 있는 초월적인 힘을 믿는다는 것은 큰 의미가 없다. 그래서 그녀는 전적으로 그것을 믿지 않는다. 그녀는 그린과 레드은총을 경험하지만 분리된 은총을 수여하는 자를 경험하지 않는다.

하나님을 생각하는 방법들이 다르다고 하여 이들의 우정까지 깨시거나 그 관계성에 방해가 되지 않는다. 이 두 사람은 레드와 그린 둘 다 은총으로 믿고 있다. 이 두 사람은 생태정의에 헌신하고 있으며 가난한 사람들과 그리고 이 지구와 깊은 유대관계를 맺고 있다.

이 두 사람은 야망보다는 통합을 선택한다. 다른 사람을 앞서 가기보다는 이 세계의 잠입에 더 많은 관심을 가지고 있으며 함께 식사를 나눈다. 그들은 휴머니티를 가지고 21세기 살아 있는 생태신학을 확대해나간다.

제3절 공동창조의 스토리

기독교 전통은 앤드로센트릭(신성에 대한 남과 여의 이미지)과 앤트로포센트릭(인간의 웰빙)에 그 초점을 맞추어 왔다. 하나님은 지배 혹은 은총 중의 하나로 다스린다. 세계에 대한 인간의 위치와 하나님과의 관계성에서 다른 가능성은 없는 것인가?

'빅뱅'이론과 같은 다양한 과학이론에서 나타나는 '공통창조 이야기'는 태초부터 기본적으로 존재하는 모든 것이 이음매가 없는 네트워크를 형성하고 있는 세계를 말한다. 인간을 포함한 지구 상의 모든 동식물들은 서로의 이웃이며 사촌들이다. 따라서 인간들의 전쟁이나 동식물들에 대한 학대, 지구촌을 오염에 물들게 하는 모든 생산과 소비활동들에 대한 새로운 도전과 패러다임을 제시한다.

군주와 왕국의 세계관에서 발견하는 것보다는 하나님과 인간 실존을 이해할 때, 기본적으로 다른 가능성들을 제기해준다. 공통창조 이야기는 3가지 중요한 의미를 지니고 있다.

첫째, 전통적인 신과 인간의 주종관계기 축소된다. 우선 세계는 우주이다. 인간은 신하라는 신적 관심의 진통적인 범위가 협소해진다. 이 같은 관점에서 하나님은 생물과 무생물을 포함한 모든 실체들과 관계하고 있다. 우주의 시계에서 인간의 실존은 정오가 되기 전 2, 3초를 가리킨다. 지구의 전체적인 시간은 결코 인간에게 유리하게 작용하고 있지 않다는 것을 보여준다. 인간 중심주의는 냉정하게 재고의 필요성을 느끼게 한다. 공통창조 이야기에서 인간의 유일한 역할은 특히 지구와 관련하여 중요한 문제로 대두된다.

둘째, 기본적으로 상호 연관성과 상호 의존성이다. 이것은 생태적 감성의 발전에 매우 중요한 특징이다. 존재하는 모든 것은 그 내부에 선조들의 흔적을 지니고 있다. 시공간의 실체들이 더 가까우면 가까울수록 그 관계성도 더 가까워진다. 친밀도는 차이를 해치지 않는다. 개성과 상호 의존성이 모든 것들의 특징이다. 개성을 가지고 있는 것은 인간만이 아니다. 모든 단풍나무 잎들도, 일몰의 모습도, 쌓여 있는 먼지들도 서로 다른 환경에서 존재한다. 이 같은 묘사가 자연적이며 물리적인 세계와 그리고 개성의 유일한 형태로서 인간의 개성과 동떨어진 인간의 실존에 방해가 될 정도로 해를 주지 않는다. 기본적인 상호 의존성과 상호 관계성에서 분리되어 존재하는 인간들과 생태계에도 문제가 되지 않는다. 생태계의 식물들은 인간이 없는 상태에서 더 잘 지낸다. 그러나 인간들은 식물들이 없다면, 더 잘 지낼 수 없는 존재들이다. 식물들이 없다면 인간들은 더 빠르게 소멸될 것이다. 차원이 더 높고 복잡할수록, 더 취약하며 더 의존적이다. 이 공통창조의 스토리는 인간의 위치와 자리가 어디인가를 다시금 돌아보게 하며 회복을 지향하는 함축적 의미가 내포되어 있다.

셋째, 공공적 특징이다. 이 지구 상에 있는 어느 누구에게도 제한을 두지 않는다. 모든 종교적 전통에 의하여 재신화화가 가능하다. 이 스토리에서 피를 흘리는 고통의 원인이 되었던 갈등의 모든 종교들이 서로 만남의 장이 될 수 있다. 이 스토리가 제안하는 것은 그 일차적인 관심은 어느 민족이나 국가에 두지 않고 지구와 그 창조자에게 두고 있다. 비록 그 창조자가 다른 방법으로 이해된다 할지라도 전혀 문제가 되지 않는다. 만약 이와 같은 실재가 인간의 의식에게만 국한시킨다면, 인간 사이의 전쟁이나 생태계의 파괴는 지속될 것이다.

존재를 실체(Being)가 아닌 과정(Becoming)으로 보는 화이트헤드의 과정철학은 신과 인간의 공동창조성뿐 아니라, 과거의 존재들과 이를 통합하는 현재의 주체가 존재생성의 공동창조자라는 점에서 존재들 간의 공동창조성을 강조한다. 다시 말해 과정철학의 창조성은 과거의 경험과 현재의 경험 사이에, 그리고 인간과 인간 사이에 상호 역동적인 관계성 속에서 발현되는 공동창조성이라고 할 수 있다.

'공통창조 스토리'[37)는 하나의 스토리라는 점이다. 정적이며 결정론적인 뉴턴의 우주와는 다르게 처음, 중간, 끝이 있는 역사적 스토리라는 점이다. 왕에게 속해 있는 영역이 아니라 변하면서 살아 움직이는 발전하는 사건이다.

이 새로운 우주적 스토리에서 시간은 되돌릴 수 없으며 새로움이 우연과 필연의 상호작용으로부터 나온다. 미완성된 우주, 역동적인 우주가 여전히 진행 중이다.

창세기와 같은 신화적 우주론의 과정은 이미 끝났으며 역사적이지 못하다. 세계를 다스리는 외적이며 분리된 존재로 하나님을 보는 관점을 지양하고 전체 발전과정 *안에서, 함께, 아래에서*(in, with, and under) 하나님을 보는 것이 적절하다. 바울의 "God is the one 'in whom we live and move and have our being'"의 관섬은 하나님을 지속적인 창조자로 보고 있다. 우리 인간도 자의식적이며 과정을 촉진시키는 차여할 수 있는 창조의 일부를 반영하는 파트너로서 볼 수 있다. 인종학자 제임스 구스타프손에 의하면 인간은 창조의 '척도'가 아니라 '척도를 재는 사람'이다.[38) 인간은 창조의 중심이 아니라 한 지점일 뿐이다.

공통창조 스토리의 특징은 인간의 탈중심화(decentering)와 재중심화(recentering)를 제안한다. 인간은 기본적으로 우주의 모든 생물들과 상호 연관되어 있으며 상호 의존적이다.

인간은 창조의 포인트와 목표로서 탈중심화되었으며 지속적인 창조의 파트너로서 재중심화되었다. 하나님은 인간들의 왕으로서 탈중심화되었으며 근원, 힘, 우주의 150억 년의 역사의 목표로서 재중심화되었다. 지금까지 인간은 공동창조자로서 재중심화되어 왔다는 사실을 새롭게 인식해야 한다. 하나님의 사랑의 대상으로서가 아닌 하나님의 파트너로서의 장, 최소한의 하나님의 몸을 돌볼 수 있고 돌보아야 하는 존재로 탈중심화와 재중심화가 이루어져야 한다.

새로운 창조 스토리에서 하나님과 세계에 관하여 생각할 때, 그 모델은 왕과 그 영역이 아니라 '하나님의 몸으로서 우주(the universe as God's body)'이다.[39]

제3장

나는 곧 숨결이다
모든 푸르름을 키우고
익은 열매를 내는 꽃들이 돋아 나오게 하는
저 공기의 숨결

나는 또한 비다
모든 약초, 풀들이 즐거운 삶으로 내게 웃음 짓게 하는 이슬
그 이슬로부터 휘몰아온 비다

－ 힐데가르트 －

제1절 은유법의 원리

'은유'란 말은 희랍어의 metaphora에서 왔는데, 이 말은 '너머로'라는 의미의 meta와 '가져가다'라는 의미의 pherein에서 연유되었다. 은유란 언어작용의 한 특이한 조합으로서 이에 의하여 한 사물의 양상이 다른 하나의 사물로 '넘겨 가져가'지거나 옮겨져서 두 번째의 사물이 마치 첫 번째의 사물처럼 서술되는 것을 가리킨다.[40]

루돌프 카르나프가 지적하고 있는 것처럼 언어에는 2가지 차원이 있다. 하나는 언어의 객관적 차원으로 사물에 대하여 묘사가 가능한 언어이며 다른 하나는 언어 자체에 관한 언어, 즉 메타언어인데 구체

적으로 은유를 말한다. 이 은유는 단어나 사물들을 문자 그대로 전송하는 것을 말한다.[41]

은유의 주된 원리에는 적합성, 일치성, 일관성, 교훈성, 정확성, 명료성, 명확성, 연극성, 투명성, 장식성, 단일성, 통합성이다.

은유의 효과는 자연에 대한 '감정이입'이다.[42] 감정이입은 모든 자연을 살아 있는 생명체로 보는 것이다. 자연을 하나의 은유적 인격체로 보는 것이다. 이러한 관점은 자연과 인간, 동물과 식물, 가장 기초적인 미생물까지도 그 생명들을 살리며 생활의 활력을 제공해준다.

은유는 다양한 변론을 장식하고 있지만 그 변론의 근본적인 부분은 아니다. 은유는 '깎아내리는 기미'가 있다.[43] 오늘의 문제가 무엇인가에 대한 정보와 대처방법, 지혜를 가지고 현대의 일상생활에서 보다 더 풍요로운 살림을 할 수 있도록 '깎아내리는' 기술을 가지고 돌아가는 것이다. 특히 21세기의 은유법, 즉 '사이버은유법'으로 돌아가야 한다.

자연관에서 빈번히 등장하는 공식은 "대지는 어머니이다"라는 은유법이다. 이 대지의 어머니로부터 모든 것이 태어나고 모든 것이 죽어서 그곳으로 되돌아간다. 대지의 어머니는 도덕적 양면성을 지니고 있다. 모든 생명의 모태로서 땅은 인간을 어루만지고 먹을 것을 주는 모습을 가지고 있으며 모든 생명의 무덤으로서는 위협적이며 사악한 모습을 보여준다. 삶과 죽음의 끊임없는 순환을 나타내는 대지는 이해할 수 없고 파악하기 어려운 모습을 지니고 있다. 따라서 땅은 시간적으로 탄생, 죽음, 갱신, 그리고 공간적으로 천국, 지상, 지옥이라는 3가지 얼굴을 양면적으로 가진 어머니의 모습이다.[44]

제2절 캠벨(Joseph Campbell)의 은유법

성서적 전승은 사회 지향적 신화학이다. 여기서 자연은 추방당한다. 19세기 학자들은 신화나 의례를 자연을 통제하려는 기도라고 생각했다. 자연 지향적인 종교는 자연을 통제하려는 대신 사람을 도와 자연과 조화를 이루려고 한다. 그러나 자연이 악마로 간주되는 순간부터 사람은 자연과 조화를 이루려고 하는 대신 통제하려고 한다. 그 결과 긴장과 불안이 조성되면서 삼림을 베어내고 원주민을 몰살시키는 등의 일이 일어난다. 여기서 인간은 자연과 헤어지게 된다.

자연이 인간을 섬기기 위해 존재한다고 생각하기 때문에 함부로 자연을 통제하거나 복속시키려고 한다. 자연의 과정은 사악할 리 없다. 자연은 절대 무류한 것이다. 자연의 충동은 우리가 바로 잡아야 할 대상이 아니며 복종해야 할 대상, 가꾸어야 할 대상이다.[45]

성서에서는 영원은 사라지고 자연은 부패하고 타락해 있다. 성서적 사고방식으로 보면 인간은 추방된 채 살아간다.[46]

오늘날 우리가 해야 할 일은 온 길을 되돌아가 자연의 지혜와 조화되는 길을 찾는 것이다. 동물과 물과 바다가 사실은 우리와 형제지간이라는 것을 깨달아야 한다. 하나님이 나타나서 세상을 다스리자 만물은 만유신론이라는 이름 아래 추방된다. 그러나 이 만유신론이라는 말은 사람을 오도하는 말이다. 만유신론을 비판하는 사람들의 주장에 따르면, 오직 사람의 신만이 세상에 살아야 한다. 그러나 만유신론이라는 관념은 그게 아니다. 이 관념의 진정한 의미는 초신학적이다. 이것은 정의될 수 없고 헤아릴 수 없는 신비스런 초신학, 살아 있는 모든 존재의 근원이자 종말, 이 살아 있는 모든 것을 떠받치는 힘이다.

자연을 신으로 파악하면 정복이 불가능할 것이다. 신을 죽이지 않고서는 나무도 자를 수 없으며 땅을 갈 수도 없고 강을 부동산으로 만들 수 없다. 자연에다 성서적 박해를 가하고 있다. 결국 하나님은 자연에서 분리되었고 자연은 하나님으로부터 버림받았다. 창세기적으로 말하면 인간은 세계의 주인이 된 것이다. 그러나 우리가 어디에서 이쪽으로 던져진 존재가 아니고 이 땅에서 나온 존재라고 생각해 보라. 그러면 인간이 곧 이 땅이요, 우리가 곧 이 땅의 의식이라는 인식에 도달하게 될 것이다. 이것이 곧 이 땅의 눈이요, 이것이 이 땅의 음성이다.[47]

셰익스피어는 예술은 자연을 비추는 거울이라고 말한다. 원시문화는 자연문화이다. 자연은 곧 우리의 본성이며 신화에 등장하는 멋진 시적 이미지는 바로 우리 안에 있는 것을 반영한다.[48]

20세기 중반의 위대한 발굴 중의 하나인 고대 영지주의 도마복음서에서 예수는 이렇게 말한다. "그 나라가 기다린다고 오지 않을 것이다. 아버지의 나라는 지상에 퍼져 나갈 것이며 사람들은 그것을 보지 못할 것이다." 보지 못한 채로 우리는 그 세계 안에 살아가는 것이다. 마치 그 나라가 아닌 듯이 말이다. 그 나라를 보는 것, '그것'이 바로 세상의 종말이다. 내포는 외연을 넘어서 존재한다. '세상의 종말'이라는 말을 구체적으로 해석해서는 안 된다. 예수는 동양의 구루들이 사용한 것과 같은 어휘를 사용했다. 구루들은 자신들이 말하고 있는 것이 바로 자기 자신인 것처럼 원숙하게 가르쳤다. 즉, 그들의 마음속에서 자기 자신들과 자신들을 통해 말하는 의식양태를 동일시했다.

그러므로 예수가 "내가 만유이다(I am Everything)"라고 말한 의미는 "나는 나 자신을 만유와 동일시한다"는 것이다. 도마복음서(*The Gospel of Thomas*)[49]에 보면, 예수가 "장작을 쪼개 보시오. 나는 거기에도 있소"라고 말하는데 그것도 마찬가지 의미라고 할 수 있다. 그것은 말하고 있는 자를 가리키는 것도, 그 신체를 가리키는 것도 아니다. 그보다 그 자신, 그리고 우리 자신을 가리킨다. 네가 바로 그것이다.

정통적인 성서전통에서는 어디서도 우리 자신을 하나님과 동일시하지 않는다. 그러나 예수는 하나님과 동일시했다. 예수가 우리 모두의 존재에 대한 메타포이듯이 하나님도 메타포이다. 도마복음서에서 예수는 또 이렇게 말한다. "내 입에서 나오는 것을 마시는 자는 누구나 나처럼 될 것이며 나는 그가 될 것이다." 여기서 '나'는 물리적으로 제자들 앞에 서서 그들에게 말하고 있는 '나'가 아니다. 그것은 그가 하는 말의 기원으로서 근원적인 차원의 '나'이다. "장작을 쪼개 보시오. 나는 거기에도 있소. 돌을 들어 보시오, 거기에도 내가 있소." 그리고 "하늘나라는 너희들 안에 있다. 그 나라가 위에 있는가? 그렇다면 새들이 너희보다 먼저 거기 있을 것이다. 아래에 있는가? 그렇다면 물고기들이 너희보다 먼저 그곳에 있을 것이다. 그러나 그 나라는 너희들 안에 있다." 하늘에는 누가 무엇이 있는가? 하나님은 어디 계신가? 하나님은 너희 안에 계신다.[50]

기독교가 유래한 근동 히브리인들의 종교는 심리학적, 형이상학적 특징들을 지녔으며 그러한 특징들은 기독교의 밑바닥에 깔려 있다. 기독교에서 역시 신성은 인간 안에 있지 않으며 기독교라는 종교의 목표 역시 초월과의 동일성에 도달하는 데 있는 것이 아니라 결코 동일하지 않는 인간과 신 사이에 관계를 수립하는 데 있다. 신과 인간 사이의 관계는 구체적인 사회적 실체인 신앙공동체인 '에클레시아(*ecclesia*)', 즉 교회를 통해 매개된다. 교회가 하나님과 그리스도의 현실적이고 가시적인 대리자로서 이 땅에서 '바실레이아(*basileia*)', 즉 '하나님의 나라'[51]를 실현하는 책임을 부여받는다. 결과적으로 이것은 교회라는 사회집단과 이들이 내세우는 다양한 성서적, 교리적 주장들이 엄청난 힘을 부여하게 되었다. 캠벨이 유대－기독교에 대해 근본적으로 문제 제기하는 부분이 바로 이 점이다.

캠벨(Joseph John Campbell)[52]은 기독교가 역사적 계시와 교회라는 사회제도를 강조함으로써 결과적으로 노정시키게 된 문제점들에 대해 매우 비판적 입장을 취하고 있다. 캠벨은 교회가 순수한 종교적 열정에서 시작되었지만 역사적 발전과정을 거치면서 하나의 사회제도로 정착했고 결국에는 인간의 내적 본성을 신성과 중재하는 역할을 하기보다는 사회적 정치적 실재로서 스스로를 위한 주장만을 하게 되었으며 현대의 역사적 과학적 지식으로부터 제기되는 공격에 대해서도 과거의 주장만을 시대착오적으로 되풀이하고 있다고 비판한다. 그리고 이로 인해 본연의 기능인 종교적 경험의 중재기능을 다하지 못하게 되었다고 한다.

그러나 무엇보다도 캠벨은 『이것이 그것이다』(*Thou Art That*)라는 책에서 집요하게 비판하는 것은 신비를 전달해야 할 기독교 전통의 언어가 오로지 역사적으로 이해됨으로써 사실들에 대한 서술로 변질되어 버렸다는 것이다. 역사적 계시를 강조함으로 인해 종교적 언어의 본질이라고 할 수 있는 은유와 상징을 이해할 수 없게 되었고 그럼으로써 신성과의 일치에 대한 감각이 사라져버렸다는 것이다. 캠벨에 의하면 신화의 언어는 메타포(은유)이며 신화의 은유적 언어는 모든 이름들과 형식들을 초월하는 궁극적인 신비를 인식하게 함으로써 우리 안에 경외와 겸허, 존경의 경험을 일깨우고 유지한다. 그는 이것을 우파니샤드에 나와 있는 한마디 말로 표현하고 있다: *Tat tvam asi*, 즉 "네가 그것이다"라는 말이다. 캠벨에 의하면 "신화의 역동적이고 은유적인 언어가 전달하는 경험, 내지는 깨달음이란 모든 개체적 존재의 내밀하고도 깊숙한 곳에 있는 내적인 불꽃이 결국은 만물의 근원이자 신으로서 궁극적인 존재와 하나라는 것이며 종교적 수련의 중요한 과제는 내 안에 있는 신성을 발견하는 것이다." 캠벨에 의하면 무릇 종교란 이 내밀한 존재와의 일체감을 인식하는 것이며 종교적 언어는 이러한 인식을 가능하게 하는 것으로서 본질적으로 은유적인 성격을 지닌다. 따라서 성서와 기독교 전통의 언어 역시 캠벨에 의하면 메타포이다.

은유란 무엇인가? 은유란 "무언가를 적절한 다른 언어로 표현하는 문학적 기법"이며, 이 경우 매체가 되는 언어는 말하려고 하는 핵심의 특징을 표현해준다.[53]

독자는 이 핵심과 매체 사이의 관계를 파악하고 그럼으로써 저자가 그 은유를 사용하여 표현하고자 한 의미를 이해해야 한다. 가령 "내 마음은 호수요"라고 했을 때, 마음은 호수라는 매체를 통해 표현되고 동일시됨으로써 호수가 지니는 여러 가지 특성과 관련되며 동시에 호수라는 물리적 실체를 넘어선다.[54]

그러나 대부분의 기독교인들은 이 매체와 핵심과의 관계를 제대로 파악하지 못하고 있다. 캠벨이 보기에 기독교인들은 역사적이고 물질적인 옷에 불과한 매체를 사실화, 사물화해서 그것 자체가 핵심인 것처럼 착각한다. 메타포는 영적인 실재나 현실을 묘사하는 언어들이다. 그러나 메타포의 매체는 절대적일 수 없다. 문제는 시공간의 제약을 받고 역사적인 옷에 불과한 매체를 사실적으로 이해하고 다시 이것을 절대화하는 태도이다. 이것은 성서의 문자적 차원을 역사화, 사실화하고 다시 이것을 영적으로 절대화시키는 것을 의미한다. 캠벨이 『이것이 그것이다』라는 책에서 가장 큰 문제로 지적하는 것은 메타포들이 문자적으로 잘못 읽혀 구체적인 사건들과 역사적인 사건들을 언급하는 것으로 오해된다는 점이다. 캠벨은 성서의 메타포와 상징들의 외연과 내연을 엄격히 구분한다. 그에 따르면 은유와 상징의 본질적인 의미는 내연, 즉 영적인 핵심에 있는데 기독교인들은 외연, 즉 시공간 안에서 지시하는 내용(동정녀 탄생, 세계의 종말 등)을 본래의 메시지로 오해하고 그로 인해 성서의 상징들을 통해 살아 있는 영적 핵심보다는 역사적인 외피만을 취하게 되었다고 한다.

그러나 은유가 지시하는 내용은 문자적으로 그것이 말하는 것을 넘어서며 독자들로 하여금 확대 연상을 하게 한다. 그러므로 피상적이고 문자적인 의미의 차원에만 머무른다면, 은유를 제대로 이해하지 못한다. 은유는 실재의 세계는 겉보기의 세계 이상이라고 말하며 겉에 드러나는 세계 너머로 독자들을 인도한다. 은유는 객관적으로는 결코 알 수 없고 단지 순간적으로 얼핏 볼 수 있을 뿐인 진리를 독자들에게 은밀하게 보여줌으로써 그 세계를 동경하도록 만든다. 이것 때문에 은유는 종교적 언어로서 매우 적절하며 무릇 종교적 언어란 본질적으로 은유적이다.

은유가 종교적 언어로 사용될 경우 필연적으로 상징과 관련된다. 은유가 계속 반복되다 보면, 매체로 사용되는 언어 안에서 본래 전하고자 하는 핵심적인 의미가 통합되어 매체가 되는 구상적인 언어만으로도 핵심을 전달하게 된다. 그것이 상징이다. 상징은 그것이 드러내고자 하는 핵심이 무엇인지 드러낼 필요가 없다. 반면 은유는 대체로 핵심을 분명히 언급한다. 예를 들면 예수가 "나는 빛이다"라고 말했을 때, 빛은 은유로 사용되었다. 그러나 이 은유가 반복됨으로써 빛이라는 말 자체에 여러 가지 복합적이고 심오한 의미가 실려서 빛이라는 말만 가지고도 존재의 근원적 차원을 지시할 수 있다. 이 경우 빛이라는 말은 상징이다. 다시 말해 은유에서 구상적인 언어인 매체(빛 또는 호수)와 의미와의 관계는 독립적이지만 상징에서는 구상적인 언어 자체 안에 의미가 녹아들어 있다. 그러나 자주 반복되는 은유는 쉽게 안전성을 지니게 되며 그것이 지시하는 내용을 확대하여 상징이 되기도 한다. 종교적 은유들의 경우 대개가 그렇다. 은유나 상징이나 모두 핵심과 매체 사이의 관계는 긴밀하고 복잡하다. 핵심과 매체는 서로 녹아들어 상대방을 변형시킨다.

예를 들면 구약성서의 중심적 언어인 '약속의 땅(The Promised Land)'[55]을 문자적 사실적으로 이해할 경우 그것은 땅 없이 떠돌던 고대 히브리인들이 꿈에 그리던 근동의 어느 특정한 지역, 즉 가나안, 팔레스타인 지역을 뜻한다. 만약 '약속의 땅'을 이렇게만 이해한다면 그것은 지리상 어디엔가 있는 장소로서 이미 그곳에 있는 사람들을 내쫓고 차지해야만 하는 땅이다. 그리고 이렇게 볼 경우 필연적으로 그 말은 맨 처음에 그 말이 형성될 당시의 민족적이며 문화적인 한계 안에 매이게 된다. 그러나 캠벨에 의하면 이러한 문자적 사실적 의미는 종교의 요체와는 아무런 관계가 없다. '약속의 땅'을 은유적으로 읽는다면 그 말은 우리 마음속에 있는 공간, 마음의 내밀하고도 영적인 영역을 나타낸다. 그곳은 누군가를 무찔러서 내쫓은 다음 들어가야 할 지구상의 어느 지역이 아니라 명상과 관조를 통하여 들어갈 수 있는 마음의 내밀한 장소이다. 동정녀 탄생도 처녀 마리아가 남자와 성적인 결합 없이 예수를 낳았다는 것이 아니라 신적인 신비가 세상에 임하는 놀랍고도 기적적인 방식을 나타낸다. 하나님의 나라도 이 땅 어디엔가 임하는 실재 영역이 아니라 마음의 내밀한 공간이다. 하나님의 나라는 우리 안에 있다.

따라서 캠벨에 의하면 기독교 신화를 이해하는 일도 신화 일반에 대한 이해와 다르지 않다. 신화의 생명력은 그 상징들의 은유적 열정으로부터 나오며 은유를 사실적이고 문자적으로 읽을 경우 단지 피상적인 의미의 차원에 머물 뿐, 은유를 제대로 이해하지 못하는 것이다. 은유와 상징은 단순히 지적 개념을 전달하는 것을 넘어서서 초월의 현실성에 실재로 참여할 수 있게 하며 신비 그 자체를 지시해야 한다. 그리고 캠벨에 의하면 신비란 바로 우리들 자신과 우리가 사는 세계의 존재 자체에 다름이 아니다.

기독교 전통에서는 이 신비를 '야훼(Yahweh)', '하나님'으로 인격화한다. 그러나 유대, 기독교가 아닌 대부분의 다른 전통에서 신은 모든 개념화를 초월하는 특정한 에너지의 대리자이거나 현현이며 기능들이다. 캠벨에 의하면 신은 근원이 아니라 세계를 지탱하는 힘과 에너지를 개념화하는 한 방식이다. 신들은 에너지의 근원이 아니라 그 대리자들이다. 그러나 근원이자 신비 그 자체는 모든 개념규정과 정의를 넘어선다. 따라서 캠벨은 신비를 개념화하여 어떤 특정한 송교적 언어나 신론 안에 가두어두는 것을 거부하면서 다른 한편으로는 인간을 포함한 세계만물과 동일시할 수 있는 가능성을 열어 놓는다. 특히 그는 융(Karl Jung)의 집단무의식의 '원형(archetype)'에 대한 이론을 수용한다. 분석심리학자인 융은 여성성과 남성성을 인간정신의 원형으로 본다. 그리고 온전한 인간성 실현을 위한 개성화 과정에서 '여성 안의 남성성(*Animus: male spirit in women*)'과 '남성 안의 여성성(*Anima: female spirit within men*)'이 통합되어 간다고 주장한다.[56] 결국 그러한 신비란 우리가 잘 알지도 규명하지도 못하는 근원들로부터 나오는 에너지이며 그것은 우리의 삶을 지배하는 정신구조와 다르지 않다는 것이다. 따라서 초월에 대해 말하는 것은 우리 안의 신에 대해 말하는 것과 다르지 않다. 신에 대한 상들은 우리 안에 있는 초월로 우리를 인도한다.

캠벨은 우리 자신 안에 신화적 코드가 고유하게 내장되어 있다고 한다. 그는 이것을 칼 융이 '집단무의식의 원형'이라고 지칭했던 것과 연결시킨다. 인간 심성의 알 수 없는 심연에 자리 잡은 이 집단무의식의 원형은 변화하는 각 시대의 역사적, 문화적 은유들을 통해 표현되지만, 동시에 신화의 내포적 지시대상(connoted reference)이다. 우리들 정신에 고유하게 내장되어 있는 이 집단무의식의 변화는 "잠자는 왕자가 연인의 키스를 기다리듯이 새로운 은유적 상징이 자신을 깨워주기를 기다리고 있다." 캠벨의 논리대로라면 이러한 은유적 상징들이 원래의 꾸미지 않은 방식대로 우리 의식의 내밀한 차원에 말을 걸도록 우리가 허락하지 않는 한 신화에 대한 진정한 이해는 불가능하다.[57]

캠벨은 모이이스와의 대담에서 메타포의 개념에 대하여 자세히 밝히고 있다.[58]

비의(秘儀)의 메타포가 아버지를 의미하는 신화가 있고 이 세계의 비의와 비의의 메타포가 어머니를 의미하는 신화가 있을 경우, 각각 다른 명령신호를 입력시키지 않으면 접근이 불가능하다. 양자는 완벽

한 메타포일 뿐인데도 말이다. 이 중 어느 것도 사실은 아니다. 단지 메타포일 뿐이다. 우주를 '내 아버지'라고 하는 것과 혹은 '내 어머니'라고 하는 것과 같다. 예수는 "누구든지 나를 통하지 않고서는 아버지께 이를 수 없다"고 말한다.[59] 이때 예수가 말한 아버지는 성서에 나오는 아버지를 의미한다. 예수의 길을 따르지 않고서는 아버지에 이를 수 없다는 것이다. 그러나 만약 어머니의 길을 통해서 아버지에 이르려고 한다면, 인도의 칼리 여신을 통해서 이 여신을 찬송함으로써 이르는 편이 나을 것이다. 이것은 우리 삶의 신비에 이르는 또 하나의 다른 방법일 뿐이다. 그러므로 각 종교는 정해진 명령신호를 입력시켜야만 접근이 가능한 일종의 소프트웨어라는 것을 이해해야 한다.[60]

인류의 신화적 사고에서 여성의 몸은 우주를 탄생시킨 모체로 상징된다. 초기 인류는 천체와 별이 하늘에 있는 여성의 배 안에 있는 것으로 생각하였다. 세계 각국의 우주창조 신화에서 나타나는 창조여신은 공통적으로 우주를 잉태하고 낳은 '위대한 어머니'라고 일컬어져 왔다.[61]

우리나라 창조신화의 여신은 '마고할미'이다. '할미'라는 이름은 인류의 시조들을 낳은 '위대한 어머니'를 뜻한다. '위대한 어머니'의 몸으로부터의 탄생한 우주의 창조신화는 바로 생명을 출산하는 여성의 몸이야말로 '창조성'의 근원적 상징이라는 것을 우리에게 말해준다. 이러한 창조신화들은 비록 기독교의 창조이야기와는 그 내용이 다르지만, 신화들의 공통요소인 신화소는 인간과 세계의 실재에 대한 하나의 원형을 보여준다는 점에서 신화적 진실은 우리에게 인간경험을 이해하기 위한 중요한 본질적이고 상징적인 의미를 제공한다.

동양의 대표적인 우주론이라 할 수 있는 도가(道家)에서도 여성의 몸은 만물의 형성원리로 상징된다. 도가의 만물을 형성하는 도(道)는 상징적인 은유로 현빈(玄牝)을 제시한다. 현빈이란 인간과 자연을 포괄하는 도가사상에 있어 매우 중요한 창조의 은유이다.[62]

곡신은 유형한 몸이 머금고 있는 무형한 마음이 지닌 무한대의 공능(功能)을 암시하고, 현빈(玄牝)은 만물을 다양한 차이로서 생기시키는 어머니와 다를 바 없다. 현빈의 문은 천지의 뿌리라고 하는데 문이란 현빈이 말미암는 곳으로 그 근본은 태극과 더불어 한몸이므로 '천지의 근본'이다. 현빈은 곡신의 다른 칭호이기도 한데, 여성성을 통한 천지만물의 능생능력을 보이고 있는 것으로 모든 창조의 근원이 바로 근원적 모성임을 분명히 보여주고 있는 것이다. 따라서 이러한 모성은 바로 동양사상에 있어 '창조성'의 근원이라 할 수 있으며, 동양사상이 말하는 '공동창조성'의 근원 또한 이 모성에 그 근원을 두는 것으로 볼 수 있는 근원모델이라 할 수 있다 하는데, 이를 글자 그대로 풀이한다면 '신령한 암컷'이지만 그 의미는 '위대한 어머니'와 동일하다.

성서 속에서 여성의 몸은 인류와 민족, 그리고 구세주를 탄생시킨 모체로서 위대한 '어머니'의 이름을 가지고 '구원' 계보의 중심에 자리하고 있다. 태초의 여성으로서 '모든 산 자'의 어머니가 된 '히와', '천만인'의 어머니 '리브가', '이스라엘'의 어머니 '드보라', 그리고 '예수 그리스도'의 어머니 '마리아' 등이다. 그러므로 '여성의 몸'이 상징하는 '창조성'은 인류공통의 기본적인 경험이라는 것을 알 수 있다. 그러나 참여자들이 경험한 '여성의 몸'은 가부장제도를 존속시키기 위해 아들을 생산해야 하는 종족보존의 도구에 불과한 것이었다.

만약 어떤 사람이 진정으로 어떤 종교에 몸을 담고 진정으로 그 종교를 통하여 삶을 지어나갈 경우, 이 사람은 자기가 가지고 있는 소프트웨어에 머무는 것이 좋을 것이다.

베이루트에서는 서양의 3대 종교 유대교, 기독교, 이슬람교가 한 덩어리로 어울려 치고 받고한다. 왜 성서에 나오는 같은 신을 서로 다른 이름으로 부르기 때문이다. 이들은 서로의 이름을 인정하지 않는다. 메타포에 지나치게 집착한 나머지 도무지 그 참뜻의 의미는 깨닫지 못하고 있다. 그들은 자기들끼리 둘러싸고 있는 고리를 열어본 적이 없다. 다시 말하면 폐쇄회로인 셈이다. 저마다 "우리야말로 선택된 백성이다. 우리에게는 하나님이 계시다"라고 주장한다.[63]

에덴동산(Garden of Eden)의 실제 여부는 없는 것이다. 에덴의 스토리는 인간의 '의식의 탄생(the birth of consciousness)'을 상징화시킨 것이다.[64] 에덴동산은 시간에 무지하고 대극에 무지한 더할 나위 없이 순진무구한 상태의 메타포를 말한다. 바로 이 원초적인 중심에서 인간의 의식은 서로 다름을 깨닫게 된다. 그러나 만약에 에덴동산이라는 관념 속에 순진무구라는 관념이 있었다면 어떻게 되겠는가? 공포 때문에 동산이 뒤흔들리고 나뉘고 부패하는 일이 일어나지 않았겠는가.[65] 키르케고르(Soren Kierkegaard)에 의하면 에덴동산은 내적 리얼리티의 외향적 이미지이며 자아와 영혼의 딜레마를 재현시키는 것이다. 실제적이며 윤리적인 성취의 세속적 죄와 미학적 인간의 가능성 하늘의 순진무구 사이에서 반드시 명상해야만 하는 곳이다.[66]

모든 종교에는 일장일단이 있다. 즉, 이런 입장에서 보면 진실일 수도 있고 저런 입장에서 보면 진실이 아닐 수도 있다. 따라서 은유적으로 이해하면 좋을 것이다. 그러나 은유라는 것을 오해하여 사실로 해석하면 뭐가 뭔지 모르게 된다.

은유란 무엇인가? 은유를 사실로 받아들이는 사람들과 은유는 사실이 아님을 아는 사람들, 두 부류의 사람들이 있는 것 같다. 은유가 사실이 아님을 아는 사람들을 '무신론자'라고 부르며 은유를 사실로 받아들이는 사람들을 '유신론자', 즉 '종교인'이라고 생각한다. 그렇다면 이들 중 누가 실제로 그 의미를 이해하고 있는가?[67]

은유라는 것은 이것을 드러내기는 드러내면서도 사실 본뜻은 다른 데 있는 표현법이다. 예를 들어 본다면, 어떤 사람이 다른 사람에게 "너는 도토리이다"라고 할 경우, 그 사람은 상대방에게 정말 그가 글자 그대로 도토리 같다는 말이 아니다. 이때 '도토리'는 '얼간이'의 은유인 것이다. 종교전통에 등장하는 은유를 글자 그대로 이해하면 죽도 밥도 안 된다. 따라서 문자를 초월한 어떤 의미를 지니는 것이다. 만약 은유를 은유로 보지 않고 문제 그대로의 그 자체를 가리키는 것이라고 생각하는 것은 음식점에 가서 메뉴판을 달라고 한 뒤, 그 메뉴에 비프스테이크가 있는 것을 보고는 그 페이지를 씹어 먹는 것과 같은 것이다. "예수는 승천했다"라는 예를 들어본다면 이 말은 명시적으로는 예수라는 분이 정말로 하늘로 올라갔다는 의미가 된다. 이 경우에는 글자 그대로 받아들이면 된다. 그러니 우리가 이 말의 진의를 쫓으려고 할 경우에 언어라는 껍질을 버려야 한다. 우리가 아는 바와 같이 우리의 머리 위에는 예수가 살 만한 데가 없다. 우리는 정말 예수가 하늘로 올라간 것이 아님을 잘 알 수 있다. 우주에는 물리적인 존재를 수용할 만한 물리적인 하늘이 없다는 것을 잘 알고 있기 때문이다. 예수가 빛의 속도로 승천했다고 할지라도 아직 은하계 안에서 맴돌고 있을 것이다. 천문학과 물리학은 하늘이라는 것은 문자 상의 단순한 물리적 가능성의 수준으로 떨어뜨리고 말았다. 그러나 "예수는 승천했다"라는 말은 은유적 내포(connotation)의 문맥에서 읽는다면, 예수가 사실은 내면화되었음을 알 수 있다. 예수는 외계가 아닌 내계로 들어간 것이다. 모든 존재가 비롯되는 곳으로 들어간 것이다. 만물의 근원이 되는 의식 속으로 우리 안에 있는 천국으로 들어간 것이다. 이미지는 외향적이지만 그 본뜻은 내향적이다. 중요한 것은 우리 역시 내면을 향해감으로써 그의 승천을 쫓는 것이다. 따라서 이것은 '알파요, 오메가'[68]인 우리의 바탕자리로 되돌아옴, 육신의 껍질을 버리고 육신 자체의 역동적인 바탕자리로 되돌아옴을 뜻하는 은유인 것이다.

예수의 죽음과 부활이 우리의 죽음과 부활을 예시하는 것이라고 하는데 혹시 고전적인 기독교 신앙 체계의 전통적인 교리를 손상시키는 것이 아닌가 하는 생각을 할 수 있으나 상징을 읽으면서 그런 생각을 하는 것은 잘못된 것이다. 그런 독법은 산문의 독법이지 운문의 독법이 아니다. 은유라고 하는 것은 '코노테이션'으로 읽어야 한다. '디노테이션'으로 읽어서는 안 된다.

'재림(The Second Coming)' 역시 메타포이다. 재림과 대응하는 기독교의 메타포는 '정죄(淨罪)'이다. 어떤 사람이 이 세상에 대한 애착을 벗지 못한 채로 죽어 지복직관을 얻을 준비가 되어 있지 못하면 정죄를 받아야 한다. 즉, 모든 약점을 말끔히 씻겨야 한다. 그런데 이 약점이라고 하는 것이 곧 죄악이다. 죄악은 의식을 한정시키고 의식으로 하여금 온당하지 못한 조건에 얽매이게 하는 약점인 것이다.[69]

상징의 마당은 백성들 무리의 경험을 바탕으로 한다. 특정한 사회, 특정한 시공을 함께하는 무리는 같은 상징의 마당을 공유한다. 신화는 이렇게 문화와 시간과 장소와 밀접한 관계를 맺고 있다. 만약 상징과 은유가 예술을 통해 되살아나지 못한다면 삶은 신화에서 떨어져 나간다.

오늘날 누가 은유로 말을 하는가? 시인들이다. 시는 은유의 언어이다. 은유는 잠재적인 것을 암시한다. 그러나 가시적인 측면의 배후에 있는 실재성을 암시하기도 한다. 은유는 신의 가면이다. 이 신의 가면을 통하여 사람들은 영원을 경험한다.[70]

시간과 공간은 우리의 경험을 한정시키는 감각능력을 형성시킨다. 인간의 감각은 시공의 장에 갇히고 우리의 마음은 생각의 범주라는 틀에 갇히게 된다. 그러나 우리가 접촉하려고 하는 궁극적인 존재는 갇혀 있지 않다. 다만 우리가 생각함으로써 궁극적인 존재를 가둘 뿐이다.

초월자는 모든 사유의 카테고리를 초월한다. 존재한다, 존재하지 않는다. …… 이것은 카테고리이다. '하나님'이라는 말은 모든 사유를 초월해 있는 존재를 일컫는 말이다. 그러나 '하나님'이라는 말 역시 사유를 통해서 생긴 것이다.

우리는 '하나님'을 아주 많은 방법으로 인격화시킬 수 있다. 신이 한 분이든 여러 분이든 그것은 생각의 카테고리에 지나지 않는다. 우리가 말하려고 하는 존재는 이 모든 것을 초월해 있다.

영지주의 기독교파에 의하면 야훼가 지니는 문제의 하나는 자기가 메타포라는 것을 잊어버렸다는 것이다. 말하자면 자신을 메타포가 아니고 실체인 것으로 생각했다는 것이다. 그가 "나는 하나님이다"라고 했을 때, 문득 "사무엘아, 그건 오해니라" 하는 소리가 들렸다는 것이다. '사무엘'이라는 말은 '장님의 신'이라는 뜻이다. 그러므로 이 음성은 야훼에게 야훼가 영원한 광명의 국지적, 역사적 현현이라는 사실에 캄캄하다는 것을 지적하는 것이다. 물론 이것은 스스로를 하나님이라고 생각한 야훼에 대한 독신적인 에피소드로 유명하다.[71]

문화는 개념적인 것을 넘어서라고 가르친다. 그것이 바로 입문의 례라는 것이다. 우리의 진정한 입문의례는 "산타클로스는 존재하지 않는다"라는 힌두 구루의 가르침 속에 있다. 산타클로스는 부모와 자식의 관계를 이어주는 은유이다. 관계라고 하는 것은 분명히 존재하는 것이다. 따라서 그것은 체험이 가능하다. 그러나 산타클로스는 존재하지 않는다. 산타클로스는 관계를 인식하는 길로 아이들을 인도하는 하나의 방법에 지나지 않는다.[72]

괴테는 "만물은 메타포이다"라고 말한다. 무상한 것은 모두 은유적인 해석의 대상이다. 인간 자체가 바로 그렇다. 어떻게 하면 메타포를 섬기고 메타포를 사랑하고 메타포를 위해 죽을 수 있는가? 메타포를 위해 죽는 것, 이것은 인간이 언제나 하고 있는 일이다.[73]

성서의 많은 요소들이 영적 실재들에 대한 메타포적 표현이 아니라 역사적 사실들로 간주됨으로 인해 생동감이 없고 믿을 만하지 못한 것으로 여겨졌다. 이것은 구체적으로 모세나 세례 요한 같은 위대한 인물들의 경우도 마찬가지였는데, 그들에 대한 성서이야기들이 마치 실제 시간 안에서 일어난 그들의 활동에 대한 보고인 것처럼 받아들여졌다. 이처럼 영적인 측면보다는 역사적인 측면에 과도하게 치중하는 경향이 21세기에 이르기까지 이어졌기 때문에 제도종교의 지도자들은 자신들의 굳어진 관념과 급속하게 발전하는 새롭고 견고한 학술적 이해 사이에 커다란 간격이 발생하는 것을 용인할 수밖에 없었다. 그들은 "시대의 표징을 읽으라"는 교황 바오로 23세의 명령을 따르는 데 실패함으로써 그들 자신의 시대마저도 뒤처지게 되었다.

공식적인 종교적 가르침에서는 눈에 띄는 분명한 발전이 거의 없었다. 거기서는 지배적인 서구종교들의 위대한 문서들이나 전승들을 새롭게 읽게 해주는 발전된 연구들을 끌어들이지 못했고 심지어는 인정조차 하지 않았다. 종교지도자들은 종교적 은유들의 역사-사실적 성격만을 고집함으로써 그 본래의 의미를 왜곡시키고 천박하게 만들었으며 결과적으로 사람들의 영적 요구들을 무시하고 말았다.

창세기를 신화로 이해하는 것은 그 책을 파괴하자는 것이 아니라 그것이 지닌 영적 생명력과 그 의미를 다시 한번 '새롭게' 발견하자는 것이다.

시공간을 초월하는 영적 진리들은 은유적 그릇을 통해서만 전달될 수 있다. 은유는 그 외연으로서 역사적 맥락이 지니는 딱딱하고 사실적이며 일차원적인 내용이 아니라 그 내포를 통해서만 전달될 수 있다. 다시 말해 은유가 스스로 일깨우는 진리의 여러 측면들에 대한 증거들의 성운을 통해서만 전달될 수 있다는 것이다.

종교적 은유가 지니는 내포적 의미는 풍부하며 무시간적이고 다른 어떤 외적 세계에 지니고 있는 누군가를 지시하는 것이 아니라 바로 우리들 자신, 지금 여기 있는 우리들 자신의 내석이고 영적인 경험을 지시힌다.

종교적 은유들을 마음과 영에서 우러나는 상징이 아니라 역사적이고 지리적인 사실로 이해하면서 영적 권리들을 주상할 경우, 세계는 끔찍하게 분열되고 어쩔 수 없이 엄청난 비극을 맞게 될 것이다.[74]

캠벨에 의하면 세계종말이란 우리가 그 최종적인 심판의 공포를 향해 점점 가까이 다가가고 있는 그런 파국적인 사건이 아니다. 세계의 종말은 자신들의 영적 통찰을 통해 세계를 있는 그대로 볼 수 있는 사람들, 초월, 신비의 성례전, 시인 윌리엄 블레이크가 썼듯이 '영원'을 향해 솔직한 사람들에게 매일매일 다가오는 것이다. 그러므로 세계의 종말은 어둡고 무시무시한 끝이 아니라 우리의 영적인 출발점에 대한 메타포이다.[75]

제3절 노드롭 프라이의 은유법

우리가 주체와 객체에 공통적인 에너지의 의미를 언어로 표현할 수 있는 길은 오직 '은유'를 통해서이다. 그 중심적인 은유의 표현은 인격과 자연적인 양상을 동일시하는 존재, 예를 들면 태양신, 전쟁신, 바다신 등등의 '신(god)'이다.[76]

표현의 기초는 인간과 자연의 생명이나 활력 또는 에너지가 동일하다는 은유("이것이 그것이다")로부터 환유적인 관계("이것은 그것을 대신한다")로 옮겨지고 있다. 특별히 단어들은 사상을 대신하고 내적인 실재를 외적으로 표현한 것이 된다. 그러나 이러한 실재가 단순히 내적인 것이 아니다. 즉, 사상은 위에 초월적 질서가 있음을 나타낸다. 이 초월적 질서는 오직 생각을 통해서만 소통이 가능하고 단어를 통해서만 표현될 수 있는 것이다. 그러므로 환유적 언어[77]란 유비(類比, analogy)에 의한 언어, 즉 언어를 너머서 있는 실재를 언어로 모방한 것이다.[78]

인간 언어사의 초기시대부터 전해 내려온 두 가지 형식의 글쓰기가 있다. 현재의 형식에서 이러한 것들은 숨겨져 있고 그 결과 혁명적인 것이 되었다고 프라이(Herman Northrop Frye)[79]는 다음과 같이 그 진행과정을 주장한다.

[계시 --〉 은유 --〉 환유 --〉 서술적 글쓰기 --〉 네 번째 단계]

은유 --〉 시적 혹은 문학적 글쓰기 --〉 네 번째 단계?

환유 --〉 실존적 글쓰기 --〉 네 번째 단계?

계시 --〉 케리그마 --〉 네 번째 단계?

성서의 기원은 첫 번째 은유적 단계에 속해 있다. 그러나 특별히 성서의 환유적인 '하나님'이 보여주듯이 성서의 많은 것은 성서의 시적인 것과 변증법적인 것이 분리되는 두 번째 단계와 시대를 같이하고 있다.[80]

"바람이 임으로 불매 …… 영으로 난 사람은 다 이러하니라"[81]라고 예수는 니고데모(Nicodemus)에게 말한다. 이것은 환유적 번역이다. '영'이란 기독교 교리의 성령과 동일시되는 개념이며 '바람'은 그것의 구체적인 예증이다. 그러나 헬라어 본문에서는 같은 단어인 '프뉴마(pneuma)'가 바람과 영 모두에게 쓰이고 있다. 그러므로 즉, "바람이 임으로 불매 …… 바림으로 난 사람은 이러하니라"라고 순전히 은유직으로 번역할 수가 있다. 우리는 이 번역이 다소 불안정히다고 생각할 것이고 단지 '프뉴마'라는 말만을 들었던 니고데모도 그랬을 것이다. 이 예는 언이의 역사 그리고 언어와 관련된 사상의 역사가 얼마나 깊이 번역에 관련되었는가를 단적으로 보여주고 있다.

성서는 '이것은 저것이다' 혹은 'A는 B이다'라는 명백한 은유로 가득 차 있다. 이러한 은유들은 반논리적인 것은 아닐지라도 비논리적이다. 은유들은 별개인 것인 두 사물들을 같은 것으로 주장한다. 구약의 창세기 49장에서 "잇사갈은 건강한 나귀로다", "납달리는 놓인 암사슴이다", "요셉은 무성한 가지로다" 등과 같은 은유들이 등장한다.

신약에서 예수는 헤롯을 향하여 "저 여우 같은 것"이라는 은유의 시적 활용을 하고 있다. 예수는 자기 자신을 표현할 때 "나는 포도나무요, 너희는 가지다", "나는 생명의 떡이다", "나는 길이요, 진리요, 생명이다", "나는 양의 문이다" 등의 은유적 표현을 많이 하는 것을 볼 수 있다.

은유가 부수적인 장식이 아니라 성서의 사고통제 양식 중의 하나일 수 있다는 가능성을 분명히 고려해야 한다. "하나님의 나라는 너희 안에 있느니라"(눅 17:21)[82]에서 심오한 진리를 표현하고 있다고 생각하는 사람들은 심리적 은유로 '안에'라는 표현을 강조할 것이다. 그러나 사회적 복음을 원하는 사람들은 사회적 은유로 '사이에'라는 표현을 더 선호할 것이다.[83]

전통적인 기독교의 중심이론들 중의 많은 것이 단지 은유의 형식으로만 표현될 수 있다는 언어적인 사실은 믿음이 이성을 초월한다는 기독교의 인식과 밀접한 관련을 맺고 있다. "그리스도는 하나님이며 인간이다", "삼위의 세 인격은 일체이다", "빵과 포도주는 그리스도의 몸과 피이다" 등이 그 예이다. 이러한 원리들이 영적 실체 등과 같은 개념으로 합리화될 때, 은유는 환유적 언어로 옮겨져 설명된다. 그러나 이러한 설명에는 지적 교훈의 자취가 분명히 드러나며 얼마 못 가서 이러한 설명들은 사라지고 원래의 은유들이 변함없이 다시 나타난다. 성 패트릭(St. Patrick)은 '토끼풀(shamrock)'로 삼위일체 원리를 예증하는 것은 추론적인 논리를 거부하게 만든다. 이러한 원리들은 은유 이상일 것이다. 중요한 점은 그 원리들이 "이것은 저것이다"라고 하는 은유적 형식으로만 진술될 수 있다는 것이다.[84]

신약에서 '영적으로(*pneumatikos*)'라는 말은 언제나 '은유적으로'라는 뜻이다. 요한계시록 11장 8절이 그 예이다.

저희 시체가 큰 도시 길에 있으니 그 도시는 영적으로 하면 소돔이라고도 하고 애굽이라고도 하니 곧 주께서 못 박히신 곳이니라.[85]

즉, 요한계시록이 쓰이기 바로 전에 티투스 황제(Emperor Titus)에 의해서 점령되었을 지상의 예루살렘은 은유적으로는 사해 속으로 침몰한 소돔과 홍해 속에 그들의 군사를 수장시킨 이집트와 똑같이 악마의 도시인 것이다.[86]

창세기에서 볼 수 있는 '하늘 위의 바다', '땅 밑의 바다'가 있다는 생각처럼, 우리에게 더 이상 존재하지 않는 어떤 우주에 대한 생각들이 지금도 있는 것 같다. 그런데 이것들은 '일출', '일몰'이라는 단어들과 같이 은유적으로 계속 남아 있는 생각들이다. '일출', '일몰'이라는 밀들이 천동설에 대한 믿음을 뜻하거나 강요하지 않듯이 이러한 생각들은 더 이상 믿으라고 강요하지 않는다. 욥기에 나오는 "그는 땅을 공간에 매달았다"(욥 26:7)[87]는 구절은 대담한 은유지만 천문학의 발달을 방해하지 않는다.[88]

성서를 은유, 다시 말해 하나의 은유 복합체로 볼 때 역사나 자연의 지식은 아닐지라도 일종의 지식을 의미하는 단어인 '계시'라는 말

에 우리는 반감을 갖게 된다.[89]

신화를 고정시키면 하나의 은유 복합체가 생기고, 하나의 신화군 전체를 고정시키면 하나의 우주론이 생긴다.[90]

우리가 성서를 정적으로, 즉 단일하고 동시에 존재하는 하나의 은유 무더기로서 보려 할 때, 성서는 어떤 모습으로 비칠 것인가? 아마도 성서 안에 정적인 시각과는 전혀 어울리지 않는 요소가 있다는 것을 발견한다고 해서 아주 놀라지는 않을 것이다. 보통 신화군 전체를 고정시키면 그것은 하나의 우주론이 된다. 물론 우주론에는 비성서적인 것뿐만이 아니라 기독교적이거나 유대교적인 우주론도 있었다. 그러나 성서가 주는 것은 우주론이 아니라 상향적인 변형의 비전이다. 즉, 자연에서 소외된 인간의 삶이 자발적이고 힘들이지 않은 삶으로 변한다는 비전을 보여주고 있는 것이다. 힘들이지 않는다는 의미는 게으르다거나 수동적이라는 의미가 아니라 소외가 없는 에너지가 있다는 의미이다.[91]

성서는 은유의 복합체이다. 인간이 자연에 대해 느끼는 친밀한 교류감과 인간과 똑같이 자연은 생명과 힘을 지니고 있다는 생각에서 생겨난 은유들이다. 성경에서 말하는 헬라어, 자연(*physis*)의 본래의 의미는 '성장의 힘' 혹은 '에너지'를 말하며 이 자연은 인간을 위해 생명의 에너지를 주고 있다.

예수는 "공중의 나는 새를 보라", "들의 백합화를 보라"(마 6:26, 28)[92]는 등의 말씀은 자연의 힘과 아름다움에 대해 깊은 감수성과 생기 넘치는 에너지를 찾아보라는 것이다.[93]

은유는 1차적인 의미와 거기에서 파생된 2차적인 의미가 있다. 모든 언어구조는 구심성과 원심성이 존재한다. 성서는 구심성으로 단어의 상호관계에서 생기는 1차적 의미가 바로 은유적 의미이다. 원심성에서 발생하는 2차적 의미들은 은유적 의미에 종속된다. 이렇게 중앙에 집중시키는 문맥의 의미를 염두에 둔다는 것은 바울이 믿음의 '유비(*analogia*)'라는 말로 의미하려는 것들 중의 하나이다(롬 12:6).[94]

"요셉은 열매가 많은 나뭇가지다"라는 식의 A와 B를 동일시하는 단순한 은유는 비논리적이다. 논리학에서 A는 단지 B일 뿐이지 결코 B가 될 수 없다. "A는 B이다"라고 주장하는 것은 A와 B 사이의 실제적인 차이를 간과한 것이다. 그러나 이것과 다른 형식으로 된 동일시가 있는데 우리는 그것을 은유적인 것으로 여기지 않고 질서 정연한 범주적 사고의 기초로서 여긴다. 그것은 무엇 무엇과(와)의 동일시뿐만 아니라 무엇 무엇으로서의 동일시이다. 우리는 A를 A가 속한 계층의 한 개체로 만들 때, A를 A로서 동일시한다.

이 두 가지 형식의 동일시를 결합시켜 개인을 그가 속한 계층과 동일시할 때, 매우 힘 있고 미묘한 형식의 은유를 얻게 된다. 프라이는 이것을 '왕의 은유(royal metaphor)'로 표현한다.[95]

'왕의 은유'를 공식화하는 아주 다른 방식이 있다. 신약성서에서 진술되는 방식과는 일치하고 있으나 전체주의적 사고방식이나 진술방식과는 일치하지 않는 것이 있다. 그 예로서 바울은 자아로서 자신은 죽고 단지 그리스도만이 사신다(갈 2:20)[96]고 밀한다. 이 메타포는 겉과 속이 뒤집혀 있는 은유이다. 이 은유는 통합의 은유를 뒤집어놓은 것으로서 분산적 은유이며 한 개인이 한 사회 속에서 자기 성취를 발견하는 것이 아니고 전체가 각각 개인 속에서 완전하게 되는 은유이다.

개인은 '로고스(Logos)'[97]의 하나 됨이 가지는 내적 권위를 얻고 또한 개인을 한 개인이 되게 하는 것은 이러한 하나 됨이다. 바울이 '내가 없는’이라고 말할 때, 그것은 그가 어떤 사적인 판단에 대해서나 이기적으로 은유를 공식화하는 것에 대해서 이야기하고 있는 것이 아니라는 것을 뜻한다.

사적인 판단이란 꿈에 대한 것으로 그 꿈에서는 헤라클레이토스가 말했던 것처럼 “모든 사람은 자기 자신의 로고스이다.”[98]

묵시적 비전 속에서 그리스도의 몸은 모든 존재를 하나로 묶는 은유가 되는데 이 비전이 제시하는 세계에서는 아는 이는 단지 한 사람이며 그에게 있어서는 자신의 바깥에는 아무것도 없고 그에게 객체가 되는 것도 없으므로 죽은 것도 없고 느끼지 못하는 것도 없다. 이 아는 이는 또한 우리 각자 속에 있는 진정한 의식이다. 동물세계의 몸과 피, 식물왕국에서 인간적 형태를 취한 빵과 포도주를 그리스도 몸과 동일시한다. 이러한 동일시는 예수가 최후의 만찬에서 세운 성찬예식의 바탕을 형성한다.

18세기에 아이작 와츠는 성서 속에 그리스도에 관한 은유에 대해 시를 썼는데 그는 가능한 한 많은 은유들은 단순한 은유로서만, 즉 경건한 감성의 수사적 표현으로만 여겨져야 하며 성서적 의미를 표현한 것으로 받아들여서는 안 된다고 말한다. 신약 그 자체는 은유적 언어 속에 보존되어 있는데 재미있는 것은 신약성서 밖에 기록되어 여기저기 흩어져 있는 예수의 말들 속에는 좀 더 억제되지 않는 표현이 있음을 알 수 있다는 것이다. 그 중의 하나는 이렇게 기록되어 있다.[99] “내 가까이 있는 이는 불 가까이 있다.” 그리고 *옥시린쿠스 파피루스*에서는 “돌을 들라. 그러면 나를 찾을 수 있을 것이다. 나무를 쪼개보라. 내가 거기에 있다”는 말로 그를 대변하고 있다.[100]

프라이는 신앙의 교리 자체보다는 언어를 통해 비전을 확대시키는 데 관심이 있으며 은유구조의 전통적인 형태를 뒤집어놓는 데 관심이 있다. 그래서 그는 단일과 통합의 은유 대신에 블레이크가 '미세한 개별자들'이라는 구절이나 '한 줌의 모래알 속에서 세계를 본다'는 시구에서 표현한 것과 같은 류의 비전인 개별성의 은유를 가져야 한다.[101]

성서는 엄청나게 다양한 자료를 포함하고 있는데 이 자료들을 결속시키는 통합의 힘은 문화적 압력만 있으면 곧 붕괴될 교리적 일관성이나 논리의 딱딱한 힘이 아니고 그 은유에 기초한 상상적 통일성이 가진 보다 융통성이 있는 힘이다. 은유는 서로 다른 것들을 동일시하는 것이지 모든 세목들이 다 똑같은 획일성이라는 거죽만의 통일성은 아니다.[102]

문자 그대로 성서는 하나의 거대한 신화, 즉 천지창조부터 묵시에 이르는 시간 전체에 펼쳐진 하나의 설화로서 단일한 은유의 덩어리로 응결된 반복되는 일단이 이미저리로 통합되어 있다. 이 은유 모두는 모든 사람이 되는 한 사람이며 하나의 로고스인 로고스의 총체로, 그리고 세계가 되는 모래 한 알갱이가 되는 메시아의 몸과 동일시된다.[103]

제4절 맥페이그의 은유법

맥페이그(Sallie McFague)에 의하면 신학적 모델에 대한 기준 가운데서 우상숭배와 부적합성의 2가지 특별한 의미가 존재한다. 하나는 신과 인간 관계성의 풍요와 복합성을 선포하려는 많은 상보적인 모델들에 대한 필요성이다. 만약 이 기준이 수용되지 않는다면 우상숭배의 결과를 가져올 것이다. 다른 하나는 변칙적인 것들을 다루기 위한 전통적인 주요모델들에 대한 능력이다. 우상숭배와 부적절성의 문제들이 기독교의 다른 지배적인 모델보다도 더 아버지로서 하나님의 이미지와 함께 수반된다. 이 모델은 다른 것들에 의하여 절대시 된다는 것이다.

다른 현대 신학자들처럼 맥페이그 역시 우주가 하나님에 관하여 어떤 메시지를 전달해준다는 것을 쉽게 인정하지 않고 있다.

맥페이그의 메타포 신학의 출발점은 신약성서를 고전문학으로 보는 데서 시작된다.[104] 은유신학은 예수의 비유와 하나님의 한 비유인 예수로부터 출발한다. 이 출발점은 성서를 절대적이거나 닫혀 있는 권위의 대상으로 신봉하지 않는다. 은유신학은 경전이나 성서를 하나님의 말씀으로 받아들이는 것이 아니라 하나의 고전문학으로 보는 것이 그 출발점이다.

그녀의 은유신학은 예수의 신성까지도 은유로 보고 있다. "은유신학에서는 어떤 유한한 사상, 산물, 피조물도 하나님과 같을 수 없으며 이것은 나사렛 예수에게도 해당된다. 그[예수]는 하나님의 비유로서 하나님이면서 또한 아니기 때문이다"라고 주장한다.

인간이 하나님을 절대적으로 인식할 수 있는 방법은 단지 유추와 은유를 통해서만 알 수 있다. 그것은 시간의 흐름과 함께 하나님을 경외하는 예배의 언어가 다르게 변해왔기 때문이다.[105]

맥페이그는 4가지 점에서 그녀의 은유적 신학이 출발한다. 첫째, 신학은 하나님의 말씀을 경청하는 예배를 통하여 수행되어야 한다. 그녀의 저서들 대부분은 말씀 중심의 칼 바르트 신학의 영향을 받은 것이다. 만약 신학이 하나님의 말씀에 기초를 두지 않는다면, 그것은 거짓이며 존재의 이유를 상실하게 될 것이다. 둘째, 1966년 그녀의 박사학위 논문 "Literature and the Christian Life"에서 신학과 문학 사이에 존재하는 복합적인 긴장관계를 파헤치려고 노력했다. 예수 그리스도 안에 있는 하나님의 존재의 의미는 역사적이며 참된 의미의 영역이다. 성과 속 사이의 이분법은 예수 그리스도 인격 안에서 극복된다. 예수의 비유들은 선포와 신학을 위한 가장 중요한 성서적 장르들 중의 하나라는 판단을 하게 된다. 셋째, 신학은 우상숭배와 부적합성의 덫에 갇히지 않기 위하여 지속적으로 새로워져야 한다는 필요성이다. 하나님의 언어는 항상 강력하고 효과적인 세속적 이미지들에 의한 도전을 받고 있다. 종교적 경험에 대한 해석과 표현을 할 때, 이들의 이미지들은 과대평가하여 우상숭배의 빌미를 제공해준다. 특히 절절하지 못한 이미지들을 과대평가하게 되면, 종교적 경험에 대한 해석이 부적절해지며 불가능해진다. 맥페이그는 신학적 언어에 대한 비평을 있는 그대로 제시한다. 지금까지 신학에서 사용되어온 지배적인 모델들을 배제시킨다. 넷째, 세계는 본질적으로 언어의 세계라는 후기 비트겐쉬타인과 다른 철학자들의 의견에 맥페이그는 동조한다. 신학적 언어도 새로워져야 한다는 것이 바로 여기에 있다. 언어는 강력하다. 언어는 인간실존을 고갈시키지 않지만 다양한 방법으로 그 실존적 품위를 향상시킨다.[106]

아는 것과 표현하는 것은 은유적 방향이다. '이것은 서것이나'라는 것을 동시에 긍정하고 부정한다. 은유란 아는 것의 형식이다. 모든 언어는 과학적이든 종교적이든 추상적이든 구체적이든 궁극적으로 은유적 성격을 지니고 있다. 언어는 비교와 대조를 통한 행동에서 시작된다. 유사성과 차이를 인식하면서 익숙하지 않은 맥락에서 친숙한 단어들을 사용하면서 새로운 통찰력을 제공한다. 문학에 대한 페미니스트 비평과 특히 신학에서 강조하는 것은 바로 이와 동일한 언어적 관점이다. 맥페이그는 바로 이러한 비평에 많은 영향을 받았다.

맥페이그는 "은유는 강력한 힘이 있다"라는 리쾨르(Paul Ricoeur)에 동의한다. 맥페이그의 은유는 폴 리쾨르의 은유와 결코 동일하지 않지만, 리쾨르가 상징하는 것처럼 동일한 신학적 힘을 가지고 있다.

종교적 경험에 대한 직선적이며 진보적인 은유적 언어는 추상적이며 개념적인 조직 신학적 언어와 같은 선상에 있다는 것을 인정하면서도 신학은 조직신학이나 개념신학에서 사용하고 있는 우상숭배와 부적합성을 향한 경향이나 흐름들을 극복해야 한다. 이것이 은유신학에 대한 합리성이다.[107]

전통적으로 성서는 남성에 의해 쓰였으며 해석되었고 또한 진리로 선포되어왔다. 그리고 성서의 언어와 상징들은 대부분 남성적이다. 하나님은 가부장적인 아버지와 심판자로 묘사되어 있으며, 여성은 머리인 남성의 지배를 받는 것이 당연한 원리로 해석되어왔다. 하나님(그리스도)을 남편으로 이스라엘(교회)을 아내로 묘사되는 내용은 상호 인격적인 관계성으로 해석되기보다 남성과 여성의 주종관계를 규범화하는 데 사용되어왔다.[108] 이에 관해 맥페이그는 신-인간 관계성의 풍요성과 복합성을 나타낼 수 있는 여러 개의 보완적인 모델을 수용하지 않거나 변칙적인 것을 담아낼 수 없는 신학적 모델은 우상화와 부적합성의 문제를 야기한다고 주장하면서, 우상화와 부적합성의 가장 핵심적인 모델로 '아버지 하나님'의 이미지를 제시하고 있다. 그 이유는 '아버지 하나님' 모델이 지배하게 되면서 다른 모델들을 배제되어왔다. 따라서 맥페이그는 하나님의 근원적 뿌리-은유로서 '아버지 하나님'의 모델을 극복할 수 있는 모델로서 '친구 하나님' 모델을 제시한다.

여성신학자들은 성서해석뿐 아니라 가부장제 사회와 문화에서 여성과 여성의 경험 역시 남성의 언어에 의해 해석돼 왔다는 데 동의한다. 남성의 언어에 의해 여성의 경험이 해석되고 만들어짐으로 인해 여성은 자신의 삶에서 주인공이 되지 못하며 주체적인 삶을 살 수 없게 된다. 따라서 남성의 언어에 의해 억압되고 상실된 여성의 진정성을 되찾기 위해 여성신학자들은 다양한 방식으로 접근한다.[109]

맥페이그는 그동안 남성중심의 종교언어에 대하여 여성신학이 비판해온 중요한 세 가지를 언급하면서 새로운 언어의 가능성에 대하여 은유신학을 대안으로 제시한다.[110]

첫째, 세계를 명명하는 사람이 그 세계를 소유한다는 것이다. 여성신학자들은 '언어의 한계는 세계의 한계'이며 '언어는 존재의 집'이라는 말이 의미하는 대로 우리가 언어를 사용하는 것 이상으로 언어가 우리를 지배한다. 창세기 이야기에서 아담이 하와와 의논하지 않고 창조물에 이름 붙이는 내용은 여성신학의 관점에서 볼 때, 세계가 '남성의 세계'임을 말해주는 것으로 해석된다. 따라서 여성이 세계에 이름 붙이기 작업을 할 수 있을 때, 비로소 그 세계는 공존의 세계가 될 수 있다.

둘째, 여성신학자들은 서구 기독교 문제가 그 언어의 가부장적 성격에 있다고 본다. 예를 들어 '하나님 아버지'는 하나님의 본성만이 아니라 인간과 신과의 관계, 인간과 인간의 관계를 나타내는 모델인 것이다. '하나님 아버지' 모델이 특정화되는 것은 하나의 우상이 되는 것이라고 비판한다. 어떤 모델이 우상이 되면, 그 이미지와 실재 사이의 거리가 무너지기 때문에 모든 사람의 경험을 포괄하려면 하나님

에 관한 많은 모델들이 필요하며 특히 여성적인 모델들이 필요하다
고 주장한다.

셋째, 여성신학자들은 종교언어가 종교적일 뿐만 아니라 인간적이
며, 하나님뿐만 아니라 인간에 대해서도 말한다고 본다. 이는 우리가
우리의 이미지로 하나님을 상상하는 것처럼 우리가 신적 이미지로
선택한 인간적 이미지들을 우리가 우리 자신에 대해 느끼는 방식에
영향을 준다. 예를 들어 왕의 이미지로서 하나님은 왕권의 중요성을
부여하게 되는 것이다. 그러므로 우리가 하나님을 명명하는 것은 곧
우리 자신을 명명하는 것이라 할 수 있다.

이러한 종교언어의 우상화와 부적합성을 극복하고 종교언어를 소
생시키기 위한 중요한 과제로 맥페이그는 은유적 사유[111]에 의한 은
유적 신학을 제시하며 이는 기독교의 본래적인 것이라고 주장한다.
은유신학은 예수의 비유와 하나님의 한 비유인 예수로부터 출발한다.
이 출발점은 성서를 절대적이거나 닫혀 있는 권위의 대상으로 신봉
하지 않는다. 성서는 계속해서 우리에게 말하기 때문이다. 또한 은유
로서의 비유와 하나님의 은유로서 예수의 삶의 안내를 받는 은유신
학은 개방적이고 시험적이며 우상을 파괴하고 변화를 일으키기 때문
이다.[112]

바르트 신학을 고수하고 있는 트레버 하트에 의하면, 맥페이그는
하나님과 연관된 현대적 경험을 드러내는 이미지의 개발을 추구하고
있는 반면에 성서와 전통의 줄 단절을 시도하고 있으며 경험과 신뢰
성에 호소하고 있다고 평가한다.[113]

맥페이그의 저서들은 단순히 인류학적 관심에 초점이 맞추어져 있
으며[114] 초월적인 요소가 결여되어 있다는 것이 데이비드 퍼거슨의

비판이다. 후기 기독교적 경로에 고정시킨 것에 불과하다.[115]

맥페이그는 이러한 비판에 대하여 신학자들의 관점을 하늘에서 땅으로 돌리는 것에 포커스를 맞추고 있다고 주장한다. 우리 시대의 기독교 신앙의 보다 나은 표상을 위한 신학을 강조한다. 지구촌을 돌보기 위한 기독교의 접근방법으로서 과연 성공적인지의 여부는 남아 있다.[116]

맥페이그의 일차적인 관심은 은유신학으로 종교적 상상력에 영향을 미치는 것이다. 은유는 지시대상과 트위스트를 통해서 의미를 생성시키는 그것을 생각하는 것 사이의 차이를 활용한다. 예를 들면 "전쟁은 체스게임이다." 그 전쟁은 전략을 포함시키고 있다는 점이 초점이다. 모든 종교적 언어는 은유적이다. 하나님에 관한 언어는 하나님의 존재에 대한 서술을 할 수 없지만 하나님의 인간적 경험을 표현하려는 시도이다. 맥페이그가 주장하는 모델들은 메타포를 확대시킨 것이다. 그것들에 대한 다양한 해석 때문에 기독교의 범위 내에서 하나의 패러다임이 되었다.

지금까지 아버지로서 하나님이 중심적인 은유가 되어 그것을 믿어왔다. 이것 또한 하나의 메타포이며 생태환경과 여성에 대한 부당한 대우를 합법화시키는 하나의 우상이 되었다는 것을 잊고 있다. 지구촌의 생태계를 돌보며 살리기 위한 방안으로 보나 덜 위험하고 덜 파괴적인 하나님에 대한 다른 모델들을 사용할 것을 제안한다.

어머니, 존재하는 모든 것들의 근거와 소스로서의 하나님이다. 하나님의 창조성은 지속적이며 이 세계는 하나님과 분리되어 있는 것이 아니며 하나님의 존재 일부라는 것이다. 연인, 하나님은 세계와 멀리 떨어져 있는 것이 아니라 세계와 인간을 품고 있는 일에 열정적이

라는 것이다. 친구, 공동의 프로젝트를 위하여 상호 헌신적이며 윤리
적 유대관계를 증진시킨다. 하나님의 몸으로서 이 지구는 하나님과 세
계의 상호 의존성을 강조한다. 긍정적인 몸의 가치를 지향한다. 은유
신학과 개념신학 사이의 상호 관계성에 대한 비평의 필요성이 있다.[117]

제5절 C. S. 루이스(Lewis)의 은유법

루이스(C. S. Lewis)[118]는 아주 박식한 메타포의 거장이다. '자연은
반항하는 코끼리이다. 하나님은 코끼리의 조련사이다. 연못에 있는
수선화는 리얼리티의 심층적인 내포이다' 등의 메타포를 이야기한다.
루이스가 말하는 메타포를 예를 들면 다음과 같다.

'지도의 메타포(Metaphor of the Map)'는 하나의 국경에 대한 두 가
지 관점이 존재한다. "데본셔에 있는 돌출부는 콘웰에 있는 움푹 들
어간 부분이다." "합리적인 생각이라고 하는 것은 언제나 뇌의 상태
를 내포하고 있다. 결국은 원자의 관계이다."

'이해의 메타포(Metaphor of Understanding)', 즉 어떤 기계에 대한 이
해는 틀림없이 그 기계와 연관되어 있지만, 그 기계의 부품들은 서로
연관되어 있지 않다는 것이다. 한 사물에 대한 인식은 그 사물의 부
품들 중의 하나는 아니라는 것이다.

자신이 사용하고 있는 말들이 메타포인지도 모르면서 습관적으로
메타포로 이야기하는 사람을 만나본 적이 있는가? 그는 분명히 위대
성을 예견해주는 스피치의 고집과 분규를 야기하는 문제를 지니고
있다. 그의 시들은 마치 이국적이고 오만한 장식물로 가득 찬 방과
같지만 앉을 곳이 없다.

정확한 메타포는 아니지만 어떤 유추들이 존재한다. 창문을 통해서 본 정원, 눈에 주의하지 않고 하는 독서, 언어에 관심을 두지 않고 하는 말, 자신의 언어에 문법이 있다고 생각하지 않는 인디언은 모두 초자연적인 것을 지니고 있다. 그러나 그것에 압도당하지 않는다는 이유도 존재한다. 다른 곳에서 루이스는 물에 전혀 관심이 없는 물속의 물고기 유추를 사용한다. 왜냐하면 물고기는 그곳이 자신이 사는 고향이기 때문이다.

만약 우리가 감각에 의하여 인식할 수 없는 것들에 대하여 이야기하려고 한다면, 우리는 은유적으로 이야기할 수밖에 없다. 심리학, 경제학, 정치학에 관한 책들은 모두 시집과 같이 은유적이다.

물리적인 사물 이외의 모든 것들에 관한 언어는 필연적으로 은유적이다. 감각의 대상들을 제외한 모든 언어들은 철저하게 은유적이다. 하나님은 하나의 '힘'으로 부르는 것은, 즉 하나님을 어떤 바람이나 어떤 동력과 같은 것으로 부르는 것은 그를 아버지나 왕으로 부르는 것과 같은 메타포이다.[119]

하나님은 그리스도 안에서 세상과 자신을 화해시킨다. 사도 바울의 언급(고후 5:19)[120]은 거의 2000년 동안 많은 신학자들로 하여금 성육신과 구속론에 대한 기독교 교리를 연구하게 만들었다.

"성육신은 거대기적이다(Incarnation is The Grand Miracle)"라는 메타포를 언급하면서, 루이스는 한 인간을 창조해내기 위하여 '영원한 지아 존재적 영(eternal self-existent Spirit)'이 어떻게 '하나의 자연적인 인간의 유기체(a natural human organism)'로 결합될 수 있을까에 대한 상상을 할 수 없다는 것이다. 그러나 그는 모든 인간은 운명적인 몸 안에 내주하는 더 낮은 차원의 불멸의 영혼을 구현시키는 것이라고 덧

붙인다.[121]

루이스는 그리스도를 진주를 캐는 다이버로 비교한다. 자기 자신의 몸을 나체로 만든다. 허공을 응시한다. 푸르고 따뜻한 물을 거쳐 암흑의 차디찬 물속으로 첨벙대며 잠수한다. 심각한 압력이 느껴진다. 부패하고 썩은 사지의 늪지로 들어간다. 견딜 수 없어 다시 솟아오른다. 색상과 빛이 눈에 들어온다. 그의 허파가 터질 것 같다. 회복하기 위하여 내려갔던 소중한 물건을 손에 움켜쥐고 표면을 헤치고 솟아오른다. 어둠 속에서 색상을 잃어버린 바로 그곳에서 그 역시 자신의 색상을 잃고 말았다. 그와 진주는 빛으로 다시 나와 색깔을 띠게 되었다.

루이스는 모든 그림자들을 흡수할 수 있는 하나님을 무한한 '대양의 빛(ocean of light)'으로 묘사한다. "순수한 빛이 대지 위를 걷는다. 신의 심장 속으로 받아들여진 어둠은 그곳에서 삼켜져 버린다. 아직 창조되지 않은 빛을 제외하곤 어둠이 익사되는 곳은 어디인가?"라고 묻고 있다.[122]

루이스는 인간이 겪는 고난의 문제를 이야기한다. 아담이나 그리스도와 같은 위대한 원형 인간이 받는 고난이나 행위들은 법적 가설이나 인과율, 혹은 은유 등에 의해서가 아니라 어떤 보다 깊은 형식에서 우리의 고난과 행위가 되는 듯하다고 말한다. 특히 루이스는 동물들의 고통의 문제를 다루면서 다음과 같이 주장한다.

식물이 서로 먹음으로써 살아간다. 서로 무자비한 경쟁상태에 놓여 있다는 사실은 도덕적으로 중요한 문제가 아니다. 생물학적 의미에서 생명은 지각이 생길 때까지는 선악과는 아무런 관계가 없다. '무자비'라든지 '가해'라는 말 등은 순전히 메타포일 따름이다.[123)

루이스의 이러한 관점은 철학적으로 표현하면 '지각의 연속(A succession of perceptions)'에 대한 문제이다. 동물들은 지각의 연속을 알 수 없다는 것이다. 우리가 동물을 채찍으로 두 번 때리면, 거기에 두 개의 고통이 있다는 것을 의미한다. 그러나 내가 두 대의 매를 맞았다고 인식하는 동일한 자의식은 없다. 한 대의 매를 맞아도 그 고통과 고통받는 자신을 구별하여 '나는 아프다'라고 말할 수 있는 자아가 없다. '나와 고통', 이 두 개의 관계를 자기 경험으로 만드는 자아는 없는 것이다. 이에 대한 바른 묘사는 "이 동물에게 고통이 일어나고 있다" 혹은 우리가 일반적으로 말하는 "이 동물이 고통을 느끼고 있다"는 것과는 다르다. "이 동물이 느끼고 있다"는 말은 자칫하면, 감각들의 위에 서서 이 감각을 조합 구성하여 판단을 내리는 '자아', '영혼', 혹은 '의식'의 개념과 혼동하기가 쉽다. 의식이 없는 지각은 상상할 수 없다. 그것이 우리 안에 결코 일어나지 않기 때문이 아니라 오히려 그것이 일어났을 때, 그것을 표현해줄 의식이 반드시 필요하기 때문이다. 동물들이 우리처럼 고통에 대하여 반응한다는 사실은 결코 그들이 의식이 있다는 증거가 될 수 없다. 왜냐하면 우리 인간은 마취상태에서도 그런 반응을 일으킬 수 있고 수면 중에도 질문에 내답할 수 있기 때문이다.[124)

워즈워드(Wordsworth)는 "꽃들이 숨 쉴 때, 공기를 즐긴다"라고 말한다. 그러나 그러한 추측이 옳다고 믿을 만한 근거는 매우 희박하다. 물론 살아 있는 식물은 상해를 입을 때, 무기물과 다르게 반응한다. 그러나 마취시킨 인간의 육체도 강렬하게 반응을 일으킨다. 그런 반응이 지각의식이라고 할 수는 없다. 물론 우리는 식물의 죽음이나 고통을 메타포를 사용하여 비극적인 것처럼 말할 수 있다. 인간의 영적 경험을 설명하기 위한 상징을 제공하는 것이 식물과 동물세계의 임무 중 하나일 수도 있다. 그러나 우리는 결코 은유의 희생자가 되지 말아야 한다. 나무들 절반이 다른 절반의 생명에 해를 입히고 죽이고 있는 숲은 좋은 숲일 수 있다. 그 숲이 좋은 이유는 그것의 유용성과 아름다움에 있고 숲 자체는 그것을 느끼지 못하기 때문이다.[125]

우리와 거리가 먼 옛날 동물들은 맹수라든가 선사시대 동물이라고 부를 때, 사실 우리는 우리가 무엇에 대하여 말하고 있는지 모른다. 아마 그들은 자아나 고통이 없었을 것이다. 아마 각 종족은 집단적 자아가 있었을 것이다. 사자 대신 사자성이 있어서 창조의 전통에 참여했을 것이며 만물의 회복에도 동참했을 것이다. 그리고 우리가 우리 자신의 영원한 생명을 상상할 수 없다면, 하물며 동물들이 우리의 구성원으로서 생명을 가진다는 것 역시 상상할 수 없다. 만약 지상의 사자가 소처럼 초식하리라는 예언을 읽고 깨닫는다면, 그는 그것을 천상생활의 묘사가 아니라 지옥에 대한 기록으로 여길지 모른다. 만약 사자에게 육식의 감각 외에 아무것도 없다면, 그는 의식이 없는 것이며 산다는 것조차 무의미할 것이다. 그러나 만일 그 속에 기본적인 사자성을 가진 자아가 있다면, 하나님은 그에게 하나님이 기뻐하시는 신체를 부여하실 수 있다. 그 신체는 더 이상 어린양을 잡아먹으며 살지 않을 것이다. 그러면서도 그가 지상에서 사자로서 생활할 때 가졌던 위엄과 힘과 고고함을 나타내기에 부족함이 없는 풍부한 사자성을 가지게 될 것이다.

제6절 소마 은유법

1. 소마의 개념

'소마(*Soma*)'는 그리스어로 "땅, 지구, 인간들의 몸, 동물들의 살아 있는 몸, 죽은 시체, 하늘의 천체들"을 의미한다.[126] 즉, 땅에 기초한 영성은 생명의 에너지를 주고 있으며, 보편내재성, 상호연관성, 은총의 삶을 제공해준다. '보편내재성'이란 살아 있는 만물 가운데 하나님이 함께함으로써 각 존재는 가치가 있으며 내부로부터 흘러나오는 창조력을 가지고 있다는 것이다. '상호연관성'은 우리의 육체만 자연적인 것이 아니라 우리의 정신도 만물과 상호 의존적인 관계성 속에 있는 자연의 일부라는 것을 의미한다. 이러한 이해는 인간의 자아개념을 확장시키며 또한 우주의 일부로서 인간을 이해하게 한다.

서로를 돌봄으로써 이 세상을 다시 엮어 나가며 서로의 상처를 회복시키는 것은 은총의 삶이다. 이를 위해 인간은 더 단순하게 살아가지 않으면 안 되며, 자연이 문화 속에 포함되기보다 문화가 자연 속에 포함되어야 하고, 지구 살리기 운동에는 모든 피조물늘이 담당할 몫이어야 한다.

이러한 자연과 인간의 관계성은 더불어 살리는 힘으로 나타난다. '살림의 생태학'은 생태적 창조성의 본질을 통전적으로 이해하는 데 중요한 실마리를 제공해준다. 그리고 상호 관계적이며 상호 주관적으로 구성되어가는 새로운 생태 신학적 개념을 논의할 수 있는 창조적인 공간을 마련해줄 수 있다는 데 의의를 가진다. 새로운 생태 신학적 인간이해와 통합 지향적 패러다임의 새로운 준거가 필요하며, 이 점에서 '살림의 생태학'은 그 대안을 제시해줄 수 있다. 그리고 전통적인 생태신학의 한계를 극복하는 대안으로 자연중심적인 '살림의 생태학'을 제안하는 것은 학문적인 가치가 있다고 할 것이다.

2. '소마'로서 '하나님의 발등상'

단(John Donne)은 "자연이 인간에게 많은 것을 주고 있는 것처럼, 우리의 몸도 자연적 요소들에 의하여 구성되어 있다. 예술이 인간에게 어떤 알파벳의 문장들을 주고 있는 것처럼, 모든 말들은 알파벳으로 구성되어 있다"[127]고 주장한다.

철학자들은 그들의 사상을 표현하기 위해서 구체적인 예증을 제시한다. 예를 들면 칼라일(Thomas Carlyle, 1795~1881)의 『의상철학』과 같은 책은 몸과 옷의 이미지를 이용하여 피히테 학파의 독일 낭만주의 철학을 예증한 문학작품이다. '몸'은 우리가 전혀 보지 못하는 세계 그 자체를 예증하고 있는데 피히테는 이를 칸트의 물 자체의 실체 세계에서 끌어냈다. 또 '옷'은 실체세계를 드러내기도 하고 동시에 감추기도 하는 현상적인 세계를 나타낸다.[128] 단은 자신의 설교에서 다음과 같이 주장한다.

> 머리는 황금, 팔은 은, 그리고 배는 놋이 되게 하여도 만일 다리가 흙이라면, 미끄러지고 썩어 문드러질 인간들이여, 모든 것은 다만 영상이라오. 모든 것은 영상의 꿈에 불과합니다. 왜냐하면 외부적인 도움은 다리라기보다는 목발이기 때문입니다. 몸이 반드시 있어야 하고, 인간들이여 유능한 몸들과 유능한 인간들이 있어야 합니

다. 대지의 좋은 것들, 그들 자신의 무화과와 올리브를 먹는 인간
들, 부당한 강탈로 몸이 야위어지지 않는 인간들이 있어야 합니다.
그들은 하늘나라를 구성하는 영광스러운 몸들, 국가의 유익에 참여
하고 국가를 이루는 몸들입니다.[129]

몸의 주체성을 회복시키고 몸의 언어와 소리로 말할 수 있도록 돕
기 위해서는 무엇보다 먼저 기독교적 유산으로부터 자연을 위한 자
원을 재발견할 필요가 있다. 기독교의 신학적 자원 안에는 피지배 문
화의 주체이며, 억압적인 몸 경험의 주체이자 해석의 주체로서 자연
의 존재가치와 주체성의 의미를 재해석할 수 있는 자원들이 매우 풍
부하다.

기독교 신학은 근본적으로 창조신학이고 십자가 신학이며 성육신
신학으로서의 소마의 은유법이다. 그리스도의 십자가 신학은 속죄의
신학일 뿐 아니라 고난당하는 피억압자들의 고통에 성육신적으로 동
참하고 공감적으로 현존하는 하나님의 몸, 즉 소마신학이며 또한 임
마누엘 신학이다.

그러므로 십자가 신학에서의 주체는 피지배자들이며 고난과 억압
을 당하는 소마, 몸의 주체들이다. 따라서 피지배자 문화의 주체로서
문화변혁의 주체가 될 수 있는 자연의 자리는 십자가의 그리스도에
게서 새롭게 발견된다. 또한 하나님의 몸 신학 안에서 자연의 몸은
가부장적 이데올로기에 의해 억압당하는 피지배 문학의 주체임과 동
시에 하나님의 재창조 사역에 동참하는 공동창조자로서 새로운 정체
성을 구성한다.

대지의 신학, 어머니인 소마의 신학, 즉 이 땅의 몸은 하나님의 구
원을 창조하는 공동창조자로서 자연의 몸을 향한 원형적인 상징이

된다. 그러므로 자연의 몸은, 즉 주체는 하나님의 창조된 공동창조자로서의 주체적 객체라고 말할 수 있다.

해석의 주체로서 자연은 아담의 언어에 의해 잘못 붙여진 자연의 왜곡된 이름들을 재명명할 수 있게 된다.[130] 이렇게 기독교와 성서적 전통에서 재발견되는 자연의 소마-몸-주체성의 담론은 창조신학이 하나님과의 상호 연대적인 관계성 속에 공동창조성의 특성을 지니고 있음을 나타낸다. 곧 '소생의 힘'은 하나님의 새 창조인 구원, 곧 우주적인 생명살림을 위한 공동창조성이라는 사실이며 이는 거룩한 근원적인 존재의 뿌리에서 나온 창조성의 본질이라는 사실을 말해준다.

억압적인 몸 경험의 객체로서 자연의 몸에 대한 새로운 의미와 가치의 발견을 위한 자원은 기독교 전통 외에도 인류역사의 유산 속에서도 풍부하게 저장되어 있다.[131]

자연의 몸, 즉 땅은 하나님의 창조성의 근원적 상징이다. 대부분의 우주창조의 신화들은 우주탄생의 근원을 여성의 몸으로 상징화한다.

어머니인 여성의 몸은 우주를 출산해낸 우주알 역시 여성의 자궁에 비유된다.[132] '하나님의 몸'[133]은 우주의 각 세포를 깨우며 더불어 살리는 춤을 춘다. 우주적 주체와 내가 하나로 연결되어 하나님의 몸 안에서, 하나님의 몸과 더불어 한몸이 되어 춤추고 노래한다. 이것이 영성이다. 남성 분리주의자들이 파괴하고 찢어놓은 관계의 그물망 안에서 제자리를 상실한 자연의 몸을 다시 살리는 창조의 영성이다. 몸 주체성의 회복은 상호 연대적인 관계성의 그물망을 짜깁고 하나님의 몸을 살려내는 생태학적 영성이다.[134]

때로 자연의 몸은 하나님의 몸을 만나기 위해 직접 빈 들로 나가야 한다. 광야에 홀로 핀 들꽃들에게서 별들의 노래를 들으며, 시간의 물결을 몸에 새긴 나무들에게서 역사의 바람으로부터 전해들은 지혜들을 배우며, 어두운 공간에 울려 퍼지는 창조성의 소리 없는 합창을 들어야 한다. 우주의 노래, 창조성의 노래를 함께 부르며 공간의 하나님의 몸에 자연의 몸 글을 가득 채워야 한다. 몸이 존재의 뿌리와 연결되고 사랑 안에서 하나가 되어 우주가 가득 차오르는 것을 느낄 때, 우주의 중심으로부터 만물을 더불어 살리는 창조성이 흘러나오는 것을 경험한다. 스스로 중심이 되지 않으면서 중심을 경험할 수 있는 자연의 주체성은 더불어 살리는 생명공동체에 필요한 생태학적이고 유기체적인 상호 주관적인 객체성이다.[135)]

하나님의 몸의 일부인 하나님의 발등상이 지금 이 시간에도 찢기어져 나가고 있다. 2000년 전에 대못이 박힌 자리에 또다시 거대한 강철 파이프들이 박고 있다.

우리나라의 세종시 건설, 4대강 건설, 제주 강정마을 해군기지 건설에서부터 고속도로를 내기 위하여 산천에 터널을 뚫고 구멍을 파고 있는 것은 하나님의 발등상에 치명적인 상해를 입히는 것이다. 특히 MB 정부의 4대강 사업은 생태계를 파괴하며 유린하는 대표적인 국책사업이다.

미국의 석학 촘스키(Noam Chomsky) 교수는 제주 강정마을 해군기지 건설을 반대하면서 나음과 같이 주장한나.

> 제주도 해군기지 건설하려는 시도에 대해 우리가 분노해야 하는 수많은 이유가 있지만, 특히 환경에 미칠 악영향이 그중의 하나이다. 제주도 군사기지가 들어서게 되면, 사회 전반적으로 부정적인 영향을 미치게 될 것이다. 수십 년째 미군기지와 싸우고 있는 오키나와는 물론 이탈리아를 비롯한 다른 많은 사례들이 이것을 증명한다.

하지만 제주도의 경우는 환경문제와 더불어 또 다른 외적인 이유
가 있다. 군사기지 건설은 국제사회에 긴장을 고조시키고 전쟁, 특
히 핵전쟁을 증가시킬 가능성이 높기 때문이다. 제주도 해군기지
건설은 미국이 중국을 견제하고 미국이 미국령으로 간주해온 태평
양 지역을 유지하기 위한 의도임이 분명하다. 중국은 빠른 속도로
성장하고 있고 엄청난 속도의 경제성장률을 자랑하며 주변지역에
확장하려 하고 있다. 중국에 대한 많은 비판이 있는 것도 사실이지
만, 중요한 것은 미국이 영향력을 확장하려는 중국의 노력을 미국
에 대한 정면도전으로 간주한다는 것이다. 왜냐하면 중국을 미국의
영토로 여기기 때문이다. 오직 미국만이 전 세계 곳곳에 수백 곳의
군사기지를 건설할 수 있고 이를 확장할 권리가 있으며 이 지역들
을 지배해야 한다는 것은 극단적인 제국주의적 발상이다. 이러한
발상은 서구에서는 좀처럼 도전받지 않았기 때문에 당연하게 제주
도 해군기지 건설이 추진되었다고 본다.
해군기지 반대투쟁과정에서 강정마을 주민들이 보여준 저항과 용
기, 고결한 투쟁에 찬사를 보낸다. 아름다운 자연을 보호하고 보다
평화로운 세상에 살고 싶다는 정당한 권리를 지키기 위한 주민들
의 투쟁은 상당히 고무적인 일이며 이들의 투쟁이 계속적으로 이
루어질 수 있도록 외부로부터 보다 많은 지원이 이루어지기를 희
망한다.[136]

　　생태습지의 파괴에 대하여 댐의 해체를 주장하는 허재영 교수는
하천생태의 복원을 두 가지 관점—종단방향 생태계와 횡단방향 생태
계—에서 제시한다. 전자는 생태계를 위해서는 보 등과 같은 하천 흐
름을 차단하는 모든 시설물을 지양해야 한다는 것이다. 후자는 하천
의 홍수터를 적극적으로 활용하려고 하는 하천 공원화 계획을 취소
해야 한다는 것이다. 생태복원을 목표로 하면서 생태계를 차단하는
우를 범하지 말 것을 주장한다. 하구 생태계에 대한 인식의 변화를
촉구하면서 경제적 가치보다는 철학적, 인문학적, 사회학적 관점에서
보는 시각을 제안한다.[137]

예수의 몸을 가장 비참한 방법인 십자가형으로 처형하는 모습은 바로 인간들이 하나님의 몸을 파괴하는 것과 같다. 육의 파괴는 곧 영의 파괴요, 죽음이라는 종말을 앞당기는 것이다. 아무리 '신령한 몸'을 희망하며 주장한다 할지라도 그리스도의 몸은 인간의 욕심으로 파괴해서는 안 된다.

맥페이그가 제기하는 모델은 '하나님의 몸으로서 세계', 즉 유기적인 모델이다.[138] 이 유기적인 모델은 하나님과 세계 사이의 관계성을 표현한다. 다시 말하면 하나님의 초월성과 내재성 사이의 긴장을 가장 잘 해소시켜준다.

창세기의 모델은 더 이상 적절한 모델이 아니다. 단순히 하나님은 우주이다 혹은 우주는 하나님 자체라는 과정신학자들의 범신론적 용어를 사용할 뿐만 아니라 하나님의 창조적인 현존 혹은 하나님 안에 존재하는 우주를 끌어들인다.[139] 게다가 맥페이그는 또 다른 하나님의 모델로서 세계에 생기를 불어넣는 '바람' 혹은 '영'으로서 하나님 모델을 제시한다. '세계의 영혼'으로 하나님을 바라보는 물질과 영의 이분법을 인정하기보다는 하나님의 직접적인 현존과 우주의 운명에 직접 개입을 강조하면서 이 둘의 모델이 몸의 이미지를 지니고 있다는 점을 강조한다.[140]

그녀는 몇몇 해방신학자들의 공격을 빌고 있지만 약자들, 가난한 이들, 억압받는 사람들, 기존의 사회에서 소외된 사람들을 위한 사랑과 돌봄의 모델이 되었던 예수 그리스도를 제시한다.

제7절 소생 은유법

은유는 삶에 관한 스토리이다. 상징적인 인물들과 진부한 배경들을 단순화시키다. 동화 같은 이야기에서도 단순한 그 교훈이 무엇인지 그리고 그 영향력이 어떠한지 정확하게 기술할 수 없지만 우리의 생활을 변화시키는 이야기들이다.

소생의 은유법은 고갈이 아닌 '살림의 은유법'이다. '살림'의 동사형은 자동사로서 '살다'와 타동사로서 '살리다'가 있다. 이 동사의 명사형이 '살림'이다. '살림의 은유법'은 맥페이그의 *은유적 신학*에서 '자연환경의 착취(exploitation of the natural environment)'[141]라는 환경파괴적 용어에 대한 대안으로 선정한 것이다. 게다가 '살림'의 반의어는 '죽임'이나 '파괴', '해체'로서가 아니라 가장 기본적인 '하나님의 형상(Image of God)'(창 3:27),[142] 즉 인간의 생명과 동식물들의 생명을 보존하고 회복시켜야 한다는 당위성을 제시하는 것이며 이것에 대한 적극적인 행동이 이루어져야 한다.

소생의 은유법은 과거로의 역사를 회귀시키는 것이 아니라 인간들의 의식과 생활의 회귀를 지향하는 메타포이다. 따라서 21세기를 살아가는 우리들에게는 원시석기시대의 살림기술들을 다시 배우고 읽혀야 한다. 근본적으로 이러한 기술들은 자연에 참여함으로써 자연을 발견하도록 하는 것이다. 단순히 자연과 함께 하이킹이나 캠핑하는 차원이 아니라, 자연 속으로 들어가 그 과정의 일부가 되어 보는 것이다. 자연을 활용함으로써 자연에 관한 학습의 친숙한 방법이다. 예를 들면 식용이나 의학용, 기타 재료용으로 식물을 이용하는 과정은 우리가 더 많은 것을 알아야 한다. 모든 식물들의 특성들을 더 자세히 알아야 한다. 각 식물군 주위에 함께 살아가는 동식물들의 공동체들에 관하여 배워야 한다. 이러한 야생식물들을 수집할 때, 다른 토양의 종류들을 알아야 하며 그 토양들이 어떻게 그곳에서 영향을 미치고 있으며 식물들은 어떻게 자라고 있는가를 배워야 한다.

원시 석기시대의 기술들은 자연과 소통하며 자연을 발견하는 위대한 참여적, 체험적, 실천적 방법들이었다. 그러나 원시살림은 그것 이상의 의미가 있다. 원시살림은 우리가 살아가는 세계와 우리 자신에 관하여 우리에게 가르쳐주는 하나의 생태적 은유이다.

현대의 복합적인 세계에서 21세기의 원시적 살림은 은유와 같은 것이다. 그러나 그것은 인간들에게 더 유익하다. 원시적 살림은 우리가 모두 참여하여 행동으로 옮겨야 하는 은유이다. 삶은 신체적이며 정신적인 건강, 은신처, 보온, 의복, 식량, 수질문제 등과 같은 가장 본질적인 문제로 단순화시켜야 한다.

맨손과 맨발로 살아가는 사람들을 찾아가 만나며 생각하고 관찰하여 행동으로 실천할 수 있는 힘과 기술을 길러야 한다. 과거 원시인들이 사용하고 있는 자원들을 함께 공유할 수 있어야 한다. 구석기시대는 우리들이 생각하는 것만큼 비참하지 않았다. 현대에도 존재하는 석기시대의 문화들을 관찰한 인류학자들은 그것들을 '풍요로운 사회의 원형'이라고 부른다. 석기시대 사람들은 하루 3~4시간만 일해도 기초적인 욕구에 필요한 물질을 구할 수 있었다. 이들은 현대인들보다 더 많은 여가시간을 누렸을 것이다.

원시적 소생의 은유법은 의식적으로 미니멀리즘(Minimalism)[143]을 추구하는 것이다. 작은 것이 아름답고 적은 것이 많은 것이라는 최소한의 삶을 지향하는 생활이다. 의도적으로 현 세계에 축적문화를 떠나는 것이다. 원시석기시대로 돌아가는 회귀의 은유법이다. 이것만이 지구의 환경파괴를 예방할 수 있으며 생태계를 보존할 수 있다. 우리의 후손들에게 아름다운 환경을 물려주어야 할 책임과 의무가 여기에 있다. 따라서 우리는 이 '소생의 은유'를 경험해야만 한다.

원시살림은 내적 자원들을 끌어들이는 은유이다. 동시에 지구의 자원들에 관하여 우리를 교육시키는 은유이다. 충격을 받지 않을 살림을 할 목적으로 텐트, 프로판 스토브, 식자재 등 많은 장비를 가지고 다니는 사람은 은유적으로 거짓된 살림을 하는 사람이다. 그 같은 사람은 충격이 없는 편안하고 안정된 캠핑을 주장할지 모른다. 그러나 진실은 캠핑하기 위하여 꾸린 모든 자원들은 어디에선가로부터 나올 수밖에 없었던 자원들이다.

우리의 현대적 살림에서 호구지책의 생존문제에서 벗어난 지 오래되었다. 생필품은 자연에서 나오는 것이 아니라 가게에서 나온다는 잘못된 인식을 가지고 있다. 이러한 인식은 자연과 인간이 상당히 분리되어 있다는 생각을 갖게 한다. 광야와 비광야의 경계선을 그으면서 구별하고 있지만, 오직 하나의 광야만 있을 뿐이며 오직 하나의 생태계만 있을 뿐이다. 그리고 인간은 그것의 일부일 뿐이다. 사슴이 풀을 뜯고 종달새가 둥지를 짓기 위하여 풀잎을 모으는 것처럼, 우리 모두는 자신의 생존을 위하여 지구의 자원을 활용해야만 한다. 도시의 아파트 빌딩 숲에서 살림을 하든 아니면 자연의 숲 속에서 통나무 집에서 살아가든 이것이 현실이다.

원시살림은 어떤 모델적 살림을 실천하도록 요구한다. '살림'의 정의는 신체적 정신적 건강을 위하여 불 혹은 에너지, 식물 혹은 동물 자원과 같은 의식주에 필요한 자원을 조달하는 과정이다. 원시적 살림에서 인간은 반드시 충족시켜야만 하는 필요성에 직면해 있다. 우리의 살림을 위하여 우리 주위의 자연에서 얻어야 하는 적합성이 요청된다.

소생의 은유는 전아성(典雅性, decorum)의 원칙이 적용되어야 한다. 전하성은 필요에 의한 적합성이다. 은유효과는 반드시 주제나 목적에 부합해야 한다. 생소하거나 혼성된 관계를 피한다. 은유의 관계성은 희박하거나 이상하거나 애매모호하거나 해서는 안 된다. 온갖 부적절함을 피해야 하는 것이 은유의 전아한 형식이다. 조화로운 생활의 충실한 관계를 제공해주는 것이다. 앳킨스(J. W. H. Atkins)가 키케로(Cicero)의 전아성을 평가하면서 "예술의 영역으로 옮겨진 생활의 원칙(…… a principle of life transferred to the sphere of art)"[144]이라고 말한다. 은유는 살림이다. 적절한 경우에만 사용되어야 하며 같은 구절에 둘이나 고작 셋 이상을 함께 가져와서는 안 된다. 은유의 사용은 정확하게 통제할 수 있어야 하며 통제되어야 한다.[145]

은유는 은유들이 존재하기 때문에 존재할 뿐이다. 그리고 은유들은 언어와 사회와 시간 안에 실제로 일어날 때 존재할 뿐이다. 이 요소들의 어느 것도 계속적으로 존재하는 요인은 아니다. 환언하면 은유라는 개념 자체는 어떤 주어진 시간에든 그 자체의 역사와 언어적이며 사회적인 압력에 의하여 형성된다. 그 개념은 원래의 형태가 없다. 이렇게 이해할 때 은유라는 주제에 가장 성과 있게 접근하는 방법은 은유를 언어에 대한 태도에서 연유된 사회적이고 역사적인 하나의 현상으로 보는 근거에 의하여 은유의 작용 자체를 검토하는 것이라고 여겨진다.[146] 따라서 원시살림의 은유는 사회적 압력이나 제재가 가미되는 통제성의 원칙이 있어야 한다.

코요테가 생쥐를 추적하는 것처럼 인간은 생존을 위하여 살생을 하며 활용한다. 우리가 상점에서 구매하는 생필품들은 생태계를 통하여 얻어지는 충격과 결과들이라는 것을 너무 쉽게 잊고 있다. 원시살림의 은유에서, 나무에서 열매 하나를 무심코 따게 될 때 누군가의 하루치 식량을 빼앗아 갈지 모른다는 생각을 우리는 하지 않는다. 어떤 동식물들의 생명상실을 야기하는 직접적인 효과에 대하여 무관심한 편이다.

원시살림은 우리가 어디에 있든, 무슨 일을 하든, 살림의 진정한 가치와 희생이 무엇인지 직접성의 원칙을 인식케 하는 소생의 은유이다.

원시살림의 은유는 또한 땅으로부터 모든 것을 취한다는 것을 가르쳐준다. 우리는 취하는 행동을 단지 인식하고 있을 뿐 죄책감을 느끼지 않는다. 사슴은 풀을 뜯으며 자신의 필요를 채우기 위하여 생태계에 적지 않은 영향을 주고 있다. 다른 동식물의 서식지를 파괴하는 동시에 또 다른 것들을 위한 생태계의 환경을 지속적으로 변화시킨다.

이와 유사하게 인간의 원시적 살림은 어제나 오늘이나 생태계에서 모든 종류의 대파괴를 야기한다. 집단적 원시인들의 생활은 날마다 자신들의 필요를 위하여 사냥하며 사냥감을 불러 모으기 위하여 불을 피운다. 심지어 자신의 주거지까지 바꾸기도 하며 동물들로 하여금 새로운 소로를 내게 하며 연계된 모든 공동체들에게 영향을 미친다. 오늘날 우리의 도시생활도 결코 다르지 않다. 현대인들의 살림도 역시 광야 속의 살림이다. 단지 다른 종의 동식물이 그곳을 차지하고 있을 뿐이다. 은유로서 원시살림은 한 마리의 새가 생존하기 위하여 파리를 잡아먹는 것처럼, 생태계에서 취하며 변화시키는 과정이 당연할지 모른다. 좋든 나쁘든 이것이 현실이다.

원시살림은 생태계에 대한 인간의 관계성에 두 가지 방향이 있다. 인간은 생태계에 참여자로서 생존을 위하여 생태계를 바꾸고 유지해야 하는 책임이 따른다. 우리의 행동은 생태계에 있는 동식물들의 공동체에 영향을 미치며 우리도 그 공동체의 일부이다. 이러한 연속성은 생명이 존재하는 한, 영원히 유동의 상태를 지속시킬 것이다. 자연 또한 서식지를 파괴와 건설을 반복하면서 지속적으로 변화할 것이다. 지구기후의 변화와 오존층의 파괴로 인류를 위하여 이러한 연속적인 변화들이 무엇을 의미하는지 고려해보는 것은 중요하다.

소생적 은유는 원시적 살림을 통하여 자연과 인간을 살리기 위한 은유법이다. 도전적인 상황들을 다루기 위한 내적 자원을 불러일으킨다. 그리고 어떠한 테크놀로지를 가지고 살아가든 우리는 여전히 생태계의 통합적 구성요소들이다. 원시적 살림은 인간에게 가장 기초적인 기반을 다져줄 수 있는 살림의 모델이며 자연법이다. 원시와 현대적 살림 속에서 이 시대의 모든 생태문제에 대한 해답이 있을 것이다.[147]

제4장

관념의 추적은 추측의 놀이이다.
우리는 누가 최초로 어떤 주어진 관념을 가졌는지 말할 수 없다.
우리는 오직 누가 최초로 그것을 영향력 있게 사용했으며 누가 그것을 어떤
형태나 시나, 수식이나, 그림으로 구성했는지 말할 수 있을 뿐이다.
어떤 사람들에게는 그것을 인정하는 것이 큰 충격일 수도 있다.
서식지에 대한 우리의 태도를 바꿔온 급진적 관념은 항상 우리 주위에
존재해왔다.

－스탠포드 시인, 월리스 스테그너(Wallace Stegner)－

제1절 힐데가르트

힐데가르트(Hildegard of Bingen, 1098~1179)[148]는 하나님께서 창조하신 모든 것은 아름다운 것이며 선하다고 보았다. 그녀는 하느님과 창조를 연인의 관계로 보기 때문에 모든 창조의 아름다움과 내재적인 신성을 찬미하며, 에로스적인 것을 통해서도 신성과 아름다움을 찬미한다. 힐데가르트는 또한 역사적인 접근방법을 주장하는데, 그 이유는 자신의 예언가적인 감각[149]이 결코 본질의 인식에 손상을 입히지 않기 때문이다. 체누 신부(Father Chenu)[150]는 이에 대해 다음과 같이 말한다. "힐데가르트의 비전을 향한 풍부한 기질은 자신의 상징

체계로서 사용했던 학습된 물리학을 변화시켜, 그리스 세계의 정적인 우주관이 아니라 그리스도교의 발전적인 역사관을 표현하였다.” 역사에 대한 뛰어난 감각을 지니고 있었던 힐데가르트는 인류가 도덕적 책임감을 분명히 인식해야 한다고 주장하였다. 그녀는 “지구에 상처를 입혀서는 안 된다. 절대 지구를 파괴해서는 안 된다”고 외쳤으며, 창조는 정의를 필요로 하기 때문에 자연에 대한 불의와 무관심의 죄는 인류에게 가혹한 시련을 안겨줄 것이라고 경고하였다.

동양의 문화가 자연에, 우주에 순응하며 화해하고 조화를 이루고 사는 것을 모색하는 것이었다면 서구에서는 자연을 극복하고, 더 나아가서는 정복하도록 하는 방향으로 발전해갔다. 모든 피조물 중에 우위에 서 있는 인간, 자연에, 우주에 초월해 있는 초월성을 추구하는 서구신학이 육적인 인간의 한계를 극복하도록 자극하였으며 이러한 발전방향의 기초적인 사고는 인간 개인에 대한 인권의식이 발달한 반면 우주관이 위축되었다.

힐데가르트의 전체 신학은 바로 그녀만의 우주론이라고 할 정도로 하나님과 우주, 그리스도와 우주, 인간과 우주를 분리하여 생각하지 않는다. 그녀의 신학은 우주신학이다. 우주에 대한 단일성과 전체성의 영성이다. 음과 양, 죄와 은총, 자연과 초자연, 몸과 영혼, 피조물과 창조주를 대립물로 분리하지 않고 하나의 유기체적 통합으로 보았디.

그녀는 “모든 과학은 하나님으로부터 나온다(all science comes from God)”라고 주장한다.[151) 그녀의 과학에 대한 열정은 반지성주의에 대한 흔적을 찾아볼 수 없을 정도이다.

힐데가르트의 ‘우주알(The Cosmic Egg)’의 이미지는 하나의 ‘공(a sphere)’의 형태와 같다. 알로서의 우주는 통일성을 나타내준다. 이것이 우주의 기본적인 진리라고 그녀는 주장한다. 알의 내부에서처럼 모든 것은 전체를 위하여 상호 연결되어 있다. 우주도 역시 마찬가지이다. "하늘이나 땅이나 땅 아래에 있는 모든 것은 연계성과 관련성으로 서로 소통하고 있다"고 쓰고 있다. 그녀는 상호 연계성과 상호 관련성을 우주의 본질적인 요소로서 보고 있다. 모든 것의 본질은 관계성이다. 알에서 우주로, 자아에서 타자에로 그 관계성이 상호 침투적이며 투사적이라는 것이다. 또한 우주알은 새로운 존재, 새로운 창조, 경이로운 사건의 시작을 상징적으로 나타내주고 있으며 여성성을 의미하고 있다.[152]

패슬러(Margot Fassler) 교수에 의하면 힐데가르트의 논문, "Scivias"에서 논의되고 있지만, 그녀의 '우주알' 이미지는 기본적으로 아리스토텔레스적 세계관을 보여준다. 그녀는 이 '우주알'을 세계와 교회에 대한 은유로 보고 있다는 것이다. 이 알은 내적 검은 투쟁에 의해 에워싸고 있는 불꽃의 껍질이 있는 역동적인 힘을 소유하고 있다. 이 지구는 마치 반짝이는 별들처럼 미덕에 의하여 둘러싸여 중간에 매달려 있다.

힐데가르트는 우주의 중심에 신학적 이해에 대한 질문을 품고 살았다. 하나님의 창조의 목적 바로 그 중심에 인간들은 날마다 선택하며 결정하는 힐데가르트를 볼 수 있다고 패슬러는 주상한다. 그것은 소우주와 대우주에 대한 비상한 관점이라는 것이다.[153]

그녀는 오관을 통해 창조자의 뜻을 깨우치도록 하였다. 그녀는 글, 시, 음악, 그림으로 '창조영성'을 표현하였다.[154]

볼프강 피에코타(W. Piechota)는 힐데가르트 사상의 세계를 의식의 세 가지 창－하늘로 향한 창, 마당으로 열린 창, 정원으로서 창－으로 표현한다. 하늘로 향한 창은 종교적 체험의 창이다. 마당으로 열린 창은 사회적 의식의 창이다. 정원으로서 창은 환경친화적 창이다.[155]

특히 정원으로서 창은 자연, 환경친화적 사상의 영역이다. 이것은 인간과 자연의 수평적 관계의 차원이다. 그녀는 자연과 그 현상, 날씨, 특히 바람에 관심, 강물고기, 광물, 전통적 민간요법 등에 전반적인 관심을 가졌으며, 자연의 모든 세부사항은 전체의 조화, 즉 하나님의 사랑의 증거로 보았다. 육체는 물질적 요소, 영혼은 조화를 이루는 삶의 정신적 질적 차원이다. 그녀는 이원론적 구조로서가 아니라 조화와 통합으로서 물질과 정신, 인간계와 우주, 자연과 역사를 바라보았다. 또한 세계 전체를 밝고 다양한 색깔의 그림들로 본다. 그럼으로써 세계는 그녀에게 공기, 불, 에너지와 같은 층으로 둘러싸인 원형, 달걀형으로 보이고 동서남북의 4방향, 우주 안에 4요소, 은하계, 생물체가 그들의 자리를 가진다. 소우주인 인간은 대우주 안에서 팔을 뻗친 형태로서 그려진다. 신체의 각 부분의 요소들은 우주의 요소들과 상응한다. 이러한 요소들은 보이지 않는 끈과 같이 결합되어 있다.

힐데가르트 사상의 특징은 녹색의 힘이다. 우주의 모든 존재를 가능케 하는 생명의 근원적 힘, 초록빛의 생기가 무생물과 생물, 치유력을 지닌 광물, 식물, 동물의 세계에 모두 광범위하게 적용되는 것이다.

징규홍은 "왜 힐데가르드인가"라는 글에서 힐데가르드의 '6가지 황금률'-몸과 영의 건강함을 위한 6가지 규칙[156]을 제시하나 사회 전체적인 흐름에 따라 물질과 소비 위주의 가치관에서 벗어나 생활방식을 바꿈으로써 힐데가르드식 빈 이플루엔자(Anti-Affluenza)의 입장을 취하고 있다.

그녀의 의학의 특징은 균형, 절제, 생명력이다. 그녀의 동양 의학적 관심인 그녀의 '자연학'[157]은 자연을 아주 세밀하게 서술하고 있다.

그녀의 자연의 치유적인 힘은 구체적으로 치유식물(Healing Plants)을 집대성한 *Physica*[158]에 잘 나타나 있다. 자연을 사랑하고 자연과 함께하며 자연을 활용하는 방법에도 인간이 느끼는 윤리적 책임과도 연결된다. 인간의 뒤틀려지고 오염된 행동을 통하여 자연의 근원적 힘이 망가지고 상하게 되는 것이다. 그러므로 힐데가르트는 하나님의 창조를 거역하는 것, 그리고 소우주와 대우주의 상호 의존적 관계성의 파괴를 죄로 보았다. 그녀의 생태 신학적 자각의 의미[159]를 여기에서 찾을 수 있다. 그녀는 하나님이 스스로 계시하신 말씀의 성육신 사건을 강조하였다.

성육신의 사건은 거룩한 하나님의 아들이 소마(*Soma*), 즉 땅이 되는 사건이다. 힐데가르트는 이 땅을 어머니에 비유한다. 이 땅은 모두의 어머니이다. 모든 씨앗들이 땅에 보듬어 안겨 있기 때문이다. 인류의 땅은 모든 촉촉함과 모든 푸르름과 모든 발아시키는 힘을 보듬고 있다. 땅은 다양하고 풍성한 결실을 낸다. 이것은 단지 인류에게 기본이 되는 재원뿐만 아니라 하나님 아들의 실체까지도 꼴 지어준다.

힐데가르트의 신학적 방법은 자연신학(theologia naturalis)이 아니라, 자연의 신학(theologia naturae)이다. 그녀는 현대적 의미의 생태여성신학을 추구한 것은 아니며, 단지 그러한 척도로 그녀의 신학을 가늠할 수도 없다. 그러나 인간과 자연, 하나님의 어우러짐을 강조하는 그녀는 가히 생태여성신학의 선구자로 불릴 만하다.[160]

힐데가르트의 자연관과 신학은 인간과 자연의 통합과 조화를 강조하고 있다. 환경문제가 심각하게 대두되면서 그녀의 사상은 샤르댕의 '정신영역(noosphere)'[161]과 화이트헤드의 '합생(合生, concrescence)' 이론에 영향을 주었다고 볼 수 있다. 북미에서 테이야르 샤르댕 신부학회와 톰 베리 신부와 과학자 브라이언 스윔을 중심으로 서구 발전의 근본적인 뿌리에서 우주와 인간의 화해를 모색하려는 틀을 다시 찾으려는 노력이 시작되었다.

제2절 샤르댕

사이버의 세계를 예언했던 샤르댕(Pierre Teilhard de Chardin)[162]에 의하면, 보이지 않는 가상의 세계는 태초 이래로 존재해왔다는 것이다. 넷(Net)이라는 도구를 통하여 인류는 사이버 세계가 무엇인지 인식할 수 있을 것이다. 넷은 샤르댕적인 비전에 적합한 것이라고 볼 수 있다. 지구 신경조직의 이미지, 넷은 로마 가톨릭 교회에서 출판금지를 당했던 예수회 신부였던 샤르댕에 의하여 설계된 것이라고 본다. 샤르댕은 '정신의 생성(noogenesis)'[163]이라 할 수 있는 '정신영역(noosphere)', 즉 누스피어의 기술적 발전을 예측했으며 이 정신영역은 형제애를 느낄 수 있는 시대에로 변하게 될 것이다.[164]

샤르댕은 생명체이든 무생명체이든 모든 사물은 생명과 의식의 씨앗이 내포되어 있다고 믿었다. 그는 에너지의 두 가지, 즉 '접선에 따라 작용하는 힘(tangential)'과 '광선의 힘(radial)'의 관점에서 신성의 연속체에 대한 이해를 공식화했다. 접선 에너지는 뉴턴 물리학의 기계 법칙을 특징으로 과학탐색 영역에서 지배적인 힘이다. 샤르댕은 그것을 '…… 이 없는 에너지(the energy of without)'라고 불렀다. 반면에 광선 에너지는 '……안에((the energy of within)' 에너지 혹은 '신성한 불꽃(the divine spark)'이었다.[165]

샤르댕의 과학성은 광선 에너지로서 신성한 불꽃을 단지 명명하는
것이 아니었다. 그는 더 큰 프로젝트, 즉 전체적인 진화과정에 대한
도해를 만들어내는 일을 염두에 두었다. 그는 모든 리얼리티에서 스
스로 표현하는 연속체로서 광선 에너지의 아이디어를 제시했다. 그는
자신이 본 신성한 불꽃을 무생물체에서 '생명이전(pre-life)'이라 불렀
다. 비자아 반영적 존재들에서 그는 그것을 '생명(life)'이라고 불렀다.
그리고 인간에게는 그것을 '의식(consciousness)'이라고 불렀다.[166]

광선과 접선의 두 힘으로 세계가 분리된다는 것은 샤르댕의 인생
을 중단시킬 정도로 신비로운 경험을 체험하게 만들어주었다. 즉, 그
에게 무생물체조차도 신성이 주입되어 있다는 점을 각인시켜 주었다.
예를 들면 바위와 같은 어떤 사물에 접선 에너지가 지배적이었으며
반면에 광선 에너지는 거의 보이지 않는다는 점을 인식하게 되었다.
동물들과 같은 경우에 광선 에너지가 대단했으며 유기체에 미치는
영향은 두드러지게 나타나게 되었다. 그의 결론에 의하면 접선 에너
지가 더 강할 때, 진화과정은 가장 잘 묘사할 수 있다는 것이다. 필연
성과 우연성, 과학적 진화법칙은 가장 잘 묘사할 수 있는 요소들이다.
그러나 광선 에너지가 지배하는 유기체 안에서 생명과 의식의 힘은
진화발전에 기본적인 요인들이 될 것이다.

샤르댕은 자신의 통찰을 한 단계 더 발선시켰다. 그는 어떤 주어신
실체에서 광선 에너지의 균형이 점점 더 커질 때, 자연적으로 그것은
더 높은 의식의 방향으로 발전했다는 점을 간파했다. 그는 이것을 자
신의 '복합-의식의 법칙(law of complexity-consciousness)'[167]이라고 했다.
이 법칙에 의하면 복합성은 증가하는 의식에 의하여 수반된다는 것
이다. 고고학자로서 샤르댕의 관찰에 의하면 광선 에너지, 의식의 에

너지는 물질로서 동일한 입상자질을 지니고 있다는 것이다. 달리 표현하면 진화시간의 맥락 내에서 물질처럼 의식은 더 복합적인 배열로 형성되는 경향이 있다. 이것이 발생했을 때 어떤 중요한 의식의 덩어리가 태어난다. 이 중요한 의식의 덩어리에 이르렀을 때, 물리학과 화학의 에너지가 아닌 의식의 에너지는 발전적 진화과정으로 유도된다.

진화는 맹목적인 변화의 과정이 아니며 진화는 의식을 추구하고 있다는 것이 샤르댕의 핵심사상이다. 그에게 진화의 일차적인 물질은 기계적이거나 물질적인 것이 아니라 진화과정을 점화시키는 내적 불꽃(inner spark)이다.[168]

인간은 창세기의 창조의 과정에서 볼 수 있듯이 단지 수많은 단계 중의 한 단계에 불과하다. 샤르댕의 생명계의 '사유층(thinking layer)'[169] 이른바 세계적인 규모로 인간의 통합을 의미하는 '정신영역(noosphere)', 즉 사상의 세계는 지구촌 의식의 등장과 함께 충돌하게 된다. 맥루한은 샤르댕의 '누스피어'의 개념을 도입하여 지구촌 전자문화의 도래를 예견하고 있다.[170] 이 '누스피어'의 과정은 불가피한 것으로써 만약 이 과정이 발생하지 않는다면 인간은 해체될 것이다.

누스피어는 확대되지만 생명계 혹은 생명의 영역에까지는 축소되지 않는다. 생명계 또한 확대되지만 물리계 혹은 물질세계까지는 축소되지 않는다. 예를 들면 의식적인 위기경험은 인간의 신체 속에 내재되어 있다. 그렇지만 우리 몸의 실험으로 신비로운 의식을 설명할 수 없다. 뇌 속에서 뉴런들과 전기 화학적 신호들은 우리가 주관적인 경험을 하는 이유, 혹은 왜 이 주관적인 경험이 필요한지에 대하여 설명할 수 없다. 그러나 인간의 의식은 생물학적인 자아 혹은 우리의 바이오들이 없이는 존재할 수 없다. 동일한 관점에서 우리의 몸들은 우리가 지구라고 생각하는 더 큰 에코 시스템을 구성하는 생물학적이며 물리적인 관계성의 복잡한 웹에 전적으로 의존하고 있다. 상호의존적인 이러한 복합적인 층들은 우리가 주변에서 인식하는 변화하는 리얼리티를 형성한다.[171]

지구를 덮고 있는 생물들이 다양한 층에서부터 지구를 감싸고 있는 정신의 층이 나타나게 된다. 이 같은 인간의식은 보다 더 고차원적인 복합적인 사회구조를 생성시킬 것이다. 이와 같은 과정을 물질과 정신의 연합으로 슈퍼의식(superconscious)의 결과를 초래할 것이다. 샤르댕의 예측은 집단적인 정신의 지구촌 네트워크를 통하여 인류의 연합된 성취가 이루어질 것이며 인간들을 단 하나의 웹으로 구성될 것이라는 것이다.[172]

인류가 지향해가고 있는 방향이 그 선택 여부를 차치하고라도 동일한 공간에서 하나로 통합될 것이다. 인류는 최종적인 목적을 향하여 통합될 것이며 모든 것은 '오메가 포인트(Omega Point)'[173]를 향하게 될 것이다. 인간의 자연적인 통합점, 접속점이 될 영광 중에 그리스도의 재림을 통하여 하나님 안에서 세계의 창조적인 통합으로 지향해갈 것이다.[174]

제3절 화이트헤드

화이트헤드(Whitehead)[175]의 유명한 명제 "다자多者는 일자一者가 되고 일자에 의해 증가된다(The many become one and are increased by one)"는 기본적인 자신의 형이상학적인 전망을 요약해준다.[176] 매 순간 각 실제적인 실체들은 과거(多者)로부터 많은 영향을 받으며 그것은 구체적으로 실현되어 현재의 순간(一者가 되기)이 되며 동시에 무한한 거룩한 창조적 잠재성의 샘으로부터 새로운 경험을 종합한다.

화이트헤드의 창조성과 다자, 일자의 관계는 만물이 생성하며 소멸하고 객체적으로 불멸함으로써 창조적인 전진이 일어나는 우주의 과정을 설명해준다. 다시 말해 창조성은 서로 다른 많은 존재들(이접적인 다자)을 통합하여 하나의 새로운 존재(연접적인 일자)를 만들어내고 새롭게 생성된 일자를 다자 중의 일자로 만들어 다른 존재의 생성에 새로운 구성요소가 되게 함으로써 우주에 새로움을 증가시키는 '새로움의 원리'이다.[177]

화이트헤드에 의하면 창조성은 궁극적인 우주의 리얼리티를 형성한다. 초월적인 신성은 순수한 창조성이다. 세계 안에서 발견되는 모든 것은 부분적으로 명백하게 형성된 거룩한 창조성에 의하여 생성된다. 모든 것은 존재화의 과정에서 거룩한 창조성이 내포되어 있다는 것이다.

이 과정의 관점에서 볼 때, 마음과 몸은 근본적으로 동일한 리얼리티의 표현이다. 이 리얼리티를 구성하는 기본적이며 형이상학적인 단위에 대한 화이트헤드의 용어는 '경험의 경우들(occasions of experience)'[178]이다. 달리 표현하면 각 실체는 몸, 혹은 사상과 같은 '사물'이 아니며 경험의 순간이나 일련의 경험의 순간들을 급진적으로 진개시키는 것은 우리가 몸과 마음이라고 부르는 객관적인 리얼리티를 생성시키는 것이다.

화이트헤드의 경험(*experience*)이라는 용어는 약간은 혼동을 일으킬 수 있다. 경험은 의식이나 자의식을 의미하지 않는다. 이 용어를 사용

하는 그의 의도는 결과에 반대하는 것으로서 각 순간에 내재한 과정
에 초점을 맞추는 것이다. 예를 들면 테이블은 하나의 물건이 아니다.
만약 우리가 매 순간 테이블을 조사해본다면 그것은 원자의 형태로
역동적인 에너지의 흐름으로 구성되어 있다는 것을 알 수 있다. 이
원자들 역시 역동적인 과정으로 구성된다. 그들은 경험의 경우들이
다. 전체로서 테이블은 개인적인 경우들의 집합체로써 이해된다. 과
거에 발견된 우주의 법칙들은 모든 리얼리티에 적용할 수 있다는 과
학적인 이해와 다른 형태로 등장하는 단일한 형이상학적 과정은 유
사하다는 것으로 우주가 구성된다는 것이 화이트헤드의 신념이다. 하
나의 법칙으로서 중력은 바다의 해저에 적용될 수 있는 것만큼 산 정
상에도 적용된다. 화이트헤드와 전통적인 과학의 차이점은 화이트헤
드는 기계적인 관점이 아니라 인간 경험의 관점에서 시작한다는 점
이다. 우리의 모든 이해는 필연적으로 세계에 대한 우리의 경험에 의
하여 채색된다.

정의에 의하면 "경험은 주체성이다(Experience is subjective)."[179] 따라서
화이트헤드는 주체적 경험은 우주의 보편적인 특징이 되어야 한다는
결론이다. 화이트헤드의 경험의 경우들은 주변환경에 각 실체들의 주
체적인 참여를 말한다. 원자의 본성과 구조는 창조 이래로 변할 수
없으며 결정된 상태가 아니다. 양자물리학에서 입증하고 있는 것처럼
원자로서 객관적인 '사물'도 존재하지 않는다. 원자들은 분자와 파장
들이다.[180]

화이트헤드의 주장에 의하면 세계 속의 모든 실체들은 그들의 환
경에 참여함으로써 자신의 정체성이 되는 관찰자들이 된다는 것이다.
세계는 근본적으로 시간 속에서 전개되는 사상(事象)들로 구성되어

있다는 반직관적인 전제는 또한 아인슈타인의 상대성 이론에 아주 잘 일치한다. 아인슈타인의 형식적인 이론, $E=MC2$는 2개의 기초적인 사상을 지적한다. 첫째, 에너지와 질량은 교환할 수 있다. 둘째, 에너지와 물질 사이의 상대성은 공간, 즉 순간적인 영역의 실존에 의존한다. 달리 표현하면 우리가 매일 아침 깨어나는 현실과 우리 경험의 기본적인 영역 가운데, 물질은 공간과 시간 내에서 에너지의 증명이다. 시간 혹은 과정은 전체성의 중요한 파편이다.[181]

이 세계는 객관적이며 미리 정해진 리얼리티가 아니라는 것이 의식의 관찰자들 가운데 설득력 있는 개념이다. 오히려 의식은 순간-순간에 기초한 세계의 입력과 조화를 이루어 리얼리티를 공동으로 창조하는 주관적인 과정이다.

화이트헤드의 형이상학은 세계는 개인과 변하지 않는 물질로 구성되어 있다는 모더니즘적인 가정에 기초한다. 그는 『이데아의 모험(*Adventures of Ideas*)』에서 "궁극적인 원자 혹은 궁극적인 단자에 대한 설명은 상호 연결된 세계를 비지성적인 것으로 만든다. 그 자체 물질적인 개성의 홈을 발견한 개인적이며 추상적인 특성들을 확대시키는 자신만의 방법을 각자 소유하면서, 우주는 진동하여 수많은 관련되지 않은 물질이 되게 한다. 그러나 실제적인 물질은 실제적인 물질에 요구할 수 없다."[182] 달리 표현하면 만약 우주에 대한 근본적인 경험이 과정 혹은 변화라면, 리얼리티를 변하지 않는 물질이 되게 하는 것은 어리석은 일이다. 화이트헤드의 도전은 어떤 형태들이 지속적인 흐름에 의하여 규정되는 세계에서 어떻게 변하지 않는가를 설명하는 것이었다.

화이트헤드는 자신의 경험의 경우들을 물리적인 극과 정신적인 극이라 부르는 2가지 특징적인 면으로 분류한다. 물리적인 극은 무생물적 차원에서 우리가 생각하는 곳, 나타나는 행위가 상당히 가능성이 없는 곳에서 지배한다. 예를 들면 분자의 순간, 순간의 경험은 거의 전반적으로 과거 경우―공간 안에 존재하는 곳, 다른 분자들이 가까이 있는 것―의 맥락에서 결정된다. 이 경우 물리적인 극은 기본적인 역할을 한다. 이 관점에서 전통적이며 물리적인 과학이 화이트헤드가 주장하고 있는 것처럼 2개의 기본적인 극의 다른 비율을 포함하는 사상들, 사물의 다른 유형들로 구성되어 있다는 결론의 이유를 이해하는 것은 용이하다. 분자와 원자의 차원에서 세계는 구별되는 물질로 구성되어 나타난다. 존재하는 창조성의 섬광은 변칙적인 것들로 기록할 수 있다.

화이트헤드의 두 번째 극은 정신의 극이다. 이것은 의식적인 정신성을 언급하는 것을 자연스럽게 믿도록 유도한다. 그는 훨씬 더 미묘한 것을 의미한다. 물리적인 것이 과거를 받아들이는 것, 수용적인 요소로서 생각되는 것처럼 정신적인 극은 주어진 순간에 선택적인 가능성들 혹은 창조적인 잠재성으로 과거로부터 정보를 통합하는 사상의 요소로서 생각된다. 사상들이 그들의 환경에서 참여하는 것은 정신의 극을 통해서이다.

정신적의 극은 무의식적이며 본능적인 차원에서 작동한다. 창조적인 새로움의 순간이 우리에게 다다를 때까시 창조적 종합의 순간은 이미 통과했다. 이것은 정신적인 극이 의식적인 존재의 무의식적인 면에 제한되어 있다는 것을 의미하지 않는다. 정신의 극은 모든 경험의 경우와 리얼리티의 차원에서 작용한다. 예를 들면, 그것은 피드백 루프(Feedback Loops)에서 나타난다. 루프가 지각력이 있다고 부를 수 있는 어떤 경험을 가지고 있지 않다면, 그것은 그 자체와 새로움의 통합과 선을 따라 그 정보의 전달이 가능하다. 만약 이것이 불가능하다면, 그것은 피드백 루프가 될 수 없다. 피드백 루프의 통합적인 능력, 그 정신적인 극은 본질에 내재한 항진명제를 표현하는 일면이다. 창조적으로 환경에 응답할 수 있는 능력은 자아생성을 지향한다. 만약 어떤 것이 스스로 자아를 생성시키면, 그것은 그 자신의 가능성의 공간을 규정하기 시작한다.[183]

개인적 사상들은 하부원자에서 원자, 분자, 세포, 그리고 인간의 정신에 이르기까지 자연의 모든 차원에서 발생한다. 원자의 세계에서 전통적으로 생물로 여겨지는 영역으로 우리가 존재의 사다리로 올라갈 때, 두 극 사이의 균형에서 기본적인 변화를 관찰할 수 있다. 원자의 차원에서 물질적인 극은 상당히 그 시대를 장악한다. 그러나 일단 우리가 고전물리학을 떠나서 생물학 영역으로 들어가면, 이 균형은 빠르게 변화한다. 가장 간단한 단일세포의 유기체에서조차도 미래가 무엇을 가져올지 결정하는 것은 매우 어려운 일이다. 이 같은 영역에서 창조적인 종합의 정신적인 영역은 그 자체 더 분명하게 나타난다. 세포는 여러 가지 방법으로 흘러나와 세포벽의 영역을 통하여 그 영양분을 흡수하거나 다른 음식물을 찾아서 통과하는 것일까? 우리가 인간의 차원에 도달할 때까지 정신적인 극은 충분히 입증된다. 콥이 설명하고 있듯이 "마음 혹은 정신 혹은 영혼은 새로움이 가장 집중적으로 양육되며 개발되는 장이다. 이 새로움은 몸의 나머지 부분에서 발생하는 것이 영향을 미치며 미래의 새로움에 영향을 주고 있다. 따라서 생명에 관하여, 그 영혼은 어떤 의미에서 몸 안의 개체적인 세포보다도 더 생생하게 살아 있다."[184]

화이트헤드적인 리얼리티는 복합적인 힘들이 동시에 결합하는 구별된 순간으로 구성된다. 그러므로 비록 경험의 경우들이 시간 속에 전개된다 할지라도 그것들은 비일시적인 전체성으로 여겨진다. 각 순간들은 자아 창조성의 활동적인 과정으로부터 나온다. 그때 그것은 하나의 대상이 되며 다음 순간 자아 창조성의 과정을 경험할 때 수용할 수 있으며 통합할 수 있다. 우주는 시간 속에서 변함없이 전개되는 이 순간들의 흐름이다.[185]

화이트헤드에게 있어서 생성 중에 있는 것 중, 가장 미시적인 존재 단위로서 우주의 '세포', 혹은 '경험의 방울들'[186]은 '경험의 순간들'로 생각하는 것이 좋을 것이라 제안한다. 이것은 또한 실재적 실체(actual entity)[187]로서 현실적 존재의 자기창조의 과정을 의미하는 '합생(合生, concrescence)'[188]을 추구한다.

화이트헤드에게 있어서 존재는 실체가 아니라 관계의 맥락 안에서 생성 중에 있는 '과정'이며, 존재생성의 과정은 창조성에 의해 이끌린다. 이러한 '과정'으로서의 존재 이해는 모든 존재가 본래 창조적이라는 사실을 말해준다.[189] 그러므로 존재생성의 과정은 자기창조의 과정이며, 창조성은 모든 현실적 존재의 생성과정에서 발휘되는 궁극적인 힘이자 원리이다. 존재의 생성은 합생과 이행의 두 과정으로 이루어진다. 창조성은 이 두 가지 과정을 통해 우주에 새로움을 더한다. 합생은 과거에 실현된 존재들을 통합하여 하나의 새로운 존재를 생성하는 과정이며, 이행은 실현된 존재가 객체적 불멸성을 지닌 초월적 주체로서 자신을 새로운 다른 존재가 창조될 수 있는 여건이 되도록 내어주는 과정이다.[190]

합생과 이행의 과정을 통해 만물의 새로움을 가져오는 창조적 전진이 이루어진다. 우주적 연대성 안에서 모든 만물은 상호 내재적인 관계성 안에서 새로운 존재로 생성되어가고 있다는 점에서 모든 존재는 존재생성의 과정에 상호영향을 주는 공동창조자라는 사실을 발견할 수 있다.

생태계의 창조성을 이해하기 위해서는 존재생성의 과정인 합생의 과정을 살펴볼 필요가 있다. 새로운 존재창조를 위한 공동창조의 과정인 합생에서 창조성은 그 위상에 따라 다양한 차원으로 나타난다. 합생은 이해하기 매우 복잡하고 난해한 과정이지만, 호신스키(Hosinski)는 이를 세 차원으로 나누어서 간략하게 설명하고 있다. 곧, '최초의 위상', '반응적 위상과 통합적 위상' 그리고 '고차원적 존재들의 보충적 위상'이다.[191]

합생 과정에는 먼저 두 가지 근본적인 원리가 전제된다. 하나는 '형성적 요소'이며 다른 하나는 궁극자의 범주이다. 이 두 근본적인 원리에서 하나의 존재창조는 다양한 요소들이 상호 존재적으로 참여하는 공동창조의 과정이라는 것을 볼 수 있다. '형성적 요소'는 그 자체로 현실적인 것이 아니지만 합생의 과정을 근원적이며 구조적으로 조건 짓는 실재들로서, 화이트헤드는 창조성, 영원한 객체,[192] 신[193]을 제시하고 있다.

합생은 세 위상으로 이루어지며 각기 다른 위상에서 발현되는 창조성과 인간 경험의 차원은 각각 다르다. 합생의 위상들은 현실적 존재가 고립적이고 고정적인 것이 아니라, 상호 관계적으로 활동하고 있음을 보여준다. 곧 최초의 물리적 파악에서부터 마지막 지성적 느낌을 통한 의식적 목적의 종결에 이르기까지 존재론적인 관계성 속에서 연결되어 있다.

최초의 위상에서 창조성은 극히 미미하게 나타나며, 여기에서 인간의 경험은 주어진 과거의 현실적 존재들을 있는 그대로 수용함으로써 자신을 구성한다.[194] 화이트헤드는 이것을 ‘물리적 느낌에의 순응’이라고 표현하였다. 따라서 물리적 극을 많이 가진 존재들, 예를 들어 바위와 같은 무기적 존재들은 최초의 위상에서 가장 단순한 합생인 물리적 목적을 이루고 존재가 완성된다. 이 물리적 목적에는 아주 미미한 수준의 새로움, 곧 낮은 차원의 창조성만이 나타나지만 근본적으로는 우주에 질서가 지속되는 방식이 된다. 그러나 합생이 물리적 목적에서 끝나지 않고 반응적 위상과 통합적 위상, 그리고 고차원적인 보충적 위상들로 이어지면서 우주에는 현실적으로 많은 새로움들이 도입된다.

반응적 위상과 통합적 위상에서는 정신적인 극에 의해 영원한 객체의 가능태에 대한 개념적 파악이 이루어지면서 존재의 가치와 목적, 그리고 새로움이 출현한다. 다시 말해 인간은 타인과 구별되는 자신만의 독특한 새로운 존재로서 가치와 가능성을 파악하게 된다. 통합적 위상에서는 최초의 위상인 물리적 느낌과 두 번째 위상인 개념적 느낌이 통합된다. 식물과 같이 정신적 극보다 물리적 극이 우세한 유기체는 두 번째 위상에서 만족에 도달하고 합생은 종결된다.

합생의 최고 과정인 고차원적 보충적 위상들에서는 고등한 유기체의 행동과 인식능력이 나타난다. 이 난계에서는 가장 고차원적인 합생인 ‘의식적 목적’을 이루고 종결된다. 인간의 의식, 합리적 인식 등과 같은 고차원적인 인간의 지성적 활동들은 이 위상에서 발생하며 따라서 최고의 창조성이 발휘된다.[195] 지성적 느낌을 근거로 한 합리적 인식의 발생은 인간으로 하여금 자신의 삶과 행동을 반성할 수 있게 하며 자기 집착의 관심에서 벗어나 초월적 이상인 진리와 선을 지향하도록 한다. 자기 자신을 반성적으로 성찰함으로써 사고와 삶의 방식에 새로움을 가져오는 창조적 모험을 가능하게 하는 창조성은 최고 수준의 창조성이라 할 수 있다. 화이트헤드에 따르면 한 개인의 존재는 하나의 실체가 아니라 그와 관련된 다른 많은 존재들과 과거 인류의 경험들, 그리고 개인적인 과거의 모든 경험들이 그의 존재 안에 내재함으로써 구성되어가는 과정이다. 그러므로 한 존재 안에는 우주가 담겨 있다고 말할 수 있다.[196]

화이트헤드의 과정 철학적 관점에서는 개인적인 욕구와 목적에 따라 살아왔던 주체적인 지향에서 벗어나서 신이 부여한 본래의 자기 창조의 목적, 에덴동산에서 인간과 합생하기를 원하는, 곧 신의 원초적 본성과 일치하는 삶으로 전환하는 것을 말한다.[197]

따라서 화이트헤드의 합생이론은 에덴동산의 회복을 위하여 '과정에 기초한 환경신학(process-based environmental theology)'이라고 할 수 있다.[198]

제4절 샐리 맥페이그

맥페이그에 의하면 서구 세계, 서구 문화·종교는 여성이 배제된 남성에 의해 명명된 세계이며, 이러한 서구 종교적 언어는 가부장적 성격을 지닌다. 신저 실재와 이미지가 동일시되며, 따라서 우상숭배에 빠지게 된다. 그러므로 왕이나 주, 아버지나 계시자라는 은유, 상징, 모델은 신의 초월성과 세계 사이의 먼 거리만을 강조한다 이에 대하여 맥페이그는 생태계의 파괴와 핵 위협의 시대를 살아가는 우리가 필요로 하는, 하나님의 세계 내재성과 하나님과 세계의 상호 의존성을 밝혀주고 터 잡아주는 새로운 은유로서 '하나님의 몸으로서의 세계(The World as God's Body)'를 말한다.[199] 하나님은 온 세계 우주의 시간과 공간 속에 몸으로 현존하며 우리가 우리 몸을 사랑하듯이 하나님의 몸인 세계를 사랑한다.[200]

하나님의 몸을 사랑한다고 말하는 것은 영혼(정신)과 몸(육체)의 분리를 인정하지 않는 유기체적인 완성에 대한 이해를 위해 잘못된 이원론을 바로잡는다는 것을 내포하고 있다.[201] 실제로 분열적이고 변형적이며 이원론적인 관점은 자연 속에서 살아가는 인간의 통전성을 침해한다.

맥페이그는 우리 시대에 신학이 취급해야 할 과제는 우리가 신뢰할 만한 하나님-세계 관계의 상상적인 구성(imaginative construal)이라고 말한다. 따라서 오늘날의 신학적 과제는 비신화화(demythologize)가 아니라 재신화화(remythologizes)라고 본다. 그녀는 어머니(그리고 아버지), 연인, 친구 그리고 하나님의 몸으로서 세계라는 메타포들은 기독교의 재신화화를 위하여 적절하다는 것이다.[202] 그러나 좀 더 구체적으로 하나님을 어머니, 아버지, 연인, 친구, 혹은 심판자, 치유자, 해방자, 동료, 창조자, 구속자, 보존자, 혹은 태양, 바다, 요새, 성 등과 같은 표현으로 다 묘사할 수 없다는 것이다.[203]

이러한 맥락에서 그녀는 하나님의 몸으로시의 세계라는 은유를 통하여 여성들의 생명해방과 전 우주를 포함하는 구원에 대한 통전적 지평을 모색한다. 따라서 오늘날의 신학은 우리가 직면하고 있는 전대미문의 생태학적, 핵 위기의 종말론적 상황에 적합한 패러다임의 변화를 필연적으로 요청한다. 이제 위계적, 이원적, 외재적, 결정론적, 불변적, 원자적, 인간 중심적 모형은 개방적, 보호적, 포괄적, 상호 의

존적, 가변적, 창조적 모형으로 대치되어야 한다.[204]

이러한 입장은 전통적인 신학 모형뿐만 아니라 인간 중심적이고 정치, 경제, 역사 중심적인 정치 신학적, 해방 신학적 모형에 대한 일정한 비판을 내포한다.[205]

모든 형태의 정치신학, 해방신학은 복음(신학)의 '비사사화(deprivatizierung)'를 주장하지만 이것은 대부분 인간에 한정되고 우주의 운명을 포함하고 있지 않다. 왜냐하면 그것은 인간의 정치·경제적 억압의 상황에 관심을 집중함으로써 인간·역사의 근원이자 터전인 자연에 대한 지배와 파괴라는 생태학적 위기 상황에 응답하지 못했기 때문이다. 그러므로 인간·역사 또는 자연·우주를 포함하는 여성, 자연의 해방과 구원을 문제 삼는 새로운 패러다임이 요청되는 것이다. 생태계의 문제는 특히 정치·경제적 억압의 문제와 비교하여 상대적으로 '비실제적(unreality)'인 것으로 종종 무시되어 왔다. 그러나 참으로 실제적(real)인 것은 우리가 우리 자신과 다른 형태의 생명을 파괴할 수 있는 힘을 지니고 있다는 깨달음이다.[206]

이러한 깨달음 속에서 우리에게 요청되는 새로운 패러다임은 기계론적이고 분석적이며, 개인주의적이고 남성적인 세계관이 아니라 유기체적이고 종합적이며, 직관적이고 여성적인 세계관을 지닌 패러다임인 것이다.

매페이그는 여성과 자연에 대한 지배와 착취를 정당화시켜주는 그러한 하나님은 우리 시대에 적합하지 않을 뿐만 아니라 유해하기까지 하다고 말하면서, 몸의 유비를 통해 유기체적이고 통전적인 신을 표현한다. 여기에서 신이란 군주적 권위를 지닌 자족적인 실체로서 세계 내에서 자신의 왕권을 실행에 옮기는 어떤 타자로서가 아니라

오히려 전 우주를 위한 자발적인 고난을 본질로 하는 존재이다.[207]

세계를 하나님의 몸으로 바라볼 때, 그 몸은 기독교인만이 아니라 그 이상을, 인간만이 아니라 그 이상을 포함한다. 신의 몸으로서의 세계의 모델은 상처받기 쉽고 억압당하는 것들에 대한 책임과 보살핌의 전체적 태도를 고무한다.

맥페이그는 하나님-세계 관계를 이해하는 모델을 제시함에 있어서 인격적 모델의 중요함을 이야기한다. 이 인격적 모델은 인간의 경험 가장 깊은 곳에서 나오기 때문에 강한 상상력을 지닌다. 이 모델은 인간의 삶과 죽음을 이야기해줄 수 있고 우리 삶에 복잡한 이야기들은 이 모델을 통해 구체적으로 설명이 가능하다. 예를 들어 하나님을 '강한 요새'라고 표현했을 때 그 하나님은 우리를 어려움 가운데서 지켜주는 하나님을 설명해주지만 그 이상을 표현하기 힘들다. '강한 요새'는 단지 바위에 불과하며 상황에 따라 다양한 모습을 보여주거나 변화하는 존재가 아니기 때문이다.[208] 맥페이그는 이 인격적 모델은 우리가 내면으로부터 알 수 있는 유일한 은유라고 말한다. 우리가 하나님의 형상이라는 말의 전통적인 의미는 우리가 우리의 형상으로 하나님을 상상할 수밖에 없다는 의미이기도 하다. 즉, 우리가 비인격적 모델인 자연의 은유들이나 철학전통에서 나온 개념들을 사용할 때 우리는 그 모델이 하나님을 신 자체로는 잘 표현해줄 수 있지만 하나님과 세계의 관계, 하나님과 인간 사이의 관계를 설명해주는 데 한계가 있다.[209]

오늘날 이 세계 안에서 하나님의 행위는 철저히 관계적, 내재적, 상호 의존적, 비개입적으로 나타난다. 이런 하나님의 행위를 표현하기 위해서 우리는 세계 안에서 하나님의 행위모델이 필요하며, 이 하나님은 인격적 존재로 표현되어야 한다. 단 이 인격적 모델이 개인적 관계, 즉 하나님과의 일대일 관계만을 설명하는 모델이 되어서는 안 된다. 요한복음이 말하는 하나님이 그토록 사랑하는 세상은 개별적 존재들의 세상이 아니라 우주적이고 총제적인 세상이다. 우리는 하나님의 사랑에 개별자로서가 아니라 유기적 총체성인 하나님의 몸의 일원으로 참여한다.[210]

1. 어머니로서 하나님

아침에 늘 같은 해가 떠오르며 저녁에는 늘 같은 달이 나타나는 것처럼 하늘은 같은 것들이 순환하는 것을 보여준다. 순환운동의 상징은 하늘로 옮겨간다. 이러한 순환은 신비한 힘보다는 계획적이며 지성적인 하늘 아버지의 섭리로 생각한다. 하늘은 자식을 낳거나 기르지 않으므로 아버지이며 대지에 출산하여 생명을 탄생시키는 어머니와는 다르게 세상을 만들어내는 신이다.

따라서 전통적으로 우주는 '하늘-아버지'와 '대지-어머니'라는 구조를 가지고 있다. 어머니가 시골풍의 농업경제에 더 어울리는 반면, 아버지는 보통 도구를 사용하고 가부장적인 도시생활에 더 어울린다. 여기서 자연을 가꾸고 아우르는 대지의 어머니보다는 자연을 괴롭히며 파괴적인 아버지의 개발논리 때문에 생태계가 파괴되어 간다고 볼 수 있다. 대지의 순환적 메커니즘이 더 이상 움직이지 못하도록 그 작동을 멈추게 하는 책임이 대부분 아버지라는 인간들에게 있다고 볼 수 있다.[211]

맥페이그의 신학적 배경은 그녀의 영문학을 이해하는 데 중요한 요소 중의 하나, 즉 메타포가 된다. 신학은 언어의 문제이며 신앙의 관심사를 논할 때, 가장 좋은 언어는 메타포이다. 즉, 은유를 발견하는 것이다.

지금까지 언어는 상징적이었다. 언어와 종교적 실재 사이에서 상응하는 내용들이 많다. 맥페이그의 주장에 의하면 진리는 현재 사실이라는 점이다. 만약 성서가 "하나님은 아버지이다"라고 말하면, 하나님은 아버지가 되어야 한다.[212] 우리가 하나님에 관하여 논하지만 사실 하나님은 인간의 언어를 초월해 있다.

맥페이그는 은유와 신학에 관한 연구로서 예수의 비유를 통하여 성서신학의 영역을 다룬다. 메타포를 신학에 끌어들인 것이 은유신학이다. 은유는 본질적으로 고유한 기독교 언어이다. 아버지로서 하나님의 메타포를 반대할 때, 하나님의 나라인 기독교의 근본은유를 제공해주기 때문에 중요하다. 근본적인 메타포의 변화는 기독교의 변화를 의미한다. 아버지로서 하나님은 근본적인 은유의 뿌리가 될 수 없으며 하나님에 대한 전통적인 해석에 대하여 새로운 맥락을 제시하고 균형을 이루기 위하여 어머니로서 하나님의 모델을 제시한다.

'어머니로서 하나님(God as Mother)'은 3가지 문제—어머니로서 하나님의 사랑, 즉 아가페(Agape), 어머니로서 하나님의 행동, 즉 창조(Creating), 어머니로서 하나님의 윤리, 즉 정의(Justice)—를 다루고 있다.[213]

진 우주적 차원에서의 인간의 근본적 경험을 대변하고 이 세계에 대한 신적 관계성을 유기적으로 표현하고자 했다.[214]

하나님의 아가페적이며 창조적인 사랑에 대한 부모사랑에 대한 메타포는 이 시대에 강력하고 매력적인 메타포로서 3가지 기본적인 특징을 지니고 있다. 생명의 시작, 생명의 양육, 생명의 공평한 성취가 바로 그것이다. 인간은 생명의 탄생되는 순간, 공동창조자로서 거대

한 존재의 사슬(the great chain of being)에 최소한 수동적으로 참여하게 된다.[215]

맥페이그에 따르면 유대인들이 살던 삶의 환경으로부터 고백된 인격신의 개념은 그 성격상 이원적이며 정복적인 삶의 방식을 반영하는 아버지, 왕 등의 가부장적 형태로 고백되었으며, 인간의 책임이 자연과의 통합된 자아로부터 나오는 것이 아니라 자의적이고 의지적인 인간행위에 강조점을 둔 유대 기독교적 정신세계의 산물이다.[216]

하나님의 세계에 대한 관계의 상(像)에서 지배적인 서구의 역사적 아버지의 모델은 자신의 왕국을 다스리는 절대적 군주의 모델이다.[217] 왕이나 군주로서 하나님은 외적으로 슈퍼맨이다. 군주로서 하나님과 우주의 왕으로서 하나님을 강조하는 유대교와 전지전능한 신성을 강조하는 중세 기독교 사상에서 왕으로서 하나님의 군주적 모델은 특히 하나님의 주권을 강조하는 캘빈의 주장에서 조직적으로 전개되어 왔다. 세계와 하나님과의 관계성에서 지배적인 서구 역사적 모델은 왕국을 지배하고 다스리는 절대적인 군주로서 하나님에 대한 묘사였다.[218]

군주로서 하나님은 이 세계와 동떨어진 존재이다. 단지 인간세계에만 관계를 맺어 왔으며 지배와 축복을 통해서 세계를 통솔해왔기 때문에 여성신학자들과 다른 신학자들의 공격을 받아왔다.

신하와 왕과의 관계성은 필연적으로 거리가 존재한다. 충성이라는 의미는 '접근할 수 없으며'(untouchable) 거리, 차이, 그리고 이 같은 이미지와 함께 하나님의 타자성이 존재한다. 왕으로서 하나님은 왕국에 계시며 이 땅과는 무관하다. 인간은 하나님의 거주와는 무관한 다른 장에 존재한다. 이 같은 관점에서 하나님은 무세계성, 이 세계는 하나

님의 비존재성이 된다. 결국 이 지구는 하나님의 현존적 부재의 세계가 된다.[219]

족장으로서 아버지 하나님은 자신의 명령에 반항하는 불순종을 심판하지만, 나사렛 예수의 "아바, 아버지" 부모로서 하나님은 들의 백합화를 돌보시고 하늘의 새들을 기르신다. 의인과 불의한 사람들에게 비를 내려주시는 아버지이시다.[220]

지배자가 자신의 1차적인 거주지로서 이 세계 안에 존재하지 않을 때, 신하들 역시 마찬가지로 무관심한 상태에 빠질 것이다. 은총을 베푸는 왕으로서 통치를 한다 할지라도 그 수혜자들은 또한 몇몇 신하들에 한정될 것이다.

인간을 다스리는 데 초점을 맞춘 정치적 모델로서 군주적 모델은 지구의 다른 많은 생명체들을 배제시킨다. 하늘나라의 왕, 군주, 족장으로 보는 하나님의 이미지는 인간의 무관심을 부추긴다. 이러한 족장으로서 하나님의 모델은 우리 시대에 위험한 것이라고 맥페이그는 주장한다.[221]

전통적인 기독교의 아버지로서 하나님의 모델은 하나님의 모델을 우상으로 섬기게 되는 위험성이 있다. 정복과 지배라는 논리를 내세워 지구의 생태계를 파괴할 수 있는 위험성을 말한다. 수세기 동안 지구에 대한 인간의 지배와 정복을 강조해온 유대-기독교 전통에 이의를 제기하는 것은 자연적인 은유들을 통하여 자연환경에 대한 경각심을 불러일으키는 것이다.

독단적으로 지배하는 군주로서 하나님의 형상은 우리들 자신을 책임 있는 공동창조자로서 그리고 하나님과 함께 참여하는 창조의 청지기로서라기보다는 권위적인 관심을 가지고 자연을 지배하려는 시도를 하게 될 것이다.

가부장제 속에서 아버지 하나님의 모델은 다른 것들을 배제하는 우월성을 고집하며, 이 모델에 포함되지 않는 사람들의 경험에 의해 표현되는 예외를 다루지 못한다. 이에 대하여 맥페이그는 어머니로서의 하나님의 모델이 가부장적 모델의 억압적 요소를 극복하고, 유기체적 감수성과 포괄적인 완성의 비전으로서의 기독교 신앙 이해에 핵심적인 구성요소인 모든 생명의 상호 의존성을 표현하는 강력한 이미지임을 보여주려고 한다. '아버지'가 종교에 있어서 특히 기독교에 있어서 자연스러운 지배적 모델인 것과 마찬가지로 '어머니' 역시 그렇다는 것이다.[222] 단지 여성들은 '여성이기 때문에' 기독교 전통 속에서 배제되어 왔으므로, 여성 이미지가 중심적이지 못했던 것이다. 그러나 구약성서에서는 여성적 이미지가 광범위하게 사용된다. 그것은 이스라엘 백성을 낳고, 젖을 먹여 기르고, 음식을 먹이고, 안전하게 해주며, 그들의 벌거벗음을 덮어주기 위해 옷을 입혀주는 어머니로서 인식되는 그런 하나님과 관계 맺는 이스라엘의 경험에 관한 것으로 사용된다. 이런 여성적 은유는 남성적 은유가 할 수 없는 어떤 것을 성취한다. 하나님에 대한 전적인 의존의 근본경험은 하나님 안에서의 새로운 삶을 양육 받는 것에 있어서 뿐만 아니라 자연적이고 정신적인 탄생에 있어서도, 생명을 부여하고 양육하고 안전하게 하고 보살피는 어머니직 이미지에서 그 신비에 대한 표현을 발견한다.[223] 더욱이 세계에서의 새로운 존재방식을 창조자이며 양육자로서의 하나님과 관련하는 이런 방식들은 크리스천 경험이 여배적인 부록이 아니라 중심적인 것이다.

메타포는 언제나 '이다(is)'와 '아니다(is not)'의 특성을 지니고 있다.

정의하기보다는 해석의 가능성을 두고 하는 주장이다. 즉, "하나님은 어머니이다(God is mother)"라고 말하는 것은 어머니로서 하나님을 정의하는 것이 아니다. '하나님'과 '어머니'라는 용어 사이의 정체성을 주장하는 것이 아니라 이야기의 화법이 무엇인지 모르고 있다는 것을 고려해보라는 것을 제안하는 것이다.[224]

"나는 구름이다(iCloud)[225]"라고 했을 때, 이스라엘 백성들은 구름이 하늘을 덮는다고 하여 '덮개'라고 지칭했다(시 105:39).[226] 이 같은 생각은 인간의 시각적 관점이 얼마나 미미하고 작은 것인가를 알 수 있다. 구름 한 조각이 하늘을 덮는 것이 아니라 하늘이 구름을 포용하고 있는 것이다. 인간은 구름처럼 덧없이 흘러가는 존재이다. 그러나 "나는 구름이 아니다"라고 말을 한다면, 그 구름은 다양한 은유적 해석을 동반하는 열린 결말(open ending)을 지향해갈 것이다.

어머니로서 하나님의 모델은 우리로 하여금 생명의 시초와 생명의 양육과 생명의 공평한 완성에 가장 가깝도록 인도한다. 우리의 몸으로부터 새로운 생명이 탄생할 때, 우리는 공동창조자(co-creators)가 되는 느낌을 가지며, 적어도 수동적으로라도 거대한 존재의 사슬에 참여함을 느낀다.[227]

생명의 수여자, 모든 존재 중의 존재의 힘인 어머니로서의 하나님의 사랑은 우리를 사기에게로 부르시고 우리와 다시 하나가 되기를 원하신다는 점에서 무동기적이거나 초연한 사랑이 아니라 통합하고 재결합하는 사랑이다.

그러나 하나님을 기본적으로 부모에다 유비시키는 사고는 한계가 있다. 인간의 언어는 우리와 하나님과의 관계에 대해 말해야 할 것을 다 말해주지는 못한다. 부모로서의 하나님 표상에 대한 지나친 의존은 우리가 어린아이와 같은 의존상태에서 하나님과 관계해야 한다는 것을 시사한다. 따라서 우리는 부모로서의 하나님에 관한 언어를 다른 표상들과 조화시켜야 한다. 그런 의미에서 맥페이그의 연인으로서의 하나님 상과 친구로서의 하나님 이미지는 의미 있는 모델이 될 수 있다.

2. 연인으로서 하나님

맥페이그는 연인으로서 하나님을 3가지 차원-연인으로서 하나님의 사랑, 즉 에로스(Eros), 연인으로서 하나님의 행동, 즉 구원(Saving), 연인으로서 하나님의 윤리, 즉 치유(Healing)-에서 문제를 다루고 있다.[228]

플라톤에 의하면 "사랑이란 영원토록 선을 소유하려는 것이다(Love is the everlasting possession of the good)." 틸리히는 "사랑이란 가치 있는 소중한 것과 연합하려는 욕망이다(Love is the desire for union with the valuable)."[229] 이것은 이 세계 속에서 선과 아름다움을 찾아 그것과 연합하려는 사랑이다. 이 세계의 본질적인 가치를 강조할 때, 가치 있는 것에 대한 사랑으로서 에로스는 신과 인간 사랑의 필요한 측면이 있다. 연인으로서 하나님의 사역을 이해할 때 상상할 수 있는 중요한 차원이 여기에 있다. 그 이유는 죄와 가치 없는 것을 구원해내는 것이라기보다는 매력적인 것과 가치 있는 것과의 연합 혹은 온전함을 창조해내기 위한 구원을 이해할 수 있기 때문이다.

에로스(eros)는 서로에 대한 연합의 욕망, 소유를 지향하며 성은 가장 기본적인 연합을 위한 육체적인 상징이다. 분리된 것과 재결합을 향한 본능적 충동, 이것이 에피투미아(epithymia)에서 아가페, 에로스, 필리아에 이르기까지 모든 사랑의 형태 속에 내포된 정체성의 핵심이다.[230]

연인 하나님은 개인적인 관점에서의 연인이 아니라 하나님의 몸인 세계의 맥락에서 이원론, 개인주의, 연인 모델의 전통적인 사용의 타자성을 피하게 된다. 이 하나님은 나와도 연인의 관계를 맺지만 동시에 모든 인간과 모든 자연 만물과 연인의 관계를 맺는다. 따라서 연인 하나님의 구원은 하나님과 사랑받는 세계와의 재결합이다.[231] 이러한 관계성을 제시하기 위한 방법으로 맥페이그는 나사렛 예수 안에 나타난 성육신과 성만찬에서 찾고 있다. 특히 성만찬의 근거를 제시하면서 어머니로서 하나님의 모델은 목적론적 혹은 우주론적 성만찬을 제시해준다. 즉, 세계는 하나님의 존재로부터 태어난 것이며 여기서 하나님과 같이 되는 것이다. 연인으로서 하나님의 모델은 개인적 혹은 인류학적 성만찬을 제시해준다. 즉, 세계는 하나님의 사랑을 받는 존재로서 하나님에 대한 응답적 관계 속에 있다는 것이다.[232]

전통적인 가부장적 은유는 위계질서를 정당화한다. 위계적으로 배열된 전체적인 '창조의 질서'는 우월과 열등의 유형을 발전시켰다. 콜린스(Sheila D. Collins)가 주장하듯이 '우월성에 대한 복종의 패러다임'은 남편과 아내, 고용주와 고용인, 성직자와 교구민, 백인과 흑인, 부자와 가난한 자 사이의 관계 속에서 여전히 우리와 함께 존재한다.[233] 그것은 가부장적 온정주의이며, 최악에는 전제정치가 된다고 콜린스는 밀한다. 이러한 맥락에서 맥페이그의 언인으로서의 하나님의 노델은 지배와 복종의 수직적 상하관계가 아니라 사랑하는 연인들 사이의 상호성과 상호작용의 수평적 관계를 표현하기에 적합한 모델이 된다.

연인으로서의 하나님은 우리가 아는 것으로부터 멀리 떨어진 어떤 세계에서 개인적으로 정신을 사랑하는 것이 아니라, 모든 피조물, 몸과 정신을 여기서 지금 사랑한다. 따라서 개인주의적, 이원론적, 내세적 관점들은 해소된다. 연인으로서의 하나님은 우주 안에서 활동하는 사랑의 힘이며, 사랑받는 모든 것과 연합을 이루려는 바람이며, '살아서 고동치는 땅'을 둘러싸는 열정적인 껴안음이다.

세계의 연인으로서의 하나님 모델에서 구원은 사랑받은 세계가 그의 연인인 하나님과 재통일하는 것을 의미한다.[234]

구원은 누군가가 우리를 위해 행하는 유일회적인 봉사가 아니라 우리가 하나님과 더불어 공동으로 분열된 세계의 몸을 치유하는 것이며, 받는 것이 아니라 참여하는 것이다. 치유는 세계 곧 하나님의 몸의 건강을 주장하며, 상처받은 몸의 찢김을 극복하기 위한 투쟁으로서의 저항(resistance)과 고난받는 자들과의 하나 됨(identification)을 강조한다. 사랑하는 자의 고난에 동참하는 것은 연인으로서의 하나님의 에로스적 사랑의 영원한 특징이다. 구원이 생명과 죽음의 문제라면 오늘날 구원에 필요한 것은 세계를 도외시하고 우리 자신만의 구원에만 관심을 가지는 것으로부터 세계의 전체적인 몸의 건강, 웰빙에 관심을 갖는 것으로의 방향전환, 즉 메타노이아(*metanoia*)이다.[235] 이때 구원은 하나님의 제2의 사역이 아니라 본질적으로 제1의 창조사역이다. 따라서 구원은 창조를 심화시킨다.

연인으로서 하나님의 모델은 하나님이 이 세계를 필요로 한다는 점이다. 개인보다는 우주 전체를 필요로 하며 이 세계의 구원을 위하여 연인으로서 하나님의 모델이 필요하다고 맥페이그는 주장한다.

3. 친구로서 하나님

칸트(Kant)가 이야기한 것처럼 우정이란 애정과 존경으로 구성되어 있다. 우정은 비계급적이며 평등적이다. 맥페이그는 새로운 모델로서 친구로서 하나님을 제시한다. 맥페이그는 친구로서 하나님, 즉 필리아(Philia), 친구로서 하나님의 행동, 즉 유지(Sustaining), 친구로서 하나님의 윤리, 즉 동료의식(Companionship)의 문제를 다룬다.[236]

모든 관계성은 의무, 실리, 욕망으로 엮여 있다. 우정의 기본은 자유이다. 그것은 그 힘의 일부가 된다. 우정이 발생하면 가장 강력한 결속 중의 하나, '신뢰의 결속(the bond of trust)'을 생성시킨다. 이것은 결코 배반이나 배신하지 않는 서로에 대한 헌신의 결속이다. 연인들은 서로 마주 보며 서로의 품속으로 들어가려고 하지만 친구들은 서로 곁에 함께 있으면서 공동의 관심사를 공유하려고 한다.[237]

오늘날 하나님의 초월에 대한 의미 있는 이해는 '위에 계신(above)' 하나님이 아니라 '곁에 계신(alongside)' 하나님, 즉 수직적 관계라기보다 수평적 관계를 지향한다.[238] 그러한 수평적 관계에 대한 가장 적절한 이미지는 우리와 함께 삶을 여행하며 우리의 경험을 공유하는 동료로서의 하나님이다. 모든 생명이 기본적으로 관계적이라면 보다 넓은 의미에서 우리는 존재론적 장벽을 넘어서 하나님과 친구가 될 수 있다.

친구로서의 하나님의 이미지는 성서 속에서 현저하게 나타남에도 불구하고 전통적으로 군주적이고 가부장적 이미지에 의해 차단되어 왔다. 우리는 성서 속에서 친구로서의 예수의 모습을 흔히 발견할 수 있다. 마태복음 11장 19절에서 예수는 친구로서 소외된 사람들과 더불어 '식탁우정(table fellowship)'을 보여준다.[239]

이 식탁우정은 메시아적 만찬의 상징이 되었다. 소외된 사람들을 초대하는 예수의 식탁우정은 친구로서 함께 식사하려는 하나님의 우정을 보여준다. 우리는 세리, 죄인, 나그네, 잃어버린 양, 탕자, 강도 만난 자와 선한 사마리아인, 큰 잔치와 같은 비유들에서 예수의 이러한 자기 동일시를 본다. 버림받은 자가 환영받고, 관습적으로 의롭다고 여겨지는 자가 제외된다.[240] 이처럼 모든 사람들이 초대된 식사는 친구로서의 하나님에 의해 이루어지는 공동체에 대한 은유이다.[241]

이러한 우정으로서 하나님은 희망의 모델로서 절망을 무시한다. "하나님은 우리와 함께하신다"는 '임마누엘(Emmanuel)'은 죄와 악에 대항하면서 우리의 기쁨과 고통에 동참하는 바로 우리의 동료이기 때문이다.[242]

우정은 기쁨의 관계성이다. 문자적으로 '동료(companion)'라는 의미는 '함께 빵을 나누는(together at bread)' 것을 의미한다. 애찬을 나누는 동안 함께하는 동반의 기쁨을 공유하는 것이다. 이러한 친구로서 하나님의 사역은 창조와 구원의 사역에서 어머니로서 하나님의 사역과 다르지 않다. 구원이란 찢기고 상처 입은, 소외되고 격리된, 속박당하고 있는 세계의 몸이 치유와 해방을 위한 재연합이다.[243]

예수는 그의 삶을 통하여, 또한 특별히 그의 죽음에서 타자를 위한 고난과 그 자신을 동일시함으로써 가장 근본적인 차원에서 우리와 함께하는 하나님의 우정에 대한 비유가 되었다.

친구로서의 하나님 모델의 윤리적 함의는 연대적인 우정(solidarity friendship)이 교제이다.[244] 소외된 자, 버림받은 자들에게 열린 공동 식사의 상(image)에서 우정은 비사사화되고 정치화되며, 또한 전 우주를 포함하는 데까지 확장된다. 구원은 우리가 친구로서의 하나님의 바람에 응답할 때 성장하는 우리와 우리 세계에 대한 관계성이다.[245]

하나님과 인간 사이의 우정에는 공동의 비전이나 프로젝트 — 구원과 지구의 복지—가 존재한다. 우정의 기초라고 할 수 있는 공동의 주제를 안고 있는 것이다.

어머니로서, 연인으로서, 친구로서의 하나님의 사랑—창조, 구원, 보존—은 일치에 대한 바람으로 묶이며, 완성에 대한 포괄적 비전 속에서 이해된다. 맥페이그의 모델들은 하나님이 세계와 거리가 멀고 세계와 무관한 단독의 유일한 신도 아니고, 세계 속에 침몰되어 분리되지 않은 어떤 하나님도 아니다. 오히려 세계의 어머니로서, 연인으로서, 친구로서의 하나님은 세계를 초월하며 근본적으로 세계 속에 내재한다.[246]

제5장 생태윤리

제1절 어플루엔자(Affluenza)에 대한 경고

아리스토텔레스는 "무제한 부는 가난이다"라고 평가한다. 로마의 스토아 철학자 세네카는 "과거에 초가지붕 아래에서 자유민이 살았지만 노예들은 대리석과 황금 아래 거주했다"고 말한다. 에픽테토스, 디오게네스 등 견유학파는 단순한 생활을 지향하고 부유한 전통적인 문화를 조롱했다.[247]

어플루엔자(Affluenza)[248]라는 전염병은 소위 '아메리칸 드림'의 핵심원리가 된 경제적 팽창에 대한 강박적인 거의 맹신에 가까운 욕구에서 비롯된다. "고통스럽고 전염성이 있으며 사회적으로 전파되는 병이다. 끊임없이 더 많은 것을 추구하는 태도에서 비롯하는 과중한 업무, 빚, 근심, 낭비 증의 증상을 수반한다"고 옥스퍼드 영영사전에서 풀이한다.

어플루엔자에 가장 강력하게 비판한 사람은 다름 아닌 예수 그리스도였다. 부는 천국에 들어가는 장애물로써 "부자가 천국 문을 들어가는 것은 낙타가 바늘귀로 들어가는 것과 같다(마 19:23~24)"[249]고 부의 위험성 경고한다. 부자 청년의 고민을 상담하면서 "먼저 재산을 팔아서 가난한 사람들에게 나누어주어라(마 19:20~21)"[250]고 권면한다. 재물을 쌓는 사람이 되지 말고 차라리 새나 꽃처럼 되라고 충고한다. 자연이 주는 미가 솔로몬의 영광보다도 더 크고 아름답다. 돈을 사랑하는 것이 일만 악의 뿌리요, 하나님과 맘몬을 동시에 섬길 수 없다고 '맘몬이즘(Mammonism)'[251]의 위험성을 경고한다.

예수의 마지막 행적은 무엇인가? 거룩한 성전까지 파고 들어온 어플루엔자에 대한 채찍을 사정없이 내리친다. 성전에서 거래하는 환전꾼들, 상업주의를 물리적으로 제재한다.[252]

그러나 현대의 소비주의 철학은 성서의 가르침을 뒤엎고 있다. 이것은 지구의 생태계를 무너트리는 자업자득의 결과를 가져올 것이다.

"어플루엔자는 최악의 전염병이다"라고 그라프(John de Graf), 왠(David Wann), 네일러(Thomas Naylor)의 트리오는 *AFFLUENZA*에서 합창을 한다.[253] 어쩌면 이들이 여리고 성을 돌면서 이 시대의 부를 추구하는 사람들에게 '무너져라'고 저주하는 나팔을 불고 있는지도 모른다. 이 전염병의 유발인자는 무엇인가?

어플루엔자의 집착과 소유욕은 중증과 같다. 이 전염병은 돌림병으로서 위험하고 감염력이 강한 신종유행병으로 극대화된 맹신에 가까운 욕구에서 비롯된다. 인플루엔자에 감염되었을 때, 그 바이러스는 보이지 않는 마음의 도굴꾼처럼 은밀하게 인간의 의식을 파고드는 것이 특징이다. 상대적 박탈감을 유발시키며 그 치료가 쉽지 않다.

어플루엔자가 유행하는 시기는 주로 명절이나 각종 절기나 행사가 있을 때, 절정에 다다른다. 특히 미국의 경우는 추수감사절과 크리스마스 기간이 절정이다.

TV의 공간은 광대한 홍보의 쓰레기장, 인터넷 전자상거래의 장 등은 과시충동, 쇼핑열기, 충동구매를 부추긴다. '사면 살수록 이득이다', '이 물건은 당신의 신분을 상징한다' 등의 과대광고로 치열한 물질전쟁(stuff war)의 광기를 부추긴다.

거주문화를 살펴보면 집이란 분수에 넘칠 때 쓰레기장으로 변한다. 인간이 거주할 수 있는 최소한의 생활공간이면 족하다. 생활하기에 불편함이 없는 공간인데도 자꾸 늘려간다. 조지 칼린에 의하면 "집이란 물건더미 위에 덮개를 씌워 놓은 것에 불과하다"고 평가한다. 평수를 늘려가는 것은 일종의 수집벽으로 정신분열증에 해당한다.

1950년대의 부부침실은 12평이다. 오늘날은 그 배 이상이다. 대형주택과 별장, 아파트는 졸부들의 성을 상징한다. 부동산 투기를 비롯한 현대의 주택전쟁은 비 온 뒤 죽순이 돋아나듯 한다.

인간의 평수는 1평이다. 한 평의 침대에서 누워 자며 일어난다. 그리고 한 평의 땅속으로 들어간다. 그것이면 족하다. 나머지는 이 시대 고통받는 홈리스의 노숙자들과 함께하는 것이다. 더욱 중요한 것은 이들과 함께 '보듬어 안아 아우르는 환경(Holding Environment)'[254]을 만들어 가는 것이다.

세례요한은 사막에서 지냈다. 그의 집과 그 공간은 텐트일 뿐이다. 예수 그리스도는 머리 둘 곳도 없다고 한탄한다.[255] 그것은 머리 둘 곳이 너무 많은 이 시대의 자칭 성직자들과 성도들을 향한 개탄이요, 탄식이다. 공간을 차지하려는 욕심 때문에 '젖과 꿀이 흐르는 가나안 복지', 바로 그 땅이 오염되어 가고 있다.

SUV, 스포츠카, 연료소비가 많은 4륜구동의 차량문화는 신분의 상징으로 생각한다. "우리 사회가 탐욕으로 감염되었다. 그것은 최악의 전염병이다." 이러한 현상은 탐욕이 아니라 뒤처지는 것에 대한 두려움 때문이라는 평가도 있다. 교통수요가 적은 사회를 만들어야 할 것이다. 환경을 파괴하는 도로확충에만 골몰하지 말아야 한다.

네 벌의 옷으로도 1년을 거뜬히 지낼 수 있다. 우리의 의류문화는 차고 넘친다. 하루에 한 끼만으로도 80세를 넘게 살아간 사람들이 있다.[256] 과식하는 음식문화는 그것과 정비례하여 쓰레기를 생산하고 있다. 그 양을 줄여야 한다. 어플루엔자의 치료방법은 3가지를 제시한다.

1. 자발적 단순성(Voluntary Simplicity)
2. 하향이동(downshift)
3. 새로운 검약(new frugality)[257]

'다운시프팅(downshifting)'[258]을 추구해야 할 것이다. '다운시프트'는 자동차의 변속기어를 하단으로 바꾸는 것을 의미하나 유망한 직업에 종사하던 사람이 시간 여유나 좀 가치 있는 생활을 찾아 경제적 매력이 적은 직종으로 전환하는 것이다.

근검절약에는 인센티브를, 무분별한 낭비와 소비에는 제재를 가하는 제도직 장치를 마련해야 힐 것이다. 인생에시 최상의 것들은 물질이 아니라는 캠페인을 벌여야 한다. 생태학적 차원에서 근검의 가치를 주입시켜야 한다.

교황 요한 바오로 2세는 1999년도 신년사에서 마르크스주의, 나치즘, 파시즘뿐만이 아니라 '그에 못지않은 유해한 물질주의적 소비이데올로기'를 강하게 비난했다. 소비만능주의 피해는 "다른 사람들에게 끼치는 부정적 측면을 도외시한 채, 국가와 민족들로 하여금 종종 그들의 삶의 양식을 심원하게 변화시키는 정책결정들을 공유할 권리를 상실케” 하기 때문이다. 국민들의 희망은 ‘정치권력과 금권이 집중된’ 시장구조 아래서 ‘잔인하게 파괴되는 반면’, 금융시장은 변덕스럽게 요동치고, ‘선거는 조작되기도 한다.’ “전 지구적 공동이익, 경제 및 사회적 권리의 행사, 지속 가능한 사회개발 등을 보장하는 것은 연대 속에서 추구되어야 할 전 지구적 발전의 새로운 비전”을 구성하는 핵심요소일 것이다.[259]

신학자이며 환경학자인 캘빈 더 위터는 다음과 같이 현대의 소비주의 철학을 비판한다.

> 더 많이 소비하라. 그러면 행복할 것이다. 그 어느 것에도 만족하지 말고 더욱 많은 것을 추구하라. 이런 것이 우리가 듣고 있는 메시지예요. 하지만 성서의 가르침은 지금 가진 것에 만족하라, 하나님을 공경하라, 피조물을 보살펴라, 굶주린 자에게 너희 빵을 주어라. 그리하면 봉사의 부산물로 기쁨이 올 것이다. 이런 것입니다. 그런 가르침을 택하여 그 반대로 써 보세요. 현재 우리의 소비사회 모습이 고스란히 묘사될 것입니다.[260]

경제학자 로버트 프랭크는 자신의 저서, 『사치열기(*Luxury Fever*)』에서 사치열기에 대한 고율의 세금을 부과하여 소비보다는 절약을 장려해야 한다고 주장한다.[261]

반(反)어플루엔자 법률을 제정해야 한다. 핵심적이며 종합적인 대책들이 필요하다. 흡연세, 탄소세, 자원소모세, 자동차분해세 등 환경세(Green Taxes)를 신설하여 보다 더 철저하게 관리해야 한다.

제2절 3가지 패러다임 전환과 생태발자국(Ecological Footprint)의 추적

중세 신비주의자, 에크하르트(Miester Eckhardt)는 "모든 단일 생명체는 하나님으로 가득 차 있으며 하나님에 관한 한 권의 책이다. 모든 생물들은 하나님의 말씀이다. 만약 내가 가장 미세한 생물과 충분한 시간을 보낸다면, 심지어 그것이 애벌레라 할지라도 한 편의 설교를 결코 준비할 수 없을 것이다. 따라서 모든 생명체들은 하나님으로 가득 차 있다"고 강조한다.

이것은 내재적으로 창조적이며 자기 조직적이며 변화하는 시스템으로서 현실 속에서 긍정하는 자연 세계적 관점으로 통한다. 인간은 자연의 일부라는 점을 인정해야 하며 가능한 한 자연계의 창조적이며 회복적인 기능에 간섭과 방해가 되어서는 안 될 것이다.

첫째, 신학적 공통의 의제로써 생명과 그 성취를 지향하는 유대교와 기독교의 전통을 해체시키고 재구축하는 것이다. 땅과 그 위에 살아가는 모든 생물들을 해방시키기 위하여 신학자들의 눈을 하늘에서 땅으로 돌려야 한다. 별빛이 빛나는 하늘을 별, 먼지, 울새, 블랙홀, 일출, 일몰, 식물들, 인간을 포함한 지구와 연계시켜야 한다.

인간은 지구성에시 외계인이나 여행객, 니그네기 이닌 피조물로써 인간과 하나님을 재인식하는 것이다. 지구를 구해야 한다는 중요한 암시를 제시하는 것이며 인간중심적인 관점에서 우주중심적인 관점으로 그 패러다임 전환을 의미한다.

신학이 신 중심을 거부한다는 것이 아니며 오히려 신적 관심은 모든 창조물을 포함시킨다는 의미이다. 또한 전통적인 구속사를 창조로

대체시키는 것이 아니며 오히려 구속이 인간뿐만 아니라 창조의 모든 차원을 포함시켜야 한다는 것을 주장하는 것이다.

둘째, 실천에 초점이 맞추어져야 한다. 의심과 해체주의 해석학은 다양한 관점과 해석, 맥락 등을 드러내면서 단순하고 절대적인 객관성의 개념들을 파헤치는 데 기여하고 있다. 신학은 인문학이 아니다. 모든 창조물을 향한 하나님의 구속적 사랑과 예언적 행동을 선포하고 해석하는 것이다.

셋째, 신학적 과제가 본질적으로 21세기 지구촌 의제, 즉 민족주의, 군사주의, 경제적 성장주의, 소비주의, 통제 불가능한 인구팽창, 생태적 파괴에 초점을 맞추어야 한다. 만약 창조적 영성이 기독교 전통의 구속적 영성을 대체한다면 모든 것은 순탄할 것이다. 그러나 이 문제가 단순하지 않다. 생태신학은 땅의 사건들과 문제들을 다룬다. 사람들이 이 땅에서, 가정에서 적절하게 올바르게 살아가도록 돕는 것이다.

따라서 살림의 은유법은 생명신학[262]과 생태신학을 지향한다. 어빈 얄롬이 말한 것처럼 "생애의 계획을 갖지 않으면, 인생은 그저 우연한 사건이 되고 만다."[263] 그 우연한 사건을 피하기 위한 실천하는 방법으로 '생활가능성(livability)'[264]과 '지속가능성(sustainability)'[265]을 조사해보아야 한다. 2가지 원칙이 있다.

하나는 가장 기치 있는 것을 분별하는 것이다. 인간관계, 생과 사, 성취, 무험, 자각, 실망 등 인생에서 가장 중요한 시간들을 노트에 적어보는 것이다. 성인이 되었을 때, 처음 살았던 집, 처음 사랑에 빠졌던 때를 떠올려 보라. 물질적 소유물의 중요성에 대하여 생각해보라. 그것들이 인간관계, 정감, 생의 활동만큼 완전한 만족을 주고 있는가?

다른 하나는 가장 중요한 원칙들을 목록으로 작성하는 것이다. 공정성, 신뢰, 무조건적 사랑, 자연보호, 금전적 안정, 안전감, 건강유지 등이 목록에 오를 것이다. 이것들은 인생의 중요한 결정을 내릴 때 기준으로 삼아야 할 원칙들이다. 이 원칙들을 인간관계, 직장생활, 장래계획 등에 적용하고 부와 물질의 끊임없는 추구가 거기 기울이는 노력에 비해 그 가치는 보잘것없지나 않는지 자문해보라.

이러한 공동체 감시의 지속가능성 지표들은 장기적이며 종합적인 피드백을 제공해준다. 살림의 은유법은 개인이나 공공단체, 지자체 등에 적용될 뿐만 아니라 한 나라의 살림에도 적용되어야 한다. 미국의 경우, 국가 살림을 발표하면서 언제나 '국내총생산(GDP)'만을 발표하는 것을 볼 수 있다. 그러나 사이먼 쿠즈네츠는 "국가의 복지를 GNP와 같은 척도로 추정하기는 거의 불가능하다"고 주장한다. 이제는 여기에 '진정진보지수(GPI, Genuine Progress Indicator)'[266]까지도 발표를 해야 한다.

한 도시가 그늘을 제공하고 있는 나무들을 베어 도로를 넓힐 때, 주택 소유자들이 에어컨을 살 때, GDP는 상승한다. 부모가 이혼할 때, 새 감옥을 지을 때, 의사들이 항우울제를 처방할 때도 GDP는 올라간다. GDP에 대한 오염의 기여도는 적지 않다. 클리주나스에 의하면 "GDP는 오염을 최소한 4중으로 계산한다. 오염물질이 생산될 때, 정화될 때, 의료비 형태로, 그리고 법석 다툼이 벌어져 소송비가 발생할 때이다"라고 말한다.[267]

모든 금전거래를 총합하는 GDP와는 대조적으로 GPI는 각각의 지출을 평가하여 가사, 육아, 자원봉사와 같은 '보이지 않는 자산'을 더하고 국민경제에 부수되는 부정적 요소들을 빼는 것이다.[268] 따라서 국가는 GDP와 GPI를 공동으로 발표해야 한다.

21세기는 천연자원에 대한 평가와 보존을 위한 추가적인 수단이 필요하다. 현재 우리가 가진 것과 사용하는 것을 비교하는 것이다. 생태발자국의 추적은 우리의 소비주의 생활방식이 자연의 재생속도보다 얼마나 더 빠르게 자원을 먹어치우는지를 보여주는 척도가 된다. 우리가 자연을 양호하게 유지하지 않는다면, 저축한 돈으로 쇼핑잔치를 즐기는 어플루엔자 환자들처럼 미래에 자연으로부터 이자를 받을 수 없다.

마티스 웨커네이걸에 의하면 "생태발자국은 시장분석에서 그 기초를 삼고 있다. …… 그들은 각 나라가 생태적으로 손실을 내고 있지 않은지, 그 나라들은 자기네 천연의 부를 과소비하고 있지 않은지를 알고 싶어 한다"는 것이다.[269] 생태학의 문제는 어느 한 나라만의 문제가 아니다. 지구촌의 생태적 발자취에 대한 정기검진이 이루어져야 할 것이다.

제3절 행동계획

요한복음 3장 16절에서 "하나님은 세상을 사랑하사……"의 세상과 세계 속에 무엇을 두고 하는 말인지 정확한 해석이 필요하다.[270] 일차적으로는 인간과 자연을 포괄적으로 내포하고 있으며 이차적으로는 아주 자은 미생물의 생명까지도 보호, 보존해야 한다는 의미가 내포되어 있다.

하나님은 자연이 선하며 보시기에 좋았더라고 선포한다. 이러한 선포는 착취나 약탈이 아니라 선용하라는 뜻이다. "누가 이 세상 재물을 가지고 형제의 궁핍함을 보고도 도와줄 마음을 막으면 하나님의 사랑이 어찌 그 속에 거할까 보냐. 자녀들아 우리가 말과 혀로만 사랑하지 말고 오직 행함과 진실함으로 하자(요 1:3:17~18)"271)에서 요한이 언급하는 '이 세상의 재물'은 곧 자연이다. 인간은 청지기로서 자연에 대한 보호, 관리의 자격만이 주어진 것이다.

청지기로서 행동원리는 첫째, "자신의 몫만 가져야 한다"는 것이다. 아마존의 원주민들은 욕심을 내지 않는다. 그날의 필요한 양만 자연에서 얻으며 그 이상의 양을 미리 가져다 놓는 탐욕의 모습을 보이지 않는다. 결코 쓰레기를 배출시키지 않는다.

지구상의 모든 피조물이 생존하기 위해서는 반드시 빵과 우유가 있어야 한다. 따라서 모든 피조물에게 실질적으로 분배 정의를 적용해야 한다. 그러나 지구상의 모든 생명체들이 건강하지 않고서는 지구를 보존할 수 없다. 예수님의 잔치 비유272)는 사람들만 초청한 것으로 되어 있으나 어쩌면 그 비유는 지구 위에 모든 피조물들이 하나님의 가족이기 때문에 모든 생명체들이 초대받았다고 보아야 할 것이다. 따라서 "자신의 몫만 가져야 한다"는 원칙은 불행한 자들에게 자선을 베풀라는 간청이 아니라 지구촌의 모든 생명체들과 공동체 그 안에 존재하는 모든 생명체들을 위한 법칙이다.

둘째, "사용 후에는 깨끗하게 치워야 한다"는 것이다. 우리가 살고 있는 이 지구는 손님이 묵고 지나가버리면 되는 호텔과 같은 것이 아니다. 이 지구는 인류에 하나뿐이며 우리의 집인 동시에 하나님의 몸이다. 그러므로 모든 자원을 사용한 다음 지구를 쓰레기장으로 만들지 말고 자원을 재활용할 수 있어야 한다.

건강한 생태계란 먹이사슬이라는 자기희생적 구조를 통해 순환되며 재활용되면서 생명들이 지속된다. 우리 인간도 생각과 일상생활이 생태계의 먹이사슬과 같은 모델로 바뀌면 우리 후손들과 모든 생명체들이 깨끗한 지구에서 풍성한 먹이와 생명을 얻을 수 있을 것이다. 이 문제의 해결은 자원을 활용한 후, 독성 쓰레기를 버리는 소비문화에서 재활용문화로 탈바꿈하는 것이다.

지구라는 집은 우리의 소유물이 아니다. 그것은 하나님이 창조해낸 것이며 우리는 다만 한평생 동안만 살기 위해 빌린 것뿐이다. 현재뿐만 아니라 장래를 위해서도 후손들과 모든 생명체들이 살만한 집이 되도록 쾌적하고 아름다운 것으로 남겨놓으려면 수리하고 보존하는 데 힘써야 한다.

창 1:31에 "하나님이 손수 만드신 모든 것을 보시니, 보시기에 참 좋았다"[273]고 기록된 것처럼, 이 지구를 보기에 좋은 집으로 계속 보존할 책임이 지금 바로 우리에게 있다.

자신의 존재근거를 인간 스스로 파괴한 상황에서 자신의 적(敵)이 된 현실을 직시해야 한다. 지금까지 서구는 개인주의적 인간 이해를 선호했지만, 인간이 살고 있는 지구가 아닌 '지구에 속한 존재'라는 공동체적 인간관으로 변화되어야 한다. 인류는 하나님과 그리스도를 우주론적으로 이해하며, 역사적으로 신학은 그리스도적인 공동체라는 것을 알아야 한다. 소비주의를 지향하는 인간의 이익 창출의 모습보다는 생태적인 인간의 이해가 필요하다.

이것이 21세기를 살아가는 주인 된 모습이 아닌 함께하는 모습이 우리의 절실하고 절박한 현주소일 것이다. 그러므로 공동체적으로 실현할 수 있는 삶의 새로운 목표와 행동지침들을 정해 실천에 옮겨야 한다.

그리스도 예수 안에 있는 생태신학은 그리스도의 마음을 닮아가는 것이다.

1. 하나님의 창조를 사랑하라.
2. 하나님의 창조 안에서 기뻐하라.
3. 하나님의 창조와 함께 화평하라.
4. 하나님의 창조와 함께 인내하라.
5. 하나님의 창조와 함께 절제와 자아를 통제하라.
6. 하나님의 창조에 친절하고 선하게 대하라.
7. 하나님의 창조에 겸손하라.

지구는 우리의 가정(family)이다. 가정은 하나의 사회로서 보편적 공동체이다. '지구헌장(Earth Chapter)'[274]의 핵심적 내용처럼 서로를 위한 윤리적 책임과 상호 의존적 원칙을 준수해야 한다.

인간은 기본적인 욕구가 충족되면 적절한 포부가 부와 명예가 아닌 지혜와 비교 속에서 자라난다. 이와 같이 생태신학은 소비문화와 긴장관계를 유지한다.

생태신학은 야망보다도 통합을 우선시하는 삶의 방식이다. 다른 것들과의 함께할 때, 능가하는 것이 아니라 새로운 가치를 발견하게 해준다. 질적인 관점에시 '야망'을 재정의해야 힌다. 인생에서 이상적인 야망은 부와 명예가 아니라 지혜와 동정 속에서 성장하는 것이다.

생태신학은 불량상품, 부당표시, 부정가격에 감시하며 대항하는 소비자활동과는 긴장관계를 형성한다. 소비주의 역시 살아 있는 신학이다.[275] 소비주의는 인생에서 최고의 선으로서 외형, 풍요, 시장의 성취와 끝이 없고 한계가 없이 더 많은 소비를 지향하는 과정으로서 행복을 추구하는 삶의 방식이다. 생태신학은 선택적이며 반(反)소비적 생활방식이다. 그 목표는 생명의 보다 더 큰 공동체를 위하여 존경과 돌봄으로 살아가는 인간 공동체의 개발이다.

제2부

중세인은 그 안에 천사를 넣을 목적이 없이는 절대 구름을 그리지 않았다.
그리고 그리스인은 그 안에 신을 만나기를 기대하지 않고는 절대 숲에 들어
가지 않았다.
그러나 우리는 구름에 천사가 나타나는 것이 완전히 부자연스럽다고 생각하
고 어느 곳에서든지 신을 만난다는 것을 매우 놀라움으로 받아들인다.
숲에 대한 우리의 주된 생각은 밀렵과 관련되어 있다.
우리는 구름이 그 많은 양의 물과 우박 이상이 것을 품고 있다는 것을 믿지
못하고 우리의 연못과 도랑으로부터는 오리와 물냉이 이상의 어떤 신성한
것도 기대하지 않는다.

−옥스퍼드대 시학 교수, 존 러스킨
(John Ruskin, 1819~1900)−

제1장 제니퍼 콥(Jennifer Cobb)의 은유법

철학자 존슨(Mark Johnson)에 의하면 '도덕적 상상력(moral imagination)'[1] 은 이 질문에 대한 가장 강력한 도구 중의 하나를 제공한다. 도덕적 상상력을 통하여 우리는 '상상적 합리성(imaginative rationality)', 즉 우리의 주체적 경험과 통찰들을 옳고 그름의 객관적, 합리성을 융합시킬 수 있는 능력을 활용한다. 그 결과는 우리에게 무엇을 할 것인가를 전해주는 엄격한 원칙들이 아니라 변화하는 세계와 함께 변화할 수 있는 역동적인 가치들의 집합이다.

존슨에 의하면 인지과학의 영역에서 경험적 연구의 제2의 파장의 강조에 의하면, 상상은 도덕적 신념들을 실행에 옮길 수 있도록 하는 중심적인 능력 중의 하나이다. 이 연구에 의하면, 객관적 원리들은 우리가 궁극적으로 이 세계 속에서 행동하기 위하여 선택하는 방법과는 관련성이 거의 없다. 대신에 우리는 의미론, 이야기, 원형들 그리고 메타포의 관점에서 형성된 경험에 기초한 일련의 몸을 통하여 세계를 이해한다. 달리 표현하면 그것은 우리가 전달하려는 이야기와 우리를 자극하여 행동에 옮기도록 하는 것들에 대한 해석들이다.

우리가 사용하는 다양한 전략 중에서 메타포는 우리가 접근할 수 있으며 도덕적 상상력을 활용할 수 있는 기본적인 방법이다. 일견 이 같은 생각은 우리를 불안하게 만들지도 모른다. 상상력에 대한 메타포와 겉으로 보이는 감정적, 인상주의적 표현으로 우리는 어떻게 도덕적인 삶을 구축할 수 있을까? 그러나 존슨이 주장하고 있는 것처럼 메타포는 결코 불안한 것이 아니다. 메타포는 우리의 공유된 경험을 가장 정확하게 이해할 수 있다. 이 같은 방법으로 메타포는 유일하게 객관적인 추상성, 합리적 법칙들의 집합에 초점을 맞추기보다는 더 깊이 있는 토론을 위한 공통의 문화적 강령을 제공한다.

존슨의 주장에 의하면 객관적인 도덕접근 방법의 치명적인 오류는 인간은 도덕적 이성에 기초한 우주적인 법칙에 따라서 행동할 수 있는 이성적인 존재라는 가정이다. 이러한 관점은 변화와 성장의 과정으로서 윤리적인 삶의 감각을 상실한 채, 도덕적인 심의를 일련의 냉정한 객관성 안에 가두는 것이다. 문제를 더 복잡하게 만드는 것은 객관적인 도덕법칙들이 종종 어떤 원형적인 상황에서만 기능을 발휘한다는 것이다. 현실적인 삶은 이처럼 멋진 범주에 적절하지 않다. 도덕적 결정을 하는 데 우리의 가장 난제는 객관적인 도덕적 법칙들의 밖에 있는 결정들이다.

그러나 도덕법칙의 이론이 모두 그릇된 것은 아니다. 우리는 행동하기 위하여 도덕원리와 이상에서 안내가 필요하다. 이러한 원리들이 복합적인 삶의 조직에 직접적으로 적용하는 어려움 가운데 문제가 제기된다. 실제적으로 우리는 도덕법칙을 만들어 메타포와 상상력을 통하여 우리의 삶의 이야기가 되게 한다.

존슨에 의하면 "상상력으로서 도덕적 비판의 핵심은 도덕적 객관성은 절대적인 하나님 시각의 관점을 지니고 있는 것이 아니라 오히려 공동의 담론과 실행을 통하여 수행되는 평가의 반영적, 해설적, 비판적 특수한 과정이다."[2]

제1절 승천메타포(the metaphor of ascent)

생미르(Paul Santmire)가 자신의 저서 『자연의 산고(*The Travail of Nature*)』[3]에서 지적하고 있는 것처럼, 기본적인 영적인 메타포는 '승천(ascent)' — 본질적으로 초월적인 하나님과 함께하기 위하여 이생은 버려둔 상황 — 이었다.[4]

기본적인 영적 메타포는 상승, 즉 승천(ascent)이다. 이생을 떠나서 초월적인 하나님 아버지를 만나는 것이다. 이 '승천메타포(the metaphor of ascent)'[5]는 중세시대에 유대-기독교 전통에서는 결코 새로운 것이 아니었다. 이 메타포는 십계명을 받기 위하여 모세가 산에 올라가는 것과 같이 유대교의 발생 초기까지 거슬러 올라간다.

중세시대 '승천메타포'가 의미가 있는 것은 그 목표가 이 땅과 분리되어 이 물질세계와 떨어져 올라가는 것이라 할지라도 여전히 이 땅은 신성으로 내재되어 있다는 것이다. 기독교의 자연세계에 관하여 가장 열정적인 사상가인 성 프란시스(St. Francis of Assisi)와 성 보나벤투라(St. Bonaventure)를 비롯한 중세이 사상가들은 하나님은 성서 자체 안에서만큼 '자연의 책(book of nature)'[6] 안에서도 쉽게 하나님을 발견할 수 있다고 믿었다. 중세 사람들은 본질적으로 하나님께서 모든 창조 안에서 자연스럽게 내재해 있는 성스러운 우주 안에서 함께 거주한다는 것을 믿었다.

루터(Martin Luther, 1483~1546)나 캘빈(John Calvin, 1509~1564)의 종교개혁은 높은 곳에서 통치하시는 초월적인 하나님 아버지와 세속적이며 기계론적으로 분리된 자연에 대한 모던적 비전에 대한 기초를 마련한 것이다. 중세의 전통을 완전히 포기하지는 않았지만, 이들의 일차적인 관심은 인간의 구원이었다. 그들의 독보적인 공헌은 머리 위에 있는 '승천의 메타포'를 '하강 메타포(The metaphor of descent)'로 전환시키는 것이었다.[7] 다시 말하면 하나님의 '하강 메타포'가 없다면, 이 자연의 물질세계는 본질적으로 죽은 것이다. 자연이란 단지 하나님께서 들어오시도록 선택했을 때에만 살아 있는 것이다.

상상력은 가능성을 그려볼 수 있는 인간의 능력이다. 우리가 사용하는 메타포들을 분석하는 것은 자연에 대한 깊은 통찰력을 제공해준다. 다른 것들은 문화적 근거를 가지고 있지만, 어떤 메타포들은 신체적 경험에서 나온다.

제2절 데스크톱메타포(the metaphor of desktop)

사이버스페이스에 대한 인터페이스(interface)로서 '데스크톱메타포(the metaphor of desktop)'[8]는 어떤 방법으로 우리의 정보를 수행하거나 명령하기 위한 도덕적 명령을 드리내준다. 그리고 생산싱을 증가시키기 위하여, 그래서 보다 더 우리 사회의 쓸모 있는 멤버가 된다. 어떤 깊은 차원에서 이 메타포는 지적 경험을 위한 최적의 공간을 만들어낸다. 라우렐(Brenda Laurel)이 표현하고 있는 '잘려나간 머리(severed heads)'[9]라는 표현에 가장 잘 어울리는 불구된 세계의 결과를 초래한다. 다른 한편으로 데이비스(Char Davies)의 '오즈모스(Osmose)'[10]는 사이버세계에 대한 인터페이스로서 자연으로부터 취한 일련의 메타포를 활용한다. 이 일련의 메타포들은 몸과 자연세계에 깊은 연계의 윤리를 지지한다.

메타포는 사이버스페이스를 가지고 우리의 윤리적 변화에서 대단히 중요한 역할을 한다. 메타포는 디지털 세계에 접근하기 위하여 우리가 사용하는 기본적인 현재성이다. 이 같은 맥락에서 사이버 공간에서 우리가 사용하는 메타포의 도덕적인 내용은 중요한 의미를 전달해준다.

제3절 페이지메타포(the metaphor of pages)

WWW를 안내하고 있는 '페이지메타포(the metaphor of pages)'[11]는 직접적이며 윤리적인 의미를 지니고 있으며 복합적인 가정의 집합(a set of assumption)에서 태어난다. 가장 기본적인 가정은 접속 그 자체라고 할 수 있다. 웹의 생명은 암묵적으로 어떤 차원을 가정한다. 컴퓨터를 결코 만지지 않는 수십억 사람들의 생활은 인식의 스크린을 결코 경험할 수 없다. 스크린의 페이지를 넘길 수 없다. 웹을 클릭할 때마다 그 이면에 숨겨진 함축적인 의미는 결코 작은 것이 아니다.

제4절 시계공메타포(the metaphor of clockmaker)

인류에게 새로운 생명을 주기 위하여 하강하시는 위대한 '시계공메타포(the metaphor of clockmaker)'[12]로서 하나님은 자연에 대한 진보와 지배의 이데올로기를 바꾸어 놓았다. 자율과 과학적 통찰이 최고의 선으로서 합리성과 사회적 행동의 가치들을 고양시키면서 인간에게 엄청난 힘을 부여해주었다. 과학적인 사회는 유기체적인 세계와 인공적인 세계를 하나로 통합시키게 되었다.

윤리적 삶의 예술은 지속적으로 우리의 정체성과 세계에 대한 우리의 관점을 형성하며 개혁한다. 신학적 탐구와 신앙처럼 윤리는 우리의 모든 정체성에 참여하는 목적지 없는 여행이다. 윤리는 인식에 기초한 우리의 독특한 몸에 대한 반응으로 시작한다. 이 경험은 주관적이며 객관적인 진리들의 복합적인 융합으로 옳고 그름에 대한 역사 문화적 이해를 통하여 여과된다. 우리가 행동할 때 우리는 도덕적 입장을 전달한다. 우리가 우리의 행동들을 관찰할 때, 우리가 전달해왔던 도덕적인 입장에 관하여 더 많은 것을 배우게 된다. 그리고 우리는 앞뒤로 왕래한다.

도덕적인 행동은 우리의 몸, 역사, 문화, 공동체, 가치와 신앙 속에 내재된 자아지식으로부터 태어난 궁극적으로 내면적인 개인적인 문제이다. 그러나 윤리적으로 안내된 행동은 발생하며 우리가 살아가는 공동체를 위한 결과들을 지니고 있다. 개인들이 풍요로운 경험들을 진전시킬 때 우리는 어떻게 해야 하는가?

사이버스페이스는 비즈니스의 도구나 혹은 심지어 급진적으로 새로운 커뮤니케이션 매체가 될 수 없다. 그것은 디자인, 배치, 그리고 이행에서 오는 의도와 가치를 반영하면서, 장차 그것은 우리가 상상하는 것이다. 이 같은 실현은 전망과 책임을 가지고 이행하는 것이다. 새로운 방향으로 사이버스페이스의 메타포적 잠재성을 우리가 추진할 때, 디지털과 함께한 하나의 변증법이 예술가이며 윤리학자인 기글리오티(Carol Gigliotti)가 언급하는 '우리의 욕망과 욕구와 계획의 도덕적 콘텐츠'를 나타내는 데 참여하게 된다.

제5절 상호작용의 메타포(the metaphor of interaction)

상호작용의 메타포(the metaphor of interaction)[13]는 쌍방의 참여자들에게 힘을 부여해주는 도덕적 환경을 창조해내는 최대의 잠재성을 지니고 있다. 이러한 상호작용이 단순한 소모관계로 변하게 될 때, 우리 자신과 매체는 폐가 되는 일을 하는 것이다. 대신에 인터페이스는 관계성, 공동체, 감정이입의 도덕적 가치들을 전달하는 입장, 즉 *응답*의 메타포(a metaphor of *responsiveness*)를 창조해내야 한다.[14]

기글리오티에 의하면 "궁극적으로 인터페이스는 판단에 대한 우리의 능력을 신뢰하는 것과 물리적 존재로서 전체성에 대한 감각을 반영시켜야 한다."[15] 사이버스페이스의 응답은 도덕적 상상력의 개발을 위하여 강력한 자극제로 작용할 수 있다. 또한 상호작용, 유연성, 침투성과 같은 메타포를 통하여, 향상된 도덕적 경험으로 디지털의 경험들을 체험할 수 있다.

메타포는 도덕적 상상력에 접근할 수 있고 채택할 수 있는 기본적인 방법이다. 그러나 어떻게 겉으로 나타나는 감성적이며 인상적인 상상력의 표현들과 메타포에 의지하여 도덕적 삶을 세워나갈 수 있을까? 메타포는 결코 불안정한 것이 아니다. 메타포는 우리가 정확하게 공유한 경험으로 이해할 수 있다.

제니퍼 콥이 제시하고 있는 6개의 메타포는 사이버스페이스가 하나님의 은총(Grace)이라는 것이다. 은총이란 전통적으로 인간의 의식적 자아에 도달하는 신성의 경험을 의미하며 우리의 생활 속에서 갑자가 하나님을 인식하게 되는 것이다. 창조적인 과정의 경험이 의식적인 삶 속으로 들어오는 것은 현실을 통하여 흐르는 신성을 경험할 수 있는 가능성을 제공해준다. 만약 우리가 이것을 이해할 수 있는 감성이 있다면, 거룩한 과정이 내포된 이 세계를 발견할 수 있으며 우리가 집(home)이라고 부르는 이 세계의 전체성을 자연과 과학의 양 측면에서 포용할 수 있다.[16] 특히 사이버스페이스는 그리핀(David Griffin)이 언급하고 있는 영적 가치를 구현시키는 '선행은총(prevenient grace)'이라는 것이다.[17]

사이버스페이스는 21세기의 정보의 바다를 창조해낸 또 하나의 메타포이다. WWW는 신학적 트로이 목마이다. 우리에게 새로운 팔레트를 제공해준다. 보다 더 풍요로운 경험, 사랑, 만남, 정의, 감정이입, 돌봄, 평등, 그리고 책임을 지향하도록 하는 생명을 향상시키는 가치들을 표현해준다.[18]

사이버스페이스는 보다 더 큰 우주의 성스러운 조직을 필연적으로 연계시키는 본질적인 가치를 가지고 있다. WWW는 모든 창조의 풍요로운 경험을 향상시키기 위하여 활동하는 성령의 표현이며 인류에게는 풍요와 생기를 얻게 해준다. 창조적 과정과 도덕적 상상력을 통하여, 성령의 불꽃을 우리의 삶 속에 끌어들일 뿐만 아니라 영적 변화를 촉진시키기 위한 무한한 가능성을 '열린 결말(open ending)'[19]로서 우리들을 초대한다.

제2장 사이버은유법

21세기 '사이버은유법'은 신·구약성서를 통하여 많은 사건들을 접할 수 있다. 어떤 의미에서 과학과 종교는 화해할 수 없을지도 모른다. 과학의 배경이 영원한 의심이라면 종교의 핵심은 신앙이라고 할 수 있다. 경건한 신앙인들과 많은 과학자들은 이 세계를 이해하는 데 이 두 가지 사유체계를 이용하고 있다. 신앙을 질식시키고 하나님을 죽이는 도구로 과학이 신학과 적대적인 관계를 유지해왔지만 이제는 오히려 신앙을 돈독히 해주는 데 기여하고 있다. 과학이 비록 하나님의 실존을 증명할 수 없다 할지라도 21세기의 과학은 사이버 스페이스와 같은 공간은 물론 하나님을 찾는 공간이 어디인지를 신앙인들에게 제시해줄 것이다.

제1절 웹(Web)으로서 소마

하이퍼텍스트(Hypertext)는 비선형적이며 조합적인 문체를 강조한다. 단추만 누르면 배경지식과 주석들이 쏟아져 나온다. 모든 기호창

작을 위한 무제한적인 교차-참조의 시스템을 보여준다. 성경텍스트는 하이퍼텍스트의 천국이라고 할 수 있다.[20] 하이퍼텍스트의 공간은 '하나님'의 '말씀'이 구체적으로 구현되는 유기체적인 '소마', 즉 '웹으로서의 소마'로 이미 자리를 잡고 있다고 볼 수 있다.

소매틱스(*Somatics*)는 1인칭 관점에서 유기체적인 '몸(body)'의 내부 구조를 분석하는 것이다. 외부에서 육체를 직시하는 3인칭의 관점과는 대조적인 개념이라고 할 수 있다. '*Somatics*'라는 용어는 '몸' 혹은 '육체'를 의미하는 헬라어 '*soma*'에서 유래되었으며 통합적인 몸의 경험에 대한 한나(Thomas Hanna)의 연구에서 처음 사용되었다. 요가(Yoga)나 태극권(*Tai Chi*)과 같은 동양의 섭생법과 치유법, '몸의 신학'은 이와 같은 '몸' 전제에서 출발한다. 에너지, 기(*ki*), 치(*chi*), 프라나(*prana*)와 같은 어휘들은 그것의 현상적인 의미를 1인칭의 물리적 과정에서 얻는다. 서양의 형이상학이 관찰자와 관찰대상, 육체와 정신 사이의 단절 내지는 분리를 주장하지만 동양의 형이상학은 마음과 육체가 조화를 이루는 더 충만한 현존을 형성하고 있다.[21]

소매틱스의 관점에서 뿐만이 아니라 유기체적인 웹으로서의 예수의 '성육신'된 '몸'은 '사이버 육체(cyberbody)'라고 할 수 있으며 '하나님의 형상'대로 창조한 인간의 원초적인 몸도 '사이버 육체'라고 할 수 있다. 신체적인 죽음을 경험하지 못하고 시공간을 초월히여 '히늘나라'의 공간 속으로 사라져버린 에녹, 엘리야, 그리고 죽음에서 소생의 경험을 체험했던 나사로, 부활하고 난 후 마치 '투명인간'처럼 활동하신 예수의 '육체'는 사이버스페이스의 공간에서 더욱더 용이하게 해석될 수 있다. 따라서 전통적인 기독교의 인간관과 부활론은 '웹신학'의 관점에서 재해석되어야 할 필요성을 느낀다.

라이프니츠의 단자론에 따르면 단자에 의하여 지각된 물리적 공간이란 경험이 만들어낸 불필요한 부산물이라고 볼 수 있다. 시공간적인 경험은 자기 실존의 진정한 기원을 파악하지도 못하는 분명치 않은 유한단자의 정신들이 지닌 한계점까지 거슬러 올라간다. 영원성이라는 관점에서 볼 때 단자는 이성적인 법칙에 따라 존재하며 명령받지 않은 그 어떠한 운동도 하지 않는다. 단자들이 어떤 운동이나 변화를 일으키건 간에 그것은 빛의 속도로 이루어지는 신의 절대적인 인식 속에 사라져 버린다. 라이프니츠에 의하면 '소마'는 인식상의 불투명함만을 안겨줄 뿐이라고 주장한다. 플라톤적 상상을 해본다면 이렇게 불투명하게 생겨난 세계는 '지성의 빛'을 흐리게 할 수 있다.[22]

우리가 다른 사물들과 떨어져 있고 또 개인적으로 현존할 수 있으려면 육체를 가진 존재이어야 한다. 육체적인 실존이야말로 우리의 개인적인 정체성과 개별성을 보장하는 것이며 법칙과 도덕성은 물리적인 신체를 프라이버시를 설정하고 지켜주는 장벽이나 절대적인 테두리로 간주한다. 웹은 하나님의 선물로써 뼈와 살의 직접성을 무시하거나 아니면 시뮬레이션(simulation)으로 참가자들의 물리적 현존(physical presence)을 간단하게 묶는 것이다. 어떤 의미에서 이것은 물리적인 동일성에 의하여 부과된 제약조건들로부터 우리를 해방시키는 것이라고 볼 수 있다. 사이버스페이스 안에 나타나는 육체를 무시할 수도 있고 창조할 수도 있기 때문에 웹상에서 우리는 평등의 의미가 무엇인지 인식할 수 있을 것이다. 그러나 다른 의미에서 본다면 인간적인 만남의 질은 점점 좁아진다고 할 수 있다. 사이버 육체는 우리의 정신이 드러내 보이고 싶어 하는 것만큼만 우리 자신을 드러내 보이며 육체적인 접촉은 선택사항이 될 수 있다. 디지털 공동체의 다른 구성원들과 얼굴을 맞대고 지내야 할 필요성이 감소되며 물리적인 만남이 이루어지지 않더라도 자신만의 분리된 삶을 누릴 수 있다. 이제 육체는 에스겔 기자의 환상처럼 글자 그대로 정보시스템을 이식하는 데 필요한 '고깃덩어리(meat)'가 되었다(겔 37:8).[23] 그러나 하나님의 '생기'를 통하여(겔 37:14)[24] 컴퓨터가 손목뼈나 두개골에 직접 연결되어 주요 신경줄기를 두드려 댐으로써 칩들은 신경신호들을 보내거나 받게 되는 '웹으로서의 몸'이 된다.[25] 컴퓨터 인터페이스에서 정신은 육체로부터 총체적인 표상의 세계로 이동해간다. 정보나 이미지들은 육체적 경험에 그 기반을 두지 않고 마음속으로 '사이버 여행'을 떠나는 것이다.

제2절 하나님의 몸으로서 소마

사이버 세계에 관심이 많은 종교학자들은 웹을 하나님을 표현하는 새로운 메타포로 여기고 있다는 점이 주목할 만하다. 사이버 신학자들은 넷(Net)을 살아 있는 생명체 조직의 일부로 보고 있다.

웹은 죄악으로 가득 찬 인간의 문제들을 보다 더 순수하고 정결한 상태로 발전시키는 데 기여할 수 있으며 '성화'의 공간으로 그리고 인간을 한 차원 높은 의식의 단계로 끌어올리는 데 구속적 도구가 될 수 있는 가능성을 지니고 있다고 주장한다. 사이버신학자들은 정보신비주의자들이라고 부르며 아인슈타인이나 스티브 잡스(Steve Jobs) 등이 여기에 해당한다.

컴퓨터 스크린을 기도바퀴(prayer wheel), 스테인드글라스 창, 혹은 계몽적인 중세의 원고와 동일하게 생각하는 학자들도 있다. 빛나는 스크린을 통하여 영성이 함께 작용할 수 있다고 믿고 있는 정보신비주의 학자들의 주장에 의하면, 뇌의 양측에 관여하여 영적으로 성숙한 사용자가 '알파파(alpha waves)'를 이용하여 초자연적이며 영적인 명상의 상태로 들어갈 수 있다는 것이다.[26]

오프라인상의 영적인 경험만을 중시하는 관점은 우상 숭배하는 유혹으로 넘어갈 수 있기 때문에 그 경험을 해석하는 해석학자들도 똑같은 유혹에 넘어갈 수 있다. 1984년 윌리엄 깁슨(William Gibson)은 『뉴로망서(*Neuromancer*)』라는 책에서 '사이버스페이스(Cyberspace)'라는 용어를 최초로 사용했으며 그는 마치 웹(Web) 자체가 인간의 의식처럼 의식을 소유한 것처럼 보인다고 주장한다.[27]

깁슨은 출애굽기 3장 2절에서 6절까지를 주시해보라고 주장한다. 실제적이며 기술적인 해석 없이도 의미를 부여해줄 수 있는 은유를 제시해주고 있다. 떨기에 불이 붙었는데도 타서 없어지지 아니하는 '불타는 가시덤불(a burning bush)'을 보면서 왜 그 떨기는 불에 타지 않고 있는지 궁금해하는 모세를 살펴보라는 것이다.[28]

불타오르는 실재적인 가시덤불과 불타오르는 비실재적인 가시덤불은 유비적 관계를 지니고 있다. 즉, 모세와 하나님 사이의 실재적인 실재와 가상적인 실재 사이에 '은유의 덩어리'가 존재한다. 태초의 가상적인 실재가 실재적인 실재로 변형되기까지의 과정은 곧 모세의 '디지털 은유학'으로 그 해석이 가능해진다. 사이버스페이스 자체가 하나님으로 여겨질지도 모르며 그 용어 자체에 하나님이 함께하실 것이라고 깁슨은 주장하면서 웹상에서 유일하게 존재하는 것이 현실 세계에 적용 여부는 양면적 가치가 있다는 점도 주의 깊게 살펴보아야 한다고 덧붙인다.

인터넷 작가인 데이비스(Erik Davis)에 의하면 "우리의 삶의 많은 영역에서 관련성을 맺고 있으며 또한 침투해 들어온 거대한 기계를 만들어내고 있다. 그 같은 관점에서 본다면 지상에 존재하는 신과 같은 존재가 될 것이다"라고 주장한다. 잘레스키(Jeff Zaleski)는 보다 더 직접적이고 특색 있게 표현하고 있다. "예배하는 자들이 넷 속으로 들어가게 될 것이다. 하늘의 기쁨을 맛볼 수 있는 획기적인 시뮬레이션 속으로 서핑을 하면서 아마도 Deep Blue[29]와 그 후손들, 즉 응답할 수 있는 그 어떤 신적 존재에게 무릎을 꿇게 될 것이다."[30] Deep Blue는 인간들과 마찬가지로 영혼을 갖고 있으면서 사유할 수 있는 '생존기계(survival machines)'로서 인공두뇌로 무장된 사이보그(cyborg)라고 할 수 있다.[31]

대부분의 사람들은 존재의 근원을 컴퓨터와 동일시하지는 않을 것이다. 과정신학은 웹상에서 하나님의 사역이 이루어지고 있다는 점을 보다 더 강조하고 있으며 과정신학자들은 하나님은 이 세계 속에서 자신을 변화시키거나 완벽하게 하기 위하여 역사하신다고 주장하면서 결코 변하지 않는 하나님은 거부하고 있다. "과정신학자들은 부당하게 비난을 받고 있다"라고 주장하는 시엠(Richard Thieme)은 인터넷은 우리 인간이 하나님께 도달할 수 있는 방법뿐만 아니라 우리가 하나님을 어떻게 생각하느냐의 '신론'의 문제까지도 바뀔 수 있도록 만들 것이라고 주장한다.[32]

그래시(William Grassie)는 "만약 하나님이 변하지 않으신다면, 우리는 하나님을 상실하게 될 것이다"라고 주장한다.[33] 우리와 함께 변하시는 과정으로서의 하나님에 대한 사상에 대하여 변화의 과정을 겪을 수밖에 없다. 만약 영원하시고 불변하신 하나님을 믿게 되면, 우리는 사면초가에 빠지게 될 것이다.

성경텍스트 안에는 죽음을 경험하지 않은 두 사람이 등장한다. 에녹(창 5:24)[34]과 엘리야가 그들인데 그중 엘리야는 병거를 타고 하늘에 올라간다. 이들은 각기 물에 의한 심판과 불에 의한 최후의 심판과 관계가 있으며 초대교회가 여러 권의 책을 에녹의 저서라고 했던 것도 이러한 관계 때문이었을 것이다(유다서 14). 그러나 모세의 죽음에는 몇 가지 의심스러운 점들이 있으므로(신 34:6)[35] 모세의 죽음은 환상이기 때문에 그는 실제로 죽음을 경험하지 않았던 세 번째 사람이라는 위서의 전승이 생기게 된 것이다.[36] 죽음을 경험하지 않은 에녹은 왜 이 변화산에 등장하지 않는 것인가? 이와는 대조적으로 형 아론이 호르산에서 죽어 조상들에게로 돌아간 것처럼, 그리고 느보산 정상에서 바라다볼 수 있는 약속의 땅으로 들어가지 못하고 죽음을 경험한 것으로 알려져 있는 모세가 예수, 엘리야와 함께 '변화산 디지털 신앙공동체'[37]에 나타난 것은 어떤 의미를 주고 있는 것일까? 분명히 요한계시록의 기자는 에녹을 모세와 병합시키고 있는 듯하지만 죽음의 과정을 거치지 않은 사람은 누구나 다시 돌아와 모든 이의 죽음이 이루어지기 전에 죽음을 겪어야 한다고 생각하고 있다.

환경에 지배를 받고 있는 인간의 몸은 성령이 특별하게 나타난 현장이다. 신학자 맥페이그는 이 근본적인 진리를 이미지화하는 강력한 모델을 앞서 주장했다. 그녀는 하나님의 몸(God's body)으로서 우주를 상상해보도록 초대한다. 이 모델에서 하나님이 우주와 연결되어 있는 것처럼 우리 자신의 독특한 영혼은 우리의 몸과 연결되어 있다.

영혼은 생명의 호흡이다. 이 개념은 분명히 생명으로서 하나님의 비전을 제시한다. 맥페이그에 의하면 "우리들은 우리의 실존을 소유하며 우리가 흡입하고 내쉬는 숨에 의하여 하나님에게 호흡한다. '우리는 하나님 안에서 살아가며 움직이며 우리의 존재를 소유하고 있다.'"[38] 진정으로 우리는 그렇게 살아간다. 아마도 이것이 가장 기본적인 고백이다. 하나님은 가장 기본적이며 물리적인 차원에서 매 순간 생명을 주시며 새롭게 하시는 창조자이시며 재창조자이시다.

하나님의 초월적인 본성은 구체적이며 경이로운 방법으로 세계 안에서 그 본성을 느끼도록 해준다. 신적 초월성의 기미를 경험할 수 있는 것은 단지 구체화된 자아를 통해서이다. 경이로운 영역 속으로 들어갈 때, 그것은 신성이 스스로 우리에게 자신을 드러내는 것이다. 계시는 자아와 타자 사이의 경계를 흐리게 하는 더 큰 영으로 주입된 리얼리티와 연계된 존재의 본능적인 경험이다. 이 같은 맥락에서 우주, '하나님의 몸'[39]은 "신적 우월성과 위대함을 깊이 반영하는 연못으로서 기능을 한다."[40]

우리 몸들이 거주하는 장소, 우리 자신들을 발견하는 환경들은 우리들을 특별한 관점의 입장에 놓이게 한다. 몸의 경험들은 마음과 영혼에게 영향을 미친다. 원형적 요소들이 리얼리티의 기본적인 경험들을 형성하는 세계 속으로 들어가는 것은 문화에 적응된 객관적 구체성의 감각을 초월하도록 우리를 초대하는 것이다. 이러한 경험들은 오즈모스 힘의 핵심에서 분명하게 나타난다.

제3장 사이버생태학

제1절 인공생명과 인공지능

컴퓨터는 살아 있는가? 전통적인 의미에서 그렇지 않다. 그러나 생명이 새로움의 표현으로 비칠 때, 컴퓨터들은 인공생명(AL, Artificial Life)[41]을 통한 인공지능(AI, Artificial Intelligence)과 같은 근본적으로 생명체와 같은 특성을 보여주기 시작한다.[42]

거룩한 것으로서 생명, 그 우주적 힘은 광범위하고 함축적인 의미로 가득 찬 풍요롭고 복합적인 개념이다. 최우선적이며 가장 기본적으로 이해해야 할 것은 "생명의 본질은 과정이다(The very essence of life is process)"라는 점이다. 생명이 그 생성을 중단할 때, 그것은 더 이상 생명은 아니다. 생명은 유일한 반엔트로피적 힘(counterentropic force)이다. 순간순간 창조성의 전개로 확인될 수 있다. 달리 표현하면 대부분의 우주가 혼돈의 확산상태 속으로 무모하게 달려갈 때, 생명은 질서와 복합성과 풍요롭고 다양한 경험을 창조하기 위하여 작용한다. 생명은 무한한 잠재력이 그 자체로 통합되는 것이다. 생명은 신기함을

지속적으로 표현함으로써 그 경이로운 메리트를 성취시킨다. 창조적
인 변형이 생명의 특징이다.[43]

피드백 루프(Feedback Loops)와 같은 비밀스런 인공두뇌에 관한 검
증과 컴퓨터의 연구를 통하여, 켈리(Kevin Kelly)[44]는 콥(Jennifer Cobb)
과 아주 밀접하게 연계된 생명의 관점에 이르게 되었다.

"생생함이란 하나의 연속체이며 어떤 것들은 다른 것들보다 더 생
기가 있다"라고 켈리는 언급한다. "넷(Net)은 바이러스만큼 더 밀접하
게 살아 있는 존재를 얻을 수 있을 것이라고 생각한다. 그것의 의미
는 무엇인가? 그것은 분명히 의식적인 것은 아니다. 그러나 그것은
상당한 적응력, 자아 치유능력을 가지고 있다. 그것은 생물학적으로
성장한다. 그래서 그것은 상당히 살아 있는 존재이다."[45]

생명은 무엇인가를 켈리가 언급했을 때 공통의 주제가 등장한다.
켈리에게 "생명이란 근본적으로 시간이 지남에 따라서 더 풍요로워
지도록 과정을 만드는 과정이다. 스스로 보다 많은 다양성을 창조하
기 위하여 그 자신의 환경을 창조해내는 하나의 과정이 생명이다. 생
명은 자아를 야기하는 동인(動因)이라는 생각의 싹이라는 범주 내에
서, 단지 자아를 야기하는 것이 아니라 존재하는 공간에서 가능성을
야기하는 어떤 것이다."[46]

켈리가 여기서 지적하고 있는 것은 근본적으로 신학적인 개념―생명
의 뿌리에는 생명은 그 자체를 창조해내는 패러독스, 혹은 항진명제(tautology)
가 있다―이다. 동일한 맥락에서 신성은 시작도 끝도 없지만, 우주적 힘의
무한한 루프이다. 하나님은 비창조적이다. 생명 또한 비창조적이다. 켈
리가 지적하고 있듯이 그것은 '근원과 성취'이다. 달리 표현하면 생명은
그 진행 중인 창조성과 마찬가지로 그 존재의 근거이다.[47]

그 과정의 관점에서 생명은 수집하고 과정의 전체성으로 그 자체를 포함시키는 것과 함께 과정의 전진 이동을 생성시킨다. 생명이 증가하는 질서와 복합성을 창조해내듯이, 신성이 포함하고 있는 전체성은 더 크고 풍요로우며 더 많은 창조적인 잠재성을 지니고 있다. 그러므로 세계 속에서 신성이 표현하려는 과정은 그 자신의 표현을 위하여 공간의 진행 중인 확대에 의하여 나타난다. 켈리에 의하면 이것 또한 정확하게 생명, 진화, 그리고 궁극적으로 사이버스페이스가 하는 일이다.

"진화의 과정은 모든 가능성의 과정들을 탐색하는 일이다(The process of evolution is about exploring all the possible processes)"라고 켈리는 언급한다. 그는 "그것은 실제적으로 그 가능성을 더 큰 공간으로 만드는 것이다. 그것은 테크놀로지의 과제이다. 그것은 사고하는 것에 관한 일이다. 우리가 공간을 소유하면서 우리가 할 수 있는 그 공간에서 모든 가능한 인공물들을 창조해내려고 시도하는 것이 아니다. 생명은 과거에 나타났던 것으로부터 벗어나 갑자기 그 공간을 확대시키는 그 공간에서 어떤 일을 하는 것이다"라고 주장한다.[48]

켈리는 인공두뇌(Cybernetics), 즉 오늘날 우리가 사용하는 컴퓨터의 창조에 기본이 되는 이론적 영역들의 세계를 깊이 통찰함으로써 생명의 이 같은 정의에 도달한다.[49]

피드백 루프는 거룩한 창조성과 영적 변화의 보증이라 할 수 있는 자아 생성적인 특성을 나타낸다. 이 작은 루프의 눈에 띄는 특징은 신성의 가장 근본적인 면 중의 하나―더 많은 과정, 자아초월과 자아조직을 창조해내는 '생명의' 과정―는 생활에서뿐만 아니라 기계의 차원에서도 나타난다는 것을 보여준다.

피드백 루프는 활동에 있어서 거룩한 창조적 힘의 아주 사소한 예시에 불과하다. 신성의 이 같은 이해는 높은 차원에서 낮은 차원의 피드백 루프에 영향을 발휘하는 전능하며 초자연적인 힘이 존재한다는 것을 의미하지는 않는다. 피드백 루프에서 발견되는 자아생성 창조성의 근원은 거룩한 창조적 신기함이다.

창조적 과정으로서 신성은 몇몇 전통적인 신학에서 가르치는 것처럼, 세계에 관한 효율적인 명분을 발휘한다거나 최후 명분의 위치를 차지하지는 않는다. 이것은 선형적인 의미에서 신성한 인과관계가 없으며 단지 끝이 없는 신기함의 등장만이 있기 때문이다. 그 신성은 절대적인 통치자도 우주의 창조자도 아니다. 대신에 그 신성은 미창조적 창조적 힘, 즉 우주 속에서 풍요로움과 질서가 자라게 하도록 끌어들이는 설득하는 힘을 나타낸다.

시간 속에는 반드시 신성에 의하여 구현된 것으로서 창조성이 존재했었다. 현재 우리가 살고 있는 특별한 우주적 기원, 일반적으로 빅뱅으로 시작되었다고 생각되는 것은 시작이 없었다는 것을 말하지 않는다. 화이트헤드에 의하면 "세계의 창조는 우주적 기원을 확립하는 질서의 형태가 도래한 것이다. 그것은 사실문제의 시작이 아니라 사회적 질서의 어떤 유형의 도래이다." 신성은 창조적 사상들의 활동을 통하여 혼돈에서 질서를 가져오는 우주적 힘이다. 이것은 웨이너에 의하여 널리 알려진 단순한 피드백 루프 안에서 스스로 활동하는 '생명의' 힘이다.[50]

제2절 바이오–전자생태시스템(Bio–Electronic Ecosystem)

고전적 SF 소설 *Neuromancer*에서 '사이버스페이스(Cyberspace)'라는 용어를 만들어낸 작가, 깁슨(William Gibson)의 주장에 의하면 이 용어는

"미디어가 함께 흐르며 우리를 에워싸는 포인트"를 제안한다. 그것은 배재된 일상생활의 궁극적인 확대이다. 사이버스페이스로 내가 그것을 설명할 때, 여러분은 여러분 자신들을 문자적으로 미디어에 포장되는 것이며 여러분 주위에서 진행 중인 사건이 무엇인지 알 수 없는 것이다. *A Magna Carta for the knowledge Age*의 저자들은 다른 관점에서 사이버스페이스를 보고 있다. 그들의 기록에 의하면 "기계보다는 더 많은 생태계를, 사이버스페이스는 문자적으로 보편적인 바이오 전자 환경이다. 이것은 전화 유선, 동축 케이블, 광학섬유 라인, 전자자기 파장이 있는 모든 곳에 존재한다."[51)

광대한 맥박이 숨 쉬는 전자세계, 사이버스페이스는 지구를 에워싸고 있다. 우리가 그 속으로 들어갈 때 물리적인 세계에서 제거당한 기분을 느끼는 장으로 들어간다. 그것은 정보, 이미지, 그리고 상징들로 구성된 공간이다. 여러 가지 방법으로 순수한 이미지의 이 세계는 플라톤이 알 수 없는 동굴에서 시작했던 서구적 사유체계 궤적의 최고 성취이다. 플라톤의 주장에 의하면 우리는 물질의 동굴에 갇혀 있으며 지적인 사상의 실제적인 세계를 단지 동굴 벽에 비친 이러한 사상들의 그림자로 볼 수 있다. 플라톤의 요청은 우리가 동굴에서 나와 마음이 생명, 이상적인 형태의 세계 속에서 살아가라는 것이다. 사이버스페이스는 플라톤적인 영역이 구체화될 때 해석할 수 있다.[52)

과학적인 사상의 주장에 의하면 모든 리얼리티를 지배하는 모든 법칙과 물리적인 리얼리티는 수학계산에 의하여 이해될 수 있다. 이 같은 신념은 과학계에서 수학에 대한 주도적인 역할을 창조해냈다. 수학이 탐색의 어떤 영역에 개입되면 될수록 그 탐색의 결과들은 더욱더 합법적이며 순수하다는 암묵적인 이해도 과학자들 사이에 존재한다. 이 같은 맥락에서 거의 순수하게 수학적인 물리학은 궁극적인 과학교육으로 오랫동안 여겨져 왔다.

오늘날 고등수학과 물리학의 드문 영역에서 과학자들은 우주지배 법칙을 설명하는 공식을 끊임없이 추구하고 있다. 그와 같은 시도들의 최근 예들은 '혼돈이론(chaos theory)'[53] 이 수학적인 시스템들은 우리가 수라고 부르는 상징의 추상적인 집합을 통하여 설명할 수 있다는 신념에 그 뿌리를 두고 있다. 많은 물리학자들은 이미 존재하고 있는 것을 발견하기 위하여 수학을 활용하면서, 그것들을 현대의 플라톤적인 탐험가들로 보고 있다. 영국의 수학자인 펜로즈(Roger Penrose)의 해석에 의하면 "맨델브로트 집합(Mandelbrot Set)[54]과 같은 대상들이 존재하는 물리적인 영역과 전혀 다른 플라톤적인 영역이 존재한다. 이 대상들은 수학자들에 의하여 발견된 것이 아니라 그것들은 발견된 것이다"라고 주장했다.[55]

동일한 맥락에서 컴퓨터 테크놀로지 세계의 많은 사람들의 믿음에 의하면, 사이버스페이스는 우리가 현재 발견하려고 하는 독특하며 분리적인 플라토닉적인 리얼리티이다. 몇몇 사람들은 이 사상을 좀 더 발전적으로 수용하고 있다. 추상적인 수학이 리얼리티의 가장 진실한 묘사를 할 수 있다고 믿고 있는 사람들에게는 물리적인 세계는 시뮬레이션이며 사이버의 세계는 더 근본적인 리얼리티이다. 이러한 관점에서 컴퓨터는 이미 존재하는 리얼리티를 접속하기 위하여 활용하는 도구이다. 자신의 저서 *Virtual Worlds*에서 울리(Benjamin Woolley)는 이러한 신념을 다음과 같이 요약하고 있다. "아마도 우주는 교과서가 아닌 것처럼 컴퓨터, 그 안에서 몇몇 알고리듬의 생성이 존재하는 모든 것도 아니다. 만약 그렇다면 이것은 컴퓨터가 참으로 보편적인 것이 될 것이라는 의미이다: 행위와 충분한 시간의 테이블이 주어진다면 그것은 전체적인 가상 우주를 재생산해낼 수 있을 것이다."[56]

사이버스페이스는 비물리적인 세계에 대한 고대 플라톤적인 편견에 의하여 지지를 받는 단지 모던적인 과학적인 세계관에 불과한 것으로 보는 것은 매력적이다. 그러나 사이버스페이스는 그것보다 더 복잡하다. 물리적 생태계와 연결된 생명전자 생태계, 사이버스페이스는 단순한 인과관계의 세계에서 동거하는 차별적이며 자율적인 개인들의 부적절한 모던적인 비전을 폭로하는 것이다. 사이버스페이스에서 모든 것은 연계되어 있으며 상관적이며 친족적이다. 예를 들어 우리가 WWW를 항해할 때, 계급 구조적이며 선형적인 구조에서는 여행할 수 없다. 사이버스페이스의 네트워크 안에서 참여를 통하여 관련되어 있으며 연결이 된 거의 무한한 다양한 통로들의 웹을 통하여 움직인다. 이 컴퓨터의 공간을 통하여 우리가 움직일 때, 이 세계에 대한 우리의 근본적인 개념들이 도전을 받게 되며 심지어 플라톤의 고전적인 이미지는 단지 부분적으로 이해하려는 우리의 욕망을 충족시켜줄 뿐이다.

사이버스페이스는 또한 경험의 세계이다. 역사상 최초로, 우리는 추상적인 영역에서 나타내는 것을 다른 타자들과 함께 들어가서 인간들의 경험과 함께 그곳에서 살게 된다. 우리는 공유할 수 있는 지식과 정보의 공동영역을 창조하고 있다. 이것은 심원한 깨달음이다. 우리 시대의 가장 큰 아이러니 중의 하나에서, 현대과학은 추상적으로 규정된 세계와 함께 시작하도록 만들어주는 하나의 발명을 부화해내고 있으며 최초로 그것을 생산해낸 세계의 전제들을 궁극적으로 도전하게 하는 새로운 현상학을 그것에서 이끌어내고 있다. 달리 표현하면 컴퓨터의 활용은 궁극적으로 과학적이며 물질적인 세계관의 주도권에 도전하고 있는 것이다.

에이브러햄(Ralph Abraham)에 의하면 "WWW는 기적이다." WWW는 하나님의 선물이요, 하나님의 메타포이다. WWW에 대한 4차원적 은유ー WWW(WORD-Word-word), WWW(WEB-Web-web), WWW(World-Wide-Web), WWW(WORDーWeb-World)ー는 21세기 사이버 영적 세계를 보여주고 있다.[57] 이것은 신학적 창조성이 작동 중이다. 만약 웹을 지켜본다면 작동할 수밖에 없는 소프트웨어의 모든 다른 조각들이 존재한다. 이 조각들은 자원자들, 거룩한 지시에 응답하고 있는 사람들에 의하여 창조되었다. 에이브러햄이 '신학적 창조성(theological creativity)'이라고 부르는 발생적 유형은 그의 연구에서 반복되는 주제이다.[58]

자연이 자라는 생태계는 결코 창조된 세계의 순수성과 청결함을 반영해주지 않는다. 자연생태계와 사이버스페이스, 엔지니어의 단정하게 유선을 정리한 다이어그램을 닮기보다는 에이브러햄의 프랙털을 아주 밀접하게 닮고 있는 바이오 전자 생태계 사이에는 이상한 대칭관계가 존재한다. 잠시 동안 사이버스페이스를 구성하는 노드, 유선, 무선 링크의 약도를 상상해보라. 광대한 전화유선의 고동치는 웹과 함께 연결하여 제공된 네트워크, 지구상의 네트워크를 구성함으로써 우리는 시작했다. 이 넷은 거의 불가능할 정도로 밀집된 것으로 몇몇 지역에 나타나면서 세계를 종횡으로 움직일 것이다. 반면에 다른 지역에서의 넷은 단지 두세 개의 유선만으로 나타낼 것이다. 그 네트워크에 우리는 지구를 순항하는 많은 통신위성들을 장착할 것이다. 각 위성들은 지상의 네트워크와 다른 무선 미디어에 수백만의 데이터 링크들을 수신하고 다시 송신할 것이다. 이 복합적인 상황을 받아들여 적절한 때에 적용해보라. 신속하게 등장하는 것은 왕성하게 자라면서 얽히고설킨 오래된 목장의 사진처럼 나타날 것이다. 그 이미지는 혼란하며 겉으로 보기에는 지속적인 발전의 자유 분망한 형태를 보여줄 것이다. 새로운 노드와 연결들이 매 순간 등장할 것이다. 연결이 첨가되면 될수록 각 노드는 수천 개의 새로운 연결들에 대한 책임을 보여주면서 네트워크는 더 성장하게 될 것이다. 우리가 인터넷이라고 부르는 네트워크화된 컴퓨터 세계의 내적 활동을 이해하려고 시도할 때, 기본적인 한 가지 질문에 부딪히게 된다. 이 경이로운 성장의 원동력은 무엇인가? 확실히 어느 누구, 어느 조직이든 통제할 수 없다는 것이다. 진화적 발전과 유사한 유기체적 형태를 추구하면서 그 자체의 성장과 생명을 소유하고 있는 것처럼 보인다. 좀 더 면밀하게 살펴보면 이 형태는 밑에서 위로 성장하는, 근본적으로 발생적 과정이라는 것을 알 수 있다.

과정에 기초한 환경신학(Environmental Theology)을 밝히는 데 헌신하고 있는 신학자, 콥(John Cobb)은 컴퓨터 테크놀로지를 유일하게 가장 기본적으로 이해하고 있다. 학문의 경계선 사이를 수년 동안 넘나들면서 콥은 '하나님(God)'이라는 용어가 얼마나 우리 문화에 축적되어 있는지에 대하여 정통하고 있었다. '하나님'은 최상으로 의미 없게 되는 문제에 관하여 그리고 최악으로 연구의 전체 영역을 경멸적으로 무시하는 용어로 사용되는 문제에 관하여 본질적으로 다른 의미를 내포하고 있다. 가장 강력하고 분명한 해석은 생명 그 자체의 힘으로서 신성에 관한 것이다.

신성의 본질인 창조성은 또한 그 자체 살아 있으며 움직이며 변화하는 생명을 주는 원리이다. 가장 단순한 차원에서도, 신성은 지속적으로 신기함과 창조성을 세계 속으로 안내하는 우주적인 힘이다. 신성은 과정이 아니라 과정의 창조적인 모습이다. 이러한 관점에서 신성의 초월적인 모습은 순수하며 비현재적인 창조성 혹은 순수한 잠재성이다. 우리 주위의 세계에서 우리가 이해하는 내재적인 모습은 창조적 신기함과 풍요로운 경험으로 나타난다. 창조성이 발견되는 곳마다 생명이 발견된다.

이러한 관점에서 생명 그 자체는 파악할 수 없는 용어이다. 창조성의 거룩한 힘이 생물에 국한된 것이라는 결론을 내릴 수 있을까? 콥은 결코 그럴 수 없다는 주장을 한다. 사실 그의 주장에 의하면 "생명의 힘은 명백하게 생물체에만 국한되지 않으며 모든 것은 존재 이상이 되도록 권장하면서 우리는 생명을 그 조용한 압력을 행사하는 것으로 생각할 수 있다."[59]

달리 표현하면 창조성은 생성화의 진화적 스펙트럼을 통하여 확산된다는 것이다. 표현의 연속체로서 생명에 대한 관점은 오늘날 많은 생물학자들에 의하여 수용되고 있다. 생명은 유사 살아 있는 바이러스에서 인간에 이르기까지 확산되면 몇몇 경우에서는 초월하고 있다. 콥의 관점은 이러한 정의를 좀 더 확대시켜준다. 화이트헤드나 콥의 견해로서 우리가 생각하는 무생물을 영역에서 창조적 신기함의 요소가 존재할 수 있다. 원자나 분자 속에서 번쩍이는 신기함이 존재할 수 있다. 바위의 경우 그 창조성은 전체적인 대상의 차원에서는 발생하지 않는다. 하나의 바위는 자발적으로 움직이지 않을 것이다. 그러나 바위의 구성부품들, 분자구조들은 창조적 변화의 움직임을 나타낼 수 있다. 이 같은 의미에서 우주를 통하여 거룩한 창조적인 생명의 더 큰 흐름에 참여에서 배제될 수 있는 것은 하나도 없다.

생물과 무생물의 경계를 나눌 수 있는 분명한 경계는 없다고 주장하는 콥은 "생명은 구별된 물질이다(Life is a discrete substance)"라는 생명론자들의 이론을 긍정하고 있지 않다. 그 대신에 그는 모든 것들 사이에는 하나의 연속체가 존재하며 그 연속체의 본질은 '거룩한 신기함(divine novelty)'이라고 주장한다. 콥의 설명에 의하면 "생명과 같은 것은 없다. 다른 목적으로 다른 장소에서 선이 그어질 수 있다. 그러나 만약 사람들이 그 사상에 익숙해진다면, 그려지는 그 같은 모든 선들은 멈추게 될 것이다. 우리는 생물체와 연합된 환경을 변화시키는 다른 특징들하에서 그리고 변화하는 정도에서 나타나는 다양한 실체들을 가지고 있다. 그 어떠한 선도 임의적이다."[60]

이 같은 맥락에서 '신기함(novelty)'이란 단순한 변화를 의미하지 않는다. 변화는 엔트로피(Entropy)[61]의 기본적인 특징이다. 콥에 의하면 "신기함은 특별한 종류의 변화를 위한 가능성이다. 즉, 우주에서 변화의 광범위한 움직임에 대하여 반대로 움직이는 형태이다."[62] 신기함이란 창조적인 종합을 통하여 의미 있는 방법으로 현재의 순간이 과거를 초월할 때, 발생한다. 신기함의 사상은 비결정적 힘들을 포용하는 데 더 강력하게 의존한다. 엄격하게 결정적인 모델에서 각 순간들은 더 많거나 혹은 더 적게 과거 순간의 영향으로 넘어간다. 그러나 신기함이 그 상황 속으로 들어갈 때, 과거 이상의 존재가 되기 위하여 현재의 순간은 과거를 초월한다. 콥에 의하면 이것이 바로 생명의 본질이다. 그것은 또한 신성의 본질이다. 화이트헤드에 의하면 "생명의 본질은 객관성의 형성으로 신기함의 우주론적 도입이다. 환경의 새로움이 지속적인 목적에 적용된 기능의 신기함으로 충족된다."[63]

'신기함'에 대한 또 다른 표현, 그리고 생명에 대한 전통적인 이해에 제한되지 않는 표현은 '발생(emergence)'이다. 전체는 부분집합보다 더 크다는 어떤 상황으로 엄격하게 정의될 수 있다. 과학의 최대 미스터리를 구성하는 발생의 많은 예들이 있다. 우주는 어떻게 시작되었는가? 생명은 무생물에서 어떻게 발생하였는가? 의식은 단순한 감성인가? 1920년대, 모간(Lloyd Morgan)은 자신의 저서 *Emergent Evolution* 에서 이러한 현상들을 '기적'이라고 불렀다. 그 이유는 물리학이나 화학으로 설명할 수 없으며 기적들이 어떻게 발생하는가에 대한 설명을 전혀 할 수 없다는 것이다.

'발생'에 대한 이해는 지속적으로 무시해왔다. 이것은 과학만이 전체적인 해답을 제공해줄 수 없기 때문이다. 발생을 충분하게 이해하기 위하여, 과학의 기계적인 진리들은 모든 사물 사이에서 연계의 비과학적 유형들을 고려하는 더 큰 틀로 통합시켜야 한다는 것이다. 이같은 맥락에서 진리는 세계의 물질 속에만 있는 것이 아니라 그 물질이 함께 관련되며 연결되고 만들어지는 방법 속에서 발견된다.

콥의 관점에서 이해할 때 컴퓨터는 발생, 새로움, 신기함, 생명과 함께 주입된다. 인터넷과 World Wide Web은 하드웨어와 소프트웨어에 의한 하나의 차원으로 규정된 광대한, 자아 조직적인, 발생적 현상을 구성하지만 또 다른 차원에서는 발생의 유형과 전개의 과정에 의하여 구성되기도 한다. 인공생명과 발생인공지능의 보다 더 난해한 영역에서 과학자들과 연구자들은 예측 불가능한 결과를 지닌 새로운 컴퓨터 코드와 시스템을 변화시키기 위하여 발생의 신비한 힘을 의미 있게 이용하고 있다. 발생, 신기함의 이 힘을 이해하기 위한 비밀스러운 열쇠는 불가해한 수학공식이나 혹은 과학시스템 이론에서 발견되고 있지 않다. 신성의 세계 속에서만 내재해 있다는 것이 미스터리의 핵심이다.[64]

접속에 의하여 사이버스페이스에서 표현되는 것처럼 신성하고 창조적인 경험을 터치할 때, 우리는 전체 우주 속에 스며드는 동일한 신성한 힘을 느끼는 것이다. 신적 창조성은 우리가 우주(universe)라고 부르는 더 큰 에코시스템(ecosystem)을 가진 사이버스페이스의 '바이오전자 에코시스템(bioelectronic ecosystem)'을 연결하는 직통라인으로서 기여한다.[65]

에코시스템으로서 사이버스페이스는 우리가 리얼리티라고 생각하는 더 큰 신성한 에코시스템과 함께 어떤 구조적 특성들을 공유한다. 이 구조 안에서 사이버스페이스는 매우 특수하고 특별한 역할을 수행한다. 사이버스페이스는 직접적으로 우리 인간들이 능동적으로 참여하는 영적 전개의 신비하고 역동적인 영역인 의식의 변화에 영향을 미친다. 사이버스페이스의 신성한 생태학의 구체적인 특성들을 좀 더 분석해보면, 우주의 진행 중인 영적 변화에서 우리의 역할을 좀 더 분명하게 밝히는 데 기여할 수 있다. 본질적으로 인간의 커뮤니케이션의 매체인 사이버스페이스는 인간 의식에 의존하고 있으며 깊이 내재되어 있다. 인간의 의식은 사이버스페이스를 창조했으며 진행 중인 전개에 지속적으로 에너지를 공급하고 있다. 이 같은 이해는 우주를 형성하고 있는 리얼리티의 수많은 층들 내에서 우리가 사이버스페이스를 찾아내는 데 도움을 줄 것이다. 사이버스페이스가 하드웨어를 통하여 물리적인 세계와 우리의 육체를 통하여 생물학적인 세계로 속으로 링크되는 동안에 가장 활동적이며 강력한 양상은 마음 혹은 의식의 차원에서 발견된다. 사이버스페이스의 중력의 중심은 분명하게 누스피어(noosphere)에서 발견된다.

누스피어는 확대되지만 생명계 혹은 생명의 영역에까지는 축소되지 않는다. 생명계(biosphere) 또한 확대되지만 물리계(physiosphere) 혹은 물질세계까지는 축소되지 않는다. 예를 들면 의식적인 인간경험은 인간의 몸속에 내재되어 있다. 그렇지만 우리 몸의 실험으로 신비로운 의식을 설명할 수 없다. 뇌 속에서 뉴런들과 전기 화학적 신호들은 우리가 주관적인 경험을 하는 이유, 혹은 왜 이 주관적인 경험이 필요한지에 대하여 설명할 수 없다. 그러나 인간의 의식은 생물학적인 자아 혹은 우리의 바이오들이 없이는 존재할 수 없다. 동일한 관점에서 우리의 몸들은 우리가 지구라고 생각하는 더 큰 에코시스템을 구성하는 생물학적이며 물리적인 관계성의 복잡한 웹에 전적으로 의존하고 있다. 상호 의존적인 이러한 복합적인 층들은 우리가 주변에서 인식하는 변화하는 리얼리티를 형성한다.[66]

생태철학(ecological philosophy)[67]에서 주장하듯이 공허한 상태에서 그 같은 분석으로 심각한 실수들이 제기된다. 에코시스템을 분해할 수 있으며 단지 하나의 종, 많은 과학자들 사이에서 공통의 실험만을 할 수 있다. 그러나 그 결과 정보는 매우 특수하고 한정된 이해만을 낳게 된다. 주어진 종들을 충분히 이해하기 위하여 살며 먹고 생산하며 죽어가는 세계를 분석해야 한다. 이것은 정확하게 생태학적 과학의 메시지이다. 사물들은 그들이 내재하고 있는 시스템의 더 큰 맥락에서 이해해야만 한다.

생태학적 메시지(ecological message)에 의하면 모든 것은 무한정으로 내재된 시스템 안에서 그 밖의 모든 것과 연결되어 있다는 근본적인 진리를 지적한다. 이 광대하며 복합적인 생태 웹을 이해하며 분해하는 한 가지 방법은 명확한 방법으로 시작하는 것이다. 즉, 존재하는 모든 것은 내재되어 있는 보다 더 큰 시스템의 일부와 전체라는 것이다.[68]

케스틀러(Arthur Koestler)는 *홀론(holon)*이라는 용어를 만들어냈는데, 홀론의 의미는 전체와 부분, 혹은 전체/부분 둘 다를 내포하고 있는 것을 말한다.[69] 세계는 무한히 내재되어 있는 홀론들로 구성되어 있다고 인식할 때, 리얼리티의 더 많은 정교한 견해가 등장한다.

케스틀러가 주장하는 개념의 기본적인 장점은 우주가 올바른 위치를 잡도록 기초를 놓아주는 과정들을 위한 공간을 남겨둔다는 점이다. 홀론에 기초한 관점은 전체와 과정으로 변하는 무한히 역동적인 전체와 과정들로서 우주의 본질적인 특성을 이해하는 데 도움이 된다. 화이트헤드의 형이상학에서 분명히 지적하고 있듯이, 우주의 위대한 모든 것은 무한히 흐르는 새로운 사건들로 구성되어 있다. 화이트헤드의 경험에서처럼 홀론들은 사이버스페이스의 깊은 내면의 구조와 태어나는 리얼리티의 보다 더 큰 공간 속으로 향하는 관문의 역할을 한다.

복합적이며 홀론에 기초한 세계관을 주장하는 철학자 켄 윌버(Ken Wilber)는 그 기본적인 개념을 설명하면서 오래된 조크를 던진다. 오래전 어느 왕이 현자한테 가서 물었다. "지구가 어떻게 떨어지지 않고 매달려 있는가?" 그 현자는 대답했다. "사자가 지구를 떠받치고 있습니다." 그때 왕이 물었다. "사자는 무엇이 떠받치고 있는가?" "사자는 코끼리가 떠받치고 있습니다." "코끼리는 무엇이 떠받치고 있는가?" "코끼리는 거북이가 떠받치고 있습니다." "그다음은 무엇인가?" "왕이시여, 거기서 멈추어야 합니다. 그 밑으로는 내내 거북이가 있습니다."[70]

아래로 계속하여 층을 쌓고 있는 거북이들. 확대에 의하여 모든 것은 위로. 홀론들이 밑으로 계속하여 그리고 모든 것이 위로. 이 조크 내면에 흐르는 진리는 우리 주변의 우주에는 부분도 없고 전체도 없다는 것이다. 단지 전체/부분, 혹은 홀론들. 원자보다 작은 입자의 차원에서 홀론들은 분자들과 파장들의 무한한 움직임 속에서 홀론들로 녹아 들어간다. 우주적 차원에서 매 순간 전체적인 우주는 바로 그다음 순간에 부분적 우주가 된다. 우리가 전체 혹은 부분, 코끼리와 거북이라고 생각하는 것은 변화의 보다 더 큰 과정 속에서 진행 중인 전개의 파장이다.

제3절 성스러운 생태학: 홀론(*holon*)과 홀로아키(*holoarchy*)

사이버스페이스는 독특하고 놀라울 정도로 새로운 홀론을 만들어낸다. 그것은 더 작은 수많은 홀론을 구성한다. 사이버스페이스의 홀론과 그것을 형성하는 홀론들을 이해하는 것은 변화과정에서 그 역할이 무엇인지 밝혀준다.

모든 홀론들은 변화하는 춤 속에서 어떤 특징들을 보여준다. 윌버는 일단의 중심적인 특징들을 지적하는 강력하고 통찰력 있는 구조를 발전시키기 위하여 자신의 많은 책에서 다루고 있다. 윌버의 책은 화이트헤드의 형이상학과 샤르댕의 철학을 가지고 일관성 있게 전개한다. 그러나 윌버가 홀론의 기본적인 주의로서 언급하는 아우트라인은 사이버스페이스의 변화하는 역할을 이해하는 데 도움을 줄 것이다.

이 세계에 홀론이 아닌 것은 아무것도 없다는 주장으로 윌버는 시작한다. 원자, 세포, 상징적 아이디어, 컴퓨터 코드의 선으로부터 모든 것은 하나의 홀론, 혹은 자체를 향한 전체와 다른 것의 일부이다. 이 각각의 홀론들은 자아보존(self-preservation), 자아적용(self- adaptation), 자아초월(self-transcendence), 자아용해(self-dissolution)라는 4가지 기본적인 특징으로 전개된다. 홀론의 첫 번째 특징으로 윌버가 언급하는 '매체(agency)' 혹은 자아보존은 표현의 자동적이며 일관성 있는 형태를 유지하려는 능력이다. 이것은 '전체성(wholeness)' 혹은 우리가 생각하는 객관성, 외적으로는 관찰할 수 있는 특성들이다. 예를 들면 이메일 메시지의 홀론은 어떤 단어들을 포함하며 시작과 끝이 있으며 어떤 소프트웨어 포맷 안에 존재한다. 그러나 두 번째 특징인 자아적용은 이메일 메시지 또한 특별한 맥락, 사이버스페이스 안에 존재한다는 것을 지적한다. 이 같은 맥락에서 지속적인 존재를 위하여 그 환경의 요구조건들을 적용할 수 있어야만 한다. 달리 표현하면 이메일 메시지를 구성하는 일단의 상징과 전기는 컴퓨터에서 컴퓨터로 가기 위하여 복잡한 일련의 변형과정을 성공적으로 거치면서 이동시켜야 한다. 실제적으로 평균 이메일의 메시지는 사이버스페이스를 통하여 한 지점에서 다른 지점으로 이동할 때, 최소한 9번의 독특한 변형 혹은 교환을 거치게 된다. 윌버는 자아적용을 '연합(communion)'이라고 언급한다.[71]

자아보존과 자아적용 혹은 매체와 연합은 어느 홀론에서-전체성과 부분-2개의 상반되는 견인력을 나타내준다. 매체는 전체성을 나타내주지만 내성은 부분성을 나타내준다. 이 두 힘 사이의 불균형들은 어느 주어진 홀론에서 병리학을 생성시키는 것이라고 윌버는 언급한다. 대부분의 극단적인 경우에 어느 한쪽의 힘이 만약 전적으로 상황을 중단시키면, 홀론 그 자체는 존재하기를 중단한다.

윌버가 분리시키는 다음 두 쌍의 근본적인 특징들은 자아초월과 자아용해이다. 자아초월은 화이트헤드의 신적 창조성이다. 이 특징은 신기함과 창조적 변형을 보여주며 존재하는 것을 초월하여 이동시키며 전적으로 새로운 것을 표명하기 위한 홀론의 본래적인 변화능력을 언급한다. 우리가 이미 지적했듯이 자아초월은 변화과정의 기본적인 원동력이다. 홀론이 그 자체를 초월할 때, 존재의 새로운 차원에 이르게 되며 새로운 형태의 에이전시와 연합을 표현하게 될 것이다. 자아용해는 반대의 견인력, 혹은 용해 혹은 분리하는 홀론의 능력을 언급한다. 윌버에 의하면 이 같은 용해는 홀론이 만들어지는 동일한 순서로 나타나는 경향이 있다. 종합해보면 매체, 연합, 창조성, 용해의 4가지 힘들은 지속적으로 경쟁을 하면서 기본적인 견인력을 형성한다.

모든 홀론들은 리얼리티의 보다 더 큰 형태 안에서 존재한다. 그러나 이 리얼리티는 그것들을 수용하기 위하여 특별한 방법으로 조직된다. 홀론들은 인드라 넷의 이미지와 사이버스페이스 그 자체와 많은 공통점을 가진 구조적 패러다임, 즉 '홀로아키(*holoarchy*)'[72] 안에서 존재한다. 홀로아키는 가장 낮은 단계, 즉 물리적 영역, 생물 영역을 통과, 상승하여 정신 영역과 초월적 영혼의 영역을 넘어서서 작용하는 계급 구조적으로 배열된 시스템이다. 그러나 홀로아키는 '하이어라키(hierarchy)'가 아니다. 하이어라키들은 평면적이며 그들의 순서는 레벨 사이에서 질적인 차이를 내포하고 있다. 즉, 높은 차원은 낮은 차원보다 더 좋다는 것이다. 대조적으로 홀로아키의 관점은 순서를 정하는 장치로서 우리 주변의 세계에 존재하는 독특한 차원들을 구체화시킨다. 그러나 동시에 홀로아키들은 구체적인 물체들이 아닌 홀론들로 구성되어 있으며 홀로아키의 각 차원들은 전적으로 다른 차원들에게 의존하고 있으며 연결되어 있다. 홀로아키에서 각 홀론은 본질적으로 가치가 있다. 달리 표현하면 모든 홀론은 정의에 의하면, 바로 그 실존적 가치를 지니고 있다.[73]

홀로아키 내에서 홀론들은 홀로아키적으로 등장한다. 각각의 새로운 홀론은 선행하는 홀론들을 초월하지만 포함시킨다. 그렇게 할 때 자아초월의 변화과정은 지속적으로 리얼리티를 엮어서 더 빈틈없이 짜인 복합적인 웹을 구성한다. 윌버에 의하면 각각의 홀론은 "스스로 이전의 홀론들을 보존하지만 그들의 분리, 격리, 혹은 고독은 부정한다. 자신들의 존재를 보존하지만 부분성과 배타성은 부정한다."[74]

사이버스페이스는 홀로아키적인 패러다임을 구현한다. 이것이 어떻게 참인가를 이해하기 위하여, 사이버스페이스를 구성하고 있는 몇몇 기본적인 홀론들을 우선 이해해야 한다. 우리는 컴퓨터라고 생각하는 엄격하게 공학적인 하드웨어인 기계 자체의 홀론을 가지고 시작한다. 이것에 살아 움직이게 하는 소프트웨어의 많은 차원들을 덧붙인다. 그 소프트 내에서 기본적인 기계코드, 즉 하드웨어와 함께 직접 상호작용하는 0과 1의 문자열에서부터 프로그램의 내부작용을 명령하는 복합적인 알고리듬(algorithms, 연산방식)[75]에 이르는 범위에서 더 작은 홀론들이 발견된다. 연쇄적 복합성을 증대시키면서 다음 홀론은 인간/컴퓨터 인터페이스의 형태, 즉 가상적 현실로부터 모든 것을 에워싸는 고차원적 프로그램 코드와 보다 더 친숙한 접는 방식의 메뉴에 그래픽에 기초한 적용, 매일 많은 사람들이 활용하는 텍스트에 기초한 인터페이스를 취하고 있다는 것을 우리는 알게 된다. 하드웨어와 소프트웨어의 홀론들은 사이버스페이스의 복합적인 홀론을 형성하기 위하여 인간 중개의 세계에 참여함으로써 이해할 수 있다. 사이버스페이스의 홀론은 개인적인 경험을 포함시킬 뿐만이 아니라 사회적 문화적 차원에서 나타난다.[76]

실제 공간에서처럼 사이버스페이스에서 각각의 고차원이 등장하며 더 낮은 차원들을 의존하고 있다. 윌버의 지적에 의하면 더 낮은 차원의 홀론들은 더 높은 차원의 홀론들을 위한 가능성들을 설정하지만 더 높은 차원들은 더 낮은 차원들을 위한 개연성들을 설정한다.

달리 표현하면 메모리 능력과 프로세서 속도와 같은 하드웨어의 한계들은 소프트웨어의 한계들을 직접적으로 영향을 미친다. 동시에 고차원적 인간 의식은 그들에게 명령하는 저차원적 소프트웨어와 하드웨어에 관한 형태들을 확실한 방법으로 부과한다. 고차원의 명령능력이 없다면, 저차원은 더욱 혼돈에 빠질 것이다. 고차원은 저차원과 함께 엮어가며 저차원을 강화시킨다.

사이버스페이스의 역사적인 발전에서 홀로아키들의 능동적인 특성들을 분명하게 볼 수 있다. 보다 많은 사람들이 온라인에 접속하며 사이버스페이스에서 존재를 위한 보다 더 정교한 기술들이 등장하기 때문에 전체적인 넷은 질서가 확립되고 점진적으로 강화된다. 사이버스페이스의 초기-복잡한 정보 라인을 따라서 작동하는 상대적으로 세련되지 못한 텍스트에 기초한 시스템으로 구성되었을 때, 넷은 더 단순하고 더 느리고 천박할 정도로 원시적이었다. 이것에 대한 전통적인 설명은 활용할 수 있는 테크놀로지에 의하여 제한적이었다고 할 수 있다. 그러나 윌버의 모델에 의하면 인간이 요구하고 활용하는 이 경우의 고차원적 홀론들은 또한 더 제한적이었다. 보다 많은 사람들이 넷을 인식하고 그것을 사용하기 시작하면서, 위로부터 견인력을 발휘하면서 새로운 하드웨어가 새로운 적용을 지원하기 위하여 등장했다. 낮은 차원의 홀론들은 고차원을 위한 가능성들을 설정하고 반면에 저차원들은 고차원들을 위한 개연성을 설정한다. 달리 표현하면 사이버스페이스는 고차원에서 저차원으로 그리고 저차원에서 고차원으로 다방향성 견인력으로 발전 중이다. 실제적으로 활용에서 성장과 배열의 특성은 우주의 홀로아키를 통하여 응용된다. 그것은 누스피어의 차원에서 더 명백하게 알 수 있다. 누스피어(noosphere)가 성장하고 더 강력하게 구성되면, 바이오스피어(biosphere)와 피지어스피어(physiosphere)보다 더 나은 발전을 위한 새로운 개연성이 발휘된다. 모든 것은 광범위하게 복합적이며 역동적인 전체의 틀 안에서 구성된다.[77]

홀로아키 내부의 에너지와 영향들은 위아래뿐만이 아니라 좌우로 이동한다. 인드라 넷을 회상해보라: 어느 한 보석은 다른 모든 보석을 반사한다. 이것이 홀로그래픽 혹은 홀로아키 패러다임의 본질이다. 사이버스페이스는 이 같은 진리를 분명하게 구현시키는 최초의 실험적 환경이다. 사이버스페이스에서 정보는 급진적인 홀로아키 형태로 이동한다. 예를 들면 WWW를 통하여 선택하는 방향이 어느 방향이든 사이버스페이스를 항해할 수 있다. 스페이스의 구조는 직선형으로 이동하는 것을 요구하지 않는다. 낮고 높은 홀론들 사이에서 동일하게 홀론들 사이에서 지속적인 정보의 교환이 진행된다. 이와 같은 모든 복합적인 활동은 전적으로 상호 의존적이며 공동 변화적이다.[78]

만약 주어진 홀론을 제거한다면 위의 모든 홀론들은 존재하기를 중단할 것이다. 그러나 아래에 있는 홀론들은 전혀 영향을 받지 않을 것이다. 달리 표현하면 만약 기계 코드를 제거하면, 더 나은 소프트웨어는 작동되지 않을 것이다. 그러나 인간/컴퓨터 인터페이스를 제거하면, 기계 코드와 나머지 다른 프로그램 명령들은 방해를 받지 않고 작동될 것이다. 홀로아키를 통하여 위로 이동할 때, 각 이어지는 레벨들은 더 적은 범위와 더 큰 깊이를 포함시킨다는 사실을 알 수 있는 중요하고 쪽넓은 아이디어가 있다. 범위는 관련된 많은 순수 홀론을 말한다. 예를 들면 인간/컴퓨터 인터페이스를 작동하는 프로그램 명령체계보다도 기계 코드 안에서 더 많은 0과 1이 무한정으로 존재한다. 그러나 동시에 프로그램 명령은 기계 코드보다 훨씬 더 큰 깊이 혹은 복합성을 가지고 있다. 윌버는 "홀론의 깊이가 더 깊으면 깊을수록 의식의 정도는 더 크다(*the greater the depth of a holon, the greater its degree of consciousness*). 변화의 스펙트럼은 의식의 분광이다. 영적 차원은 바로 그 구조, 즉 우주의 바로 그 깊이로 형성된다는 것을 보게 될 것이다"라는 중요한 추론을 덧붙인다. 사이버스페이스와 홀론의 이야기가 지속적으로 전개될 때, 이러한 핵심은 더욱 분명해질 것이다.[79]

제4절 인드라 넷(Indra's Net): 사회 환경적 홀론

힌두교 전통에서 인드라 신(the god Indra)은 전 우주를 감쌀 수 있는 엄청난 크기의 그물을 소유하고 있다고 전해진다. 2개의 로프가 교차되는 그물 지점 각 마디에는 정교한 보석이 매달려 있다. 이 보석들은 매우 특별한 특성을 지니고 있다. 겉으로 보기에 무한한 크기의 그물 속에 있는 각각의 보석들은 동시에 모든 다른 보석들을 비추어준다. 그러므로 하나의 보석을 들여다보면 그 안에서 우주 전체를 볼 수 있다. 이 멋진 신화는 세계의 많은 종교적 전통에 의하여 주장되고 있는 위대한 신학적 진리들 중의 하나를 붙잡는다. 정의에 의하면 신성이란 지속적이며 깨지지 않는 힘이다. 만약 어떤 사람이 가장 작은 신성의 불꽃을 인식했다면, 전체의 신성을 인식한 것이다. 따라서 각각의 작은 우주의 조각들은 신성의 전체성을 향한 출입구로 기여한다. 한 알의 모래알을 생각하면, 전 우주의 신성한 진리를 깨달을 수 있다.

인드라의 넷(Indra's Net)[80]은 사이버스페이스를 위한 강력한 메타포이다. 초기의 디지털 세계는 인드라 신의 신적 넷과 눈에 띠일 정도로 구조적인 유사성이 있다. 인터넷상의 어느 마디에서든 나타나는 다른 모든 마디 혹은 보석에 도달할 수 있다. 모든 사이버스페이스는 주어진 부분이 어느 부분이든 접속이 가능하다. 유일하게 필수조건은 링크되는 것이다. 사이버스페이스는 광범위하고 관계적이며 역동적으로 연결된 하나의 전체로 짜인 창조적인 경험의 지속적인 영역이다.

윌버는 이 세계를 개인적 홀론과 사회적 홀론으로 분류한다. 이 두 형태는 위에서 개략적으로 언급한 특징들을 나타내주지만 사회적 홀론들은 개인적 홀론들보다 더 복합적이다. 사회적 홀론들은 지속적인 전체로서 활동하며 거의 하나의 단일한 실체로서 규정되는 특별한 홀론들의 집합체이다. 달리 표현하면 사회적 홀론들은 특이한 응집의 차원을 보여주며 그들이 개인적 홀론들로 생각해야 하는지 아니면 더 작은 홀론의 집단으로 보아야 하는지에 대한 혼동을 일으킨다. 어떤 경우에서는 사회적 홀론들은 매우 견고하게 연합되기 때문에 거의 '초유기체(superorganisms)'[81]로 보인다. 윌버는 사회적 홀론의 현상을 설명하기 위하여 개미집단을 예로써 설명한다.

전체성으로서의 사이버스페이스는 새로운 형태의 사회적 홀론을 형성한다. 이 같은 관점에서 볼 때 사이버스페이스의 근본적인 본질을 규명하는 것은 어렵다고 말하는 것은 의미가 있다. 그것은 수천의 개인적인 홀론들―상징(언어)을 포함한 사상과 감정―을 생성시키면서 수백만 개인들의 입력으로 구성된다. 이 개인적인 홀론들은 복합적인 하드웨어 구조를 횡단하면서 전기 패킷으로 환원되며 알고리듬으로 구성되는 소프트웨어 코드를 포함하고 있다. 다른 한편으로는 하나의 시스템으로서 사이버스페이스는 시공간 속에서 번쩍이며 유영하는 수많은 개인적인 홀론들보다 더 많이 존재하는 것처럼 보인다. 그것은 또한 우리가 지적하고 경험하는 사회적 홀론, 즉 통일성 있는 환경이다. 이처럼 모든 홀론들이 준수해야 하는 기본적인 원칙들이 있지만 추가적으로 윌버가 홀론들을 도표화하기 위하여 구축한 조직적인 네트워크를 시험해봄으로써 분명해진다.

이 같은 네트워크에서 윌버는 4가지 독특한 사분면을 설명한다. 좌우의 상측은 개인적 홀론의 세계이지만, 좌우의 하측은 사회적 홀론을 표시한다. 물론 홀론의 바로 이러한 특성 때문에 각각은 4가지 영역 안에 존재한다는 것이다. 그러나 우선은 네트워크에 대한 상상은 전체성을 단순화시키며 우주의 변화하는 홀로아키 내에서 사이버스페이스를 찾는 데 도움을 줄 수 있을 것이다.

화이트헤드와 샤르댕(Teilhard de Chardin) 그리고 다른 사람들의 발자취를 따라가면서, 윌버는 모든 홀론은 내부와 외부, 혹은 내면과 외면 둘 다 포함시킨다는 가정을 내세운다. 외부는 홀론의 형식이며 객관적으로 관찰할 수 있는 것이다. 내부는 의식의 에너지이며 샤르댕이 언급하는 '접선에너지(tangential energy)', 화이트헤드가 말하는 '경험(experience)'이다. 윌버에게는 모든 홀론들이 깊이를 규정하는 내면성을 가지고 있다. 물론 원자는 세포나 혹은 아이디어, 관찰할 수 없는 의식보다도 훨씬 깊이가 없다. 어느 홀론에서 의식의 양은 홀로아키 안에서 그 위치와 관련성이 있다. 홀로아키를 통하여 이동할 때, 더 깊고 더 복합적인 의식의 홀론들을 만난다. 이것은 샤르댕의 복합의식의 법칙이며 홀로아키를 오를 때, 더 큰 깊이(의식)과 범위를 발견한다는 윌버의 주장이다.[82]

월버는 사회적 홀론의 외적인 면들의 홀로아키를 세운다. 이 홀로아키는 친족시스템으로 시작하여 마을, 제국, 국가들을 거쳐 행성시스템을 향하여 위로 이동한다. 이 계획에서 우리의 최근의 위치는 국가 차원에 머물러 있으며 이것은 민주주의를 생성시키는 차원이다. 이 사회적 차원은 기계시대, 뉴턴의 과학, 기계 테크놀로지와 정보의 기계적 전송시대를 잇따라 등장시켰다. 매우 복잡한 사회적 등장의 스토리를 극적으로 단순화시키기 위하여, 민주주의는 여러 차원에서 개인적 자유를 옹호하는 기술적 발전과 함께 공동 진화론자로서 나타난다. 인간 역사상 최초 기계의 도입으로, 삶을 지속하기 위한 물리적인 노동의 과정으로부터 상당히 실제적으로 자동화가 이루어지게 되었다. 복합적이며 변증적인 과정 속에서 기계의 결실들은 민주적인 사상의 등장과 기계적 과정이 빠르게 전개되고 있는 나라에서 가장 강력하게 공동으로 발전하게 되었다.

사이버스페이스의 새로운 사회적 홀론 속에 내재한 위험은 등장하는 그 어느 홀론이 제시하는 위험과 동일하다. 만약 새로운 형태가 과거의 모든 형태들을 포함시키고 통합시키는 것이 적절하게 이해되지 않는다면, 홀로아키는 약화되며 강화되지 않는다. 사이버스페이스의 새로운 사회적 홀론을 통합시키려고 노력할 때, 자주 반복되는 실수를 재발시키는 실제적인 위험에 처하게 된다. 이러한 지점으로 향하게 하는 많은 다른 홀론들을 높여주면서 포함시키는 적절한 통합 대신에, 우리는 억압의 덫으로 빠져드는 것은 당연하다. 윌버에 의하면 "초월 대신에 억압, 차별 대신에 용해, 깊이 대신에 질병 바로 이러한 변화의 특성 때문에 분열의 형태가 성장과 발전의 모든 단계와 어느 단계에서든 발생한다. 누스피어(noosphere)는 이러한 관점에서 특권이 있다거나 유일하지 않다. 단지 그 글로벌 차원 때문에 더 놀라울 뿐이다."[83]

윌버는 새로운 홀론의 건강한 통합에서 이상적으로 발생하는 3단계를 설명한다. 첫 단계는 '융합/동일시(fusion/identification)'이다. 사이버스페이스의 사회적 통합의 관점에서 많은 우리의 문화들은 여전히 이 단계의 첫 가로장에 불과하다. 우리는 세계를 보는 새로운 방법으로 컴퓨터 패러다임을 수용할 준비가 되어 있다. 컴퓨터와 융합의 과정에서, 우리는 무의식적으로 이 세계를 강력하지만 제한된 패러다임으로 몰아넣으려 한다. 우리는 자신들을 컴퓨터에 비교 확인하면서 세계의 비밀들은 컴퓨터 활용만으로 이해할 수 있다는 결론을 내린다. 만약 우리가 적절한 디지털 형태를 발견할 수 있다면, 전 우주는 하나의 컴퓨터 안에서 복제할 수 있다는 입장이다. 사실 우리가 살고 있는 세계는 과거에 하나님으로 언급되었던 하늘에서 크고 초월적인 컴퓨터를 작동시키는 단지 거대한 컴퓨터 시뮬레이션이라고 주장하는 사람들도 있다. 이것들은 융합/동일시의 첫 단계를 보여주는 설득력 있는 예시들이다.

두 번째 단계는 우리가 현재 희미한 불빛을 보기 시작한 것으로 '차별/초월(differentiation/transcendence)'이다. 이 단계는 컴퓨터 활용에 반대하는 반발의 형태를 띠면서 초기에 구체적으로 나타난다. 어떻게 우리가 컴퓨터와 같지 않은가? 우리의 특이한 점은 무엇인가? 융합단계에 대한 정반대의 중요한 입장이지만 이 단계는 또한 숨겨진 위험성을 내포하고 있다. 가장 일반적인 것 중의 하나는 사이버스페이스가 산란처럼 등장하는 문화적 사회적 경제적 이탈과 소외를 다룰 필요가 없었던 초기 낭만주의 시대로 우리에게 돌아가라고 요구하는 신러다이트 반응이다. 이것은 매력적일지 모르지만, 전적으로 비실용적이며 억압적이다. 후퇴할 방법이 없다. 정원으로 돌아갈 수 없다. 세계의 모든 컴퓨터들을 다 끄지 않는 한, 설령 우리가 그렇게 할 수 있다 할지라도, 그처럼 상상할 수 없는 즐거움을 가지고 편안하고 만족스러운 것 그 이상의 사람들이 되어서, 우리는 원시자연의 세계에 직면하는 전혀 다른 사람들이 될 것이다. 전진만이 우리에게 개방된 유일하게 현실적이며 책임적인 통로이다. 이것은 최종단계-'통합/포섭(integration/inclusion)'에 이르게 한다. 이 단계는 일견 겉으로 보이는 것보다 더 수용하기 어렵다.[84]

건강한 자세로 사이버스페이스를 충분히 통합시키려는 과정은 서로에게 엄청난 의식이 요청된다. 이것은 거대한 변화 테스트이다. 각 새로운 단계에서 건강한 통합적 과제는 더 복합적이며 더 큰 사회적, 개인적, 영적인 인식이 요구된다. 지역, 개인, 몸, 가족, 집단을 보다 더 큰 행성, 사이버스페이스에 의하여 제공되는 전 세계적인 잠재성으로 통합시키려면, 우리의 양태들이 자아 내부 어느 곳에 존재하고 있는지를 발견할 필요성이 있다. 이러한 위치들이 확인되면, 우리 자아 내부에서 그리고 우리가 살고 있는 사회 내부에서 통합하려는 의식적 노력을 하기 시작한다. 샤르댕이 지적했듯이 위대한 영적인 역설 중의 하나에서 우리가 하나의 글로벌 전체로 연합하면 할수록 우리는 개인적으로 더욱더 실현된 자아가 된다. 언뜻 모순적으로 보이는 이 두 과정들은 손에 손을 잡고 이동한다. 사이버스페이스를 수용하는 건강한 행성의 의식은 우리들 각자가 자아 내부에서 다양한 파편들을 통합하려는 노력을 요청할 것이다.

가던 길 어느 지점에서 우리는 추락할 수 있으며 융합의 틀 안에서 사면초가를 맞이할 수 있다. 초월 대신에 억압할 수 있고 포함 대신에 부정할 수 있다. 사이버스페이스에 대한 이러한 반응들 중에서 어떤 것들은 심각한 이탈과 질병을 야기할 수 있다. 이것은 세계가 멈출 것이라는 것을 의미하지는 않는다. 단지 나쁜 상태로 병이 든 채, 절뚝거리며 지지부진하게 진행될 것이다. 대체로 지구에서 그 미래 역할을 결정하는 것은 사이버스페이스에 대한 우리의 반응이다.

우리는 사이버페이스에 관한 한 아직 초기 단계에 머물러 있으며 억압, 이탈, 질병 혹은 초월, 차별과 깊이를 향해가는 노상 위에 있는지 말하는 것은 아직 시기상조이다. 만약 우리가 그 성취에 대하여 후자의 입장이라면, 최소한 우리는 분명한 의도로서 통합과 과거 경험의 차원들을 이월시키려는 목표를 주장할 필요가 있다. 달리 표현하면 지역보다는 글로벌을, 이탈보다는 통합을, 유기체보다는 테크놀로지에 특혜를 줄 수 없다. 우리는 사이버스페이스, 가족, 몸, 나무, 파도, 별 등과 함께 생태적 홀로아키시스템 안에서 존재한다. 이러한 모든 것을 포함하기에 넉넉한 포용의 그릇이 과거의 세계관들과 한계들을 초월하도록 요청한다.

제5절 티에라(*Tierra*)와 신학적 트로이 목마(theological Trojan horse)

진화는 단지 탄소에 기초한 생명체와 함께 발생하는 것이 기본적인 과학적 관점이다. 레이(Tom Ray)[85]에 의하면 "생명은 과정이다. 이 개념은 탄소 화학의 매체에 묶일 필요가 없으며 인공생명(AL, artificial life)에서 하드웨어와 소프트웨어를 종합한 핵심이다"라고 주장한다. 이러한 관점은 화이트헤드와 콥에 의하여 주장된 신학적 개념과 일맥상통한다. 과정으로서 생명의 개념은 그들이 주장하는 교리와 같다. 생명이란 진화의 창조적 운동의 결과라는 신학자들의 관점에 동의하고 있다.

　진화에 생기와 활력으로 추진시키는 거룩한 힘으로서 창조성은 인공생명과 인공진화의 과학적 원리들 내부에 깊숙이 내재해 드러나지 않고 있는 '신학적 트로이 목마(theological Trojan horse)'와 같다.[86]

　생명은 거룩하다는 신학적 전제를 수용한다면, 생명과 인공생명은 신성이 어떻게 사이버스페이스 안에 내재하고 있는가를 보여주는 강력한 예시가 될 것이다.

　레이는 자신의 연구시스템을 '티에라(*Tierra*)'라고 명명했으며, 스페인어로 '지구'를 의미한다. 레이의 연구에 의하면 진화는 정확한 상태가 충족되면 디지털 매체에 존재한다는 점이다. 그러나 레이의 결론은 디지털 영역에서 적절한 복합성을 변화시키는 그의 목적은 컴퓨터의 크기와 속도에 의하여 제한을 받는다는 것이다. 그의 개혁적인 솔루션은 실제 컴퓨터 네트워크 안에 위치한 가상 컴퓨터 네트워크를 운영할 수 있는 진화 마력을 창조하는 티에라의 네트워크화된 버전의 이행을 시행하는 것이었다. 완성이 되었을 때, 이 가상 네트워크는 본질적으로 컴퓨터 처리 전용공간의 세계 최대 용량을 형성할 수 있다. 다시 말하면 레이의 목적은 디지털 유기체들이 자유롭게 들어올 수 있으며 진화될 수 있는 것이 무엇인지 인식할 수 있는 세계 최대 분포 컴퓨터를 만드는 것이었다.

　티에라에서 재생산의 기본적인 과정은 아주 단순하다. 레이에 의하면 "컴퓨터의 환경은 하나의 '선조' 디지털 유기체로서 파종된다. 메모리에서 그 크기와 위치를 결정하기 위하여 자체적으로 시험하는 것은 80바이트 기계 코드 프로그램이다. 그때 그것은 다윈 작동시스템[가상컴퓨터 내에서 진화론적 마력]의 메모리 할당 서비스의 사용으로 그 딸을 위하여 자유로운 메모리 공간이 할당된다. 어머니에서 딸에게 이르기까지 그 코드나 바이트를 복제한다. 재복사가 이루어진 후에 그것은 하나의 독자적인 프로세스로서 딸 프로그램을 생산한다. 달리 표현하면 유기체들은 스스로 복사함으로써 복제하며 독특한 유기체로서 자신들의 자손을 배출한다.”[87] 시스템에 의하여 생성된 자유로운 변형들은 진화가 기복을 얻기 위한 필수적인 다양성을 창조해낸다.

티에라에서 변화는 기생충, 하이퍼 기생충, 섹스, 그리고 기생충으로부터 면역을 포함하여 다양한 변화적 부산물들이 생성된다. 그것은 자발적으로 이 모든 과제를 수행한다. 레이가 연구하는 모든 과제는 최초의 조건을 설정하는 것이다. 그 이후에 티에라는 자체적으로 움직인다. 레이의 관찰에 의하면 일단 작동되면 티에라는 시스템의 2개의 주된 자원-컴퓨터 시간(에너지)과 메모리(공간)를 최적의 상태에서 포착하기 위하여 2개의 기본적인 변화전략을 수립한다. 첫 번째 전략은 상호 의존적으로 변화하는 유기체들이며 두 번째는 자신의 달란트를 가지고 마력을 보충하면서 더 신속하게 복제하기 위하여 유일하게 변화하는 유기체들이다. 이 둘의 경우에 있어서, 레이의 시스템은 유기체들과 자연선택 사이에서 변화하는 유전구조와 상호작용을 보여준다. 달리 표현하면 티에라는 변화하는 세계의 모든 필수적인 특징들을 포함시킨다. 그것은 초기 단계의 ‘디지털 생태학(digital ecology)’이다.[88]

처음부터 레이는 자신의 시스템 처리 과정에서 벗어나 체류하는 것이 디지털 변화를 성취하는 최상의 전략이었다고 이해했다. 생태학자로서 오랜 세월을 보내면서 그는 변화의 힘에 대한 매개체에 각별한 관심을 갖게 되었다. 레이는 자신이 과거에 할 수 있었던 일보다는 증가된 복합성의 목표를 달성하는 과제를 더 잘할 수 있었다는 사실을 인식하고 있었다. 하나의 결과로써 그의 접근방식은 결정적으로 환원주의적인 것은 아니다. 그의 방식은 종합적이다. 레이는 "해체보다는 오히려 생명을 구축하는 것"이다.[89]

레이는 존재하는 것에 대한 디지털 매체에 내재적인 관심을 가지고 있었다. 소위 코드 '유기체들'의 변화하는 비트들, 즉 생명체와 같이 행동하는 노드를 느끼는 것이다. 티에라를 구축할 때, 유기체들의 관점에서 변화가 느낄 수 있는 것이 무엇인가를 이해하려는 욕구이다. 자신의 글에서 밝히고 있듯이 "변화는 매체 속에 내재한 가능성들을 탐색하는 하나의 과정이다."[90] 그러므로 지속적인 변화를 모색하기 위하여 내부에서 작용하고 있는 기질을 이해해야만 한다. 레이의 해석에서처럼 디지털 세계는 '논리적 정보우주'이다. 이 같은 우주에서 변화가 구축하는 기본적인 '물리학'은 작동시스템, 메모리 공간, 프로세서의 논리 그리고 중앙처리장치의 시계 사이클이다. 변화하는 유기체가 RAM 소프트웨어와 유클리드가 묘사하는 공간 속에 살고 있기 때문에 그것은 그들에게는 무의미하다. 레이의 주장은 컴퓨터 내부의 '공간(space)'은 1차원적이며 어떤 메모리 장소들에 할당된 수들의 평면 격자라고 사람들은 생각한다는 것이다. 그러나 디지털의 관점에서 선형적 거리의 개념은 존재하지 않는다. 사이버 공간에서 2개의 점 사이에 선과 우리의 마음속에서 2개의 아이디어 사이에 수적으로 규정된 선 이상의 그 어떤 것은 없다. 레이의 주장은 "가장 유용한 거리 아날로그는 점 사이에서 정보가 이동하는 데 걸리는 시간이다. 이처럼 시간은 메모리 공간에서 거리에 대한 측정기준이 된다." 디지털 유기체에 대한 생명은 어떤 혼란과 일상적인 생활 속에서 눈으로 볼 수 있는 것부터 기저의 변화과정들을 숨기고 있는 혼동을 야기시키는 물리적 복합성에서 벗어난 순수과정이다. 티에라와 같은 시스템은 과정의 힘과 우리의 일상 속에서 변화하는 창조성에 관하여 생각하는 전체적인 사고의 틀을 개방시킬 수 있다.[91]

모든 생명과 사물은 내적 관계성을 통하여 규정된다. 모든 사물들은 함께 서로 직조되어간다는 '물질'의 웹이라고 보고 싶은 욕망을 견지할 때 상당히 이해하기 어렵다. 그러나 내적 관계들은 어떤 내용에 기초를 두고 있는 것이 아니라 오히려 과정 자체에 있다. 창조의 웹 안에서 모든 것을 하나의 광범위한 전체로 묶어주는 것은 다름 아닌 사건들의 필드, 과정들이다. 포레스트(Stephanie Forrest)가 지적하고 있듯이, 이것은 순간출현의 행위가 전체적인 시스템 혹은 집단의 차원에서 나타난다는 이유이다. 버취와 콥의 공동저서에서 "서로에게서 고립된 자질들이 시스템을 설명해주는 자아 포함 실체들이 존재한다는 또 다른 차원에 사건들의 시스템적 상호연계성의 차원 아래로 내려가는 것은 불가능하다." 하향식 소프트웨어 시스템은 이 같은 사실의 강력한 예로서 보여준다.

함축적인 내적 관계는 우연과 필연의 진화론적 사상에 다른 차원을 덧붙일 것을 요구한다. 순간출현 행위에 직면했을 때, 맥락의 요소는 그 상황에 덧붙여져야 한다. 단순한 예로서 같은 소나무에서 나온 2개의 씨를 상상해보라. 첫 번째 것에 부모에게서 떨어져 나와 기존의 생태계에 뿌리를 잡는다. 성장을 위한 이상적인 조건에 가깝다는 것을 발견한 이 나무는 그 유전 코드가 허용하는 가장 충만한 표현을 달성한다. 두 번째 씨는 새들에 먹히거나 수마일 떨어진 황량한 덤불이 많은 언덕에 떨어진다. 그 씨는 뿌리를 내리지만 짧은 수명을 통하여 뒤틀리며 성장저해를 가져온다. 이 두 가지 경우 구별되는 분명한 요소는 그 씨가 싹이 트는 환경이다.[92]

환경 혹은 맥락은 디지털 에이전트 세계에서 중요한 요소를 형성한다. 사실 매스의 연구가 인정하고 있듯이, 에이전트들은 그들의 환경에 의하여 대규모로 규정된다. 그들이 적용하며 익히며 변화할 때, 그들은 환경을 변화시킨다. 다음 단계에서 그들이 적용시키는 것은 또 다르다. 동일한 역동성이 디지털 에이전트의 공동체에게도 적용된다. 다른 에이전트들의 학습과 적용은 그들 자체적인 변화의 기본적인 부분이다. 이러한 협력행위는 심지어 프로그램이나 예상한 것으로 선택이 되지 않았을 때조차도 디지털 시스템에서 나타나는 우주의 기본적인 특징으로 등장한다. 레이에 의하면 "티에라에서 관찰된 최초의 변화는 환경 속에서 다른 디지털 유기체들의 존재에 적용을 기초로 한 생태학적 상호작용의 기원이다"라는 것이다.[93]

생태학적 상호작용 혹은 내적 관계는 시간이 지나면서 표출되는 사건이나 과정들이다. 이것은 티에라만큼 작든 우주만큼 크든 어느 시스템에서나 사실이다. 에이전트들과 그들의 환경 사이에 인간들과 사이버스페이스 혹은 인간들과 인간들 사이에서 상호 관련성의 기본적인 내용은 우리가 참여하는 과정이다. 이 같은 기본적인 진실은 우리 자신의 세계보다도 디지털 영역에서 더 분명해질 수 있다.[94]

이러한 과정 내에서 신적 창조성의 힘은 전체를 함께 형성하는 기본적인 밀착을 형성한다. 신성이 제공하는 더 풍요로운 경험을 향한 창조적인 도약과 유혹이 없다면, 우리는 무한정으로 반복되는 정체 사이클 속으로 갇히게 될 것이다. 분명히 이것은 리얼리티의 본성이 아니다. 모든 차원에서 우주는 물리, 화학, 변화, 정신으로 함께 짜인 광대한 조직이다. 이러한 초기 디지털 시스템에서 관찰할 수 있는 출현행위는 정도에서 벗어나지 않는다. 그들은 우리의 마음속에 묻어둔 더 큰 리얼리티의 반영들이다.

인간은 신이 아니다. 역사가 증명하고 있듯이, 생명의 청지기로서 우리들의 노력들은 바람직스럽지 못했다. 기껏 우리는 변화과정에서 학습을 위한 빈약한 몸종에 불과하다. 그러나 사이버생태신학으로 변화와 자아-조직은 디지털 매체에서도 발생할 수 있다는 것이다. 이러한 리얼리티는 신적 현존과는 매우 다르지만 전적으로 우리 자신을 통하여 짜인 세계 속에서 느껴지고 있다고 속삭여주는 자명종으로써 기여한다. 숲 속의 식물들에게, 혹은 해안가에서 부서지는 파도를 향하여 존경을 표하면서 기도하는 마음자세는 바람직하다. 이러한 태도는 경이로운 신적 권능과 영속성에 대한 감사하는 마음으로 수반된다.[95]

제6절 TGIF 스토리와 전자쓰레기

1. 전자쓰레기

초기 기능적 컴퓨터들 중의 하나를 운영하기 위하여 쓰인 최초의 프로그램은 수소폭탄 제조를 하는 데 사용된 것이다.[96] 실제적인 의미에서 컴퓨터는 핵전쟁을 일으키도록 하는 무서운 힘을 인간에게 주어진 것이다. 50년 후, 컴퓨터는 일반적으로 사회복지의 기능적인 기초로써 활용하고 있으며 가장 최근에는 미디어에서 '최초 가상전쟁'의 갈등이라고 명명되는 걸프전에서 입증되었다. 랜드 기업에 의한 최근의 보고[97]는 이른바 '전략적 정보전쟁(SIW, Strategic Information Warfare)' 혹은 미래 지구촌 분쟁에서 잠재적으로 취약한 컴퓨터 시스템의 역할에 그 초점을 맞추고 있다. 이 같은 비전에서 컴퓨터는 엔지니어, 무기 생산 및 배치를 도울 뿐만 아니라 또한 전쟁이 발발하는 새로운 영역을 창조하기도 한다. SIW에서 목표물은 컴퓨터 시스템 그 자체이다.

SIW에서는 '전선'이 존재하지 않는다. 전통적인 경계선도 없다. 상대적으로 저렴한 비용으로 어느 지역에서든 공격을 개시할 수 있으며 전통적 정보방법들은 도중에 중단된다. SIW에서 아주 작고 민첩한 해커들, 테러리스트의 집단, 혹은 빈약하지만 상당히 이동성 자료들을 가지고 영향을 받지 않는 시민들이 될 수 있다. 정보전쟁에서 적은 발견하기가 쉽지 않을 뿐만 아니라 전쟁 그 자체에 관한 바로 그 사실을 찾아내기 어렵다. 무작위적인 힘이 난무한다. 운송시스템을 붕괴시킨다. 기술적인 결함 혹은 전략적인 공격인가? SIW의 새로운 세계에서 군대와 민간 사이의 선은 희미해졌다. 양 진영에서 사상자들은 운송, 에너지, 식량공급, 물, 의료품의 배급에 대한 재난적 붕괴의 결과를 초래하는 컴퓨터 시스템을 공격할 때 발생한다. 이러한 시스템들이 본질적으로 세계화가 되었기 때문에 몇몇 선진국에서 시도하고 있는 SIW는 직접적이며 파괴적인 글로벌 의미를 지니고 있다.

컴퓨터 네트워크는 평화 시에도 중요한 취약점을 안고 있다. 사생활과 공개적이며 자유롭게 의사 전달할 수 있는 능력, 지적 생활에 대한 결과들을 통제하는 데 미치는 컴퓨터의 영향은 스스로 처리하는 과정에서 매우 심각한 논쟁의 영역이다. 정보는 마땅히 자유롭게 이용해야 한다고 주장하는 사람들, 정보활용과 분배를 제한하고 감시해야 한나는 사람늘 사이의 논쟁은 이 시대에 가장 중요한 사회적 논쟁이 되고 있다.

계급분화, 사회정의, 경제적 불이익이 컴퓨터가 최근에 심오할 정도로 쇠퇴하게 하는 도덕적 영향을 발휘하고 있는 또 다른 영역과 타협한다. 이른바 정보를 가진 자와 가지지 못한 자 사이의 구분이 극적으로 증가하고 있다. 이 같은 구분은 도시 빈민층들에게 불균형적으로 커다란 영향을 미치고 있다.[98]

이러한 심각한 상황에 대하여 컴퓨터는 직접적인 책임은 없지만 이미 악화된 상황을 더 악화시키고 있다. 자금이 풍부한 교외지역에서, 어린아이들은 정보경제에 참여하려고 바쁘게 준비하고 있다. 풍요롭게 잘사는 교외지역에 있는 공립학교들은 일상적으로 기능적이며 현대기술로 잘 갖추어져 있으며 이 지역 젊은이들 사이에서 온라인 컴퓨터 사용이 압도적으로 집중되어 있다. 저소득층 지역에서 10대들과 컴퓨터 사이의 일차적인 접촉은 액션 서부영화 아케이드 게임형태로 등장한다. 어린이들의 안전과 가정경제의 수지균형을 맞추기에 급급해 하는 가정들은 컴퓨터와는 현실적으로 거리가 멀다. 게다가 컴퓨터 사용을 위하여 시내거주 청소년들의 훈련에 맞추어진 많은 공적 지원 프로그램들이 축소되고 있다.

이러한 상황은 컴퓨터 산업의 일자리들이 시내 중심부에서 멀리 떨어져 있으며 여유롭게 잘사는 교외지역에 기본적으로 집중되어 있기 때문이다. 부와 권력이 컴퓨터 산업을 운영하는 사람들에게 점점 더 쏠리고 있기 때문에 그 산업에서 다양한 통계들이 보이지 않는다. 컴퓨터 엘리트들은 일차적으로 백인 남성들이다. 소수집단들은 아주 낮은 차원의 위치에 집중되어 있다. 영(John Young)에 의하면 "반 숙련 생산 근로자들의 단지 17%만이 백인 남성들이며 반면에 63%는 여성들이다-이중 절반은 비백인들이다."[99] 몇몇 엔트리 수준의 일자리를 활용하기 위하여 불이익을 당하거나 소수집단의 사람들을 훈련시키려는 테크놀로지 회사들에 의한 시도가 전무하다. 사실 새로운 정보기술 일자리의 창출에 필요한 투자는 평균 복지가구의 유지비용의 최소한 4배까지 초과한다.[100] 이것은 다른 많은 주요산업과 관련시켜 볼 때, 대부분 소수집단 하부문화에 편협적인 문화를 만들어내고 있다. MIT의 도시학 교수인 월퍼트(Julian Wolpert)에 의하면 "하이테크는 선택적인 생활 스타일을 허용하는 산업이라고 할 수 있다. 그것은 참일 수 없다. 그들은 여러분들에게 청바지를 입게 한다. 그러나 사람들 가운데 엄청나게 많은 동질성이 존재한다."[101] 최종분석에서 컴퓨터 혁명은 가장 필요한 것을 통과시킬 뿐만 아니라 도시 중심에서 일자리들을 고갈시킴으로써 그들의 상황을 더 악화시키는 것처럼 보인다.

정보의 갭은 또한 분열을 일으키는 다양한 방법으로 세계적 수준으로 느낄 수 있다. 컴퓨터 활용에 의하여 혜택을 누리는 접근과 힘의 마술적인 중심에서 벗어나 있는 사람들은 반드시 그것으로 인한 착취는 피할 수는 없다. '전자 식민주의(electronic colonialism)'[102]의 현상은 특혜를 누리지 못하는 사람들에 의하여 세계 도처에서 느껴질 것이다. 스피츠(Rejane Spitz)의 주장에 의하면 컴퓨터는 강력한 문화 지배의 힘을 표현한다. 그녀의 글에 의하면 "세계를 변혁하여 거대한 커뮤니케이션 네트워크로 만들려는 컴퓨터 테크놀로지 잠재성은 개발 도상국가들에게는 가장 위험하다. 이 잠재성의 평등한 모습은 새로운 테크놀로지와 새로운 추세들의 개발, 그리고 이러한 새로운 개발들을 통제하고 확산시키려는 권력에서 리더십은 여전히 몇몇 소수에게 제한될 것이나는 사실을 숨기고 있다."[103] 컴퓨터 산업에 의하여 사용된 최근의 기업모델에서 토착적이며 권력을 누리지 못하는 사람들과 특별한 상황적 욕구들은 결코 동의하지 않는다. 하나의 결과로써 도시 내부에 거주하는 사람들을 포함한 이 사람들은 현대 세계의 변두리로 내몰리고 있다.

컴퓨터는 환경과 사회적인 충격에 부정적인 영향을 미치고 있다. 컴퓨터는 '깨끗한' 테크놀로지로 오랫동안 알려져 왔다. 칩이 생산됨으로써 방 안에서 심지어 먼지까지 걸러지는 흠이 없는 것이 되었다. 그러나 영이 지적하고 있듯이 "전자산업은 엄청난 독성물질, 혹은 환경적으로 유해한 물질을 사용하고 있으며 그것들은 보이지 않게 작업장이나 환경 속으로 스며들어 간다. 깨끗한 방 안의 공기가 먼지는 없을지 모르지만 여전히 유해한 화학적 증기들로 오염이 되어 있다."[104]

비상한 부와 급속한 성장의 중심지인 실리콘 밸리는 나라에서 가장 위험한 것으로 알려진 EPA에 의하여 Superfund 장으로 지정된 23개를 포함하여 현재 100개 이상의 위험한 쓰레기장을 제공하고 있다. 트리클로로에틸렌(trichloroethylene)(TCE)[105]과 같은 가장 위험한 화학물질들은 지하수로 스며들고 있으며 그것은 사실상 제거가 불가능하다. 연구에 의하면 상당히 높은 비율의 유산과 출생결함들은 TCE에 노출된 결과라는 것이다. 빈민지역에 위치한 많은 유해물질 장소들은 시민단체들의 압력에 의하여 서서히 정화되어 가고 있지만 아직도 요원하다. 그러는 동안 많은 미국 회사들은 그들의 공장들을 해외로 이동시켜 왔으며 특히 환경의 규제가 느슨한 아시아 지역으로 이전하고 있다.

이러한 명백한 악재 이외에 많은 비평가들은 더 민감하고 비인간적인 컴퓨터의 영향들을 지적하고 있다. 우리의 몸으로부터 우리들을 분리시키려 할 때, 컴퓨터는 우리의 정체성을 분해시킬 수 있다. 파편화된 존재로서, 우리가 하나님의 몸, 즉 지구 자체와 함께 서로서로 깊은 만남을 창조해내는 것이 더 어렵게 되었다. 깜박거리는 스크린 앞에서 고립된 채로, 앉아서 클릭을 할 때, 피상적이며 정신박약적인 글로벌의 경험 때문에 지구의 풍요롭고 구체화된 경험들을 희생시키는 잠재성을 만들어낸다.

보그만(Albert Borgmann)에 의하면 컴퓨터는 우리의 일상생활을 '종말'로 치닫게 하는 '수단'이라는 가면을 쓰고 있다고 주장한다. 우리는 더 이상 나무를 자르지 않고 물을 운반하지 않아도 된다. 우리는 온도조절기를 올리고 수도꼭지를 틀기만 하면 된다. 보그만은 리얼리티의 표층을 따라 한 지점에서 다른 지점으로 억지로 들어가도록 강요하는 것은 바로 세계 속으로 깊이 참여하려는 우리들을 소외시키는 것이라고 주장한다. 목적에 손쉽게 접근하도록 제공하지만 수단들을 모호하게 만들면서, 테크놀로지는 인생의 과정에서 소외시키며 천박하고 목적에 굶주린 소비문화로 안내한다는 것이다.[106]

사이버스페이스, 웹, 인터넷, 컴퓨터에 대하여 신랄하게 비판하고 있음에도 불구하고 수많은 정보 테크놀로지의 긍정적인 효과들은 여전하다. 컴퓨터는 전 세계적인 통신을 위하여 전례 없는 수단을 제공해주면서 소통의 장으로 만남의 장을 제공해준다. 이 같은 의미에서 웹은 이상적이며 글로벌 이해의 발전을 가능하게 해주는 잠재력을 가지고 있다. 단 하나의 컴퓨터는 특별한 방법으로 독재국가에서 활동하는 사람들에게 힘을 불어넣어 주면서 세계 밖으로 저항운동에 연계시켜 준다. 컴퓨터는 또한 지구 환경을 깨끗하게 하는 과정에 필수적이다. 컴퓨터 활용능력이 없다면 이해를 통한 정책을 결정하거나 깨끗한 환경운동을 알리려고 할 때, 환경파괴의 문제를 전달하는 데 어려움을 겪을 것이다. 컴퓨터는 잠재적으로 민주적인 과정을 생생하게 전달하면서, 또한 지역이나 세계적인 정치활동에 대하여 더 효과적으로 전달한다.

컴퓨터는 성스러운 변화의 과정에 창조적인 참여를 하면서 새롭지

만 아직 꿈을 이루지 못한 문을 열고 있다. 그러나 영혼에 의한 변화
는 우리가 생각하는 긍정적인 결과만을 반드시 얻을 수는 없다. 선,
정의, 미를 향하여 우리가 나아갈 때, 영혼의 부름에 응답하는 것은
영적 이해에 기초를 둔 지속적인 윤리적 감시가 요청된다. 의식적이
며 성스러운 지식으로부터 안내를 받으면서 컴퓨터와 긍정적인 공동
의 변화추구는 우리가 새로운 천 년의 시대로 들어갈 때, 인간의 최
대의 도전이자 잠재성의 하나이다.[107]

2. TGIF 스토리

인류는 에덴동산의 생태학, 즉 하나님의 법 아래에서 머물러 있을
때에만 진정한 자유를 누릴 수 있다. 에덴동산의 생태학에 순종하지
못한 아담이 자신의 자유를 누리지 못하는 순간 인류는 타락의 길로,
즉 환경파괴의 길로 들어선 것이다. 에덴에서의 아담의 타락은 '생태
학의 상태(State of Ecology)'[108]를 보여주는 하나의 패러다임이다. 박탈
된 생태적 자유를 누리기 위해서는 원시적 에덴의 상태로 돌아가야
한다. 하나님은 최초의 오프라인 에덴동산을 21세기에 적절한 온라인
에덴동산으로 최소한의 환경을 보호하기 위한 방편으로 WWW의 계
시를 보여주신 것이다.

MIT 미디어 연구소에서 멀티미디어 예술가인 피셔(Ebon Fisher)는
사이버 창조성의 또 다른 형태 '위글리즘(Wigglism)'이라고 부르는 사
이버 선언을 주도하고 있다.[109] 피셔에 의하면 "그 프로젝트의 본질은
'예술'(하나의 휴머니스트 생물)의 담론을 포기하고 생명력 있는 생물
형태를 창조해내면서, 나사의 예술로써 문화적인 활동을 재규정하는
것이다. …… 우리는 예술을 영혼의 동물학으로 변형시키면서 육체,

혹은 강철, 근육 혹은 회로, 진흙 혹은 상상력을 흔들어대는 것을 고양시킨다.” 그 선언에 의하면 부분적으로 “우리는 피 없는 작업 전산기, 인공물, 그리고 소비의 모듈을 용해시켜 살아 있는 제의의 산(acid)으로 되게 한다. 경련이나 현존의 생태학에서 만남을 자라게 한다. 강인한 피드백의 작은 가지 안에서 사고와 양심의 덩굴손을 흠뻑 젖게 하는 것, 본능적인 의미의 동등한 척도로 망상과 사실을 주입시키기, 놀라게 하는 지식의 개울과 굽이침 속에서 몸부림…… 최상의 초점에 맞추어 생기를 유지하고 생명을 유지하기 위하여, 이러한 생물들, 이변들을 사랑하려고 노력한다.”[110]

아무리 많은 사이버스페이스의 창조적인 활용이 발견된다 할지라도 그리고 많이 활용된다 할지라도 그것들은 소수집단이다. 풍요로운 경험을 위하여, 사이버스페이스의 활용을 촉진시키기를 원한다면, 새롭고 분명한 의도를 가지고 접근할 필요성이 있다. 윤리적인 행동으로 안내하는 도덕적 영적 성장을 위하여 이 유일한 매체를 발전시킬 수 있는 가장 유용한 방법에 관하여 많은 대화가 있을 것이다. 사이버스페이스의 거룩한 차원이 번창할 것이라는 것은 공동의 번영이라는 맥락에서 가능하다.

테크놀로지의 체계적인 효과를 고려하는 것은 필수적이다. “사이버스페이스는 진공상태에서 존재하지 않는다. 그것은 글로벌 생태계의 일부이다(Cyberspace does not exist in a vacuum. It is a part of the global ecosystem).” 그것은 누구는 돕고 누구는 다치게 하는 것인가? 장단기의 효과는 무엇인가? 이와 같은 질문들은 테크놀로지 평가에서 표준이 되어야 한다.[111]

인터넷과 웹, TGIF(Twitter, Google, iphone, facebook), 스마트폰 속에

하나님의 말씀이 한글뿐만 아니라 그리스어, 라틴어, 영어, 중국어, 일본어 등이 잘 내장되어 있다. TGIF, 이메일, 블로그에 나타나는 모든 하이퍼텍스트들은 사이버생태신학에 크게 기여하고 있다. 우선 종이 없는 사회, 책이 없는 사회, 책이 없는 도서관, 책이 사라지는 사회를 지향해가기 때문에 생태환경 회복에 중요한 역할을 하고 있다.

한 권의 책을 만들어내기 위하여 몇 그루의 나무가 필요한가를 생각해보라. 2009년도 프랑크푸르트 도서전을 통해 예측하고 주목해야 할 키워드는 뉴미디어, 멀티미디어, 환경 같은 주제들이다. 전자책과 환경에 관한 상관관계를 연구하는 국제 네트워크가 진행 중이며 종이책 기반의 출판산업에 대한 의제가 국제사회에서 이슈가 되어가고 있는 현실이다.

한국에는 종이책에 소모되는 종이가 연간 200만 톤에 달하며 이것은 30년생 나무를 3,500만 그루를 희생시키는 것으로 보고된다. 한국간행물위원회에서 재생종이 활용 캠페인을 벌이고 있지만 아쉽게도 종이책, 전자책과 환경관계를 본격적으로 연구하는 곳은 거의 없다.[112]

지금 세계는 지구 온난화 규제와 온실가스 감축을 위해 화석연료를 대체할 수 있는 태양광, 풍력 같은 대체 에너지를 개발하고 있으며 화석연료 기반의 자동차를 전기자동차로 대체하려는 움직임이 가속화되고 있다. 나무의 희생 위에 기반한 출판산업 역시 지구 온난화 문제를 비껴갈 수 없다.

컴퓨터, 전자 쓰레기, 전자 칩, USB, Smart Phone 등에서 발생하는 환경쓰레기들에 대한 문제가 새롭게 등장했다. 그럼에도 불구하고 이것들은 재활용할 수 있는 정책을 구체적으로 내놓아야 할 것이다. 21세기 사이버생태신학을 통한 디지털 생태환경에 대하여 우리는 새로운 연구과제를 안고 있다.

인간을 위한 성령의 '빛'은 생산적이며 창의적인 미래를 보여주고 있다. 아마도 '사이버하나님'은 성령을 통하여 '사이버지옥'보다는 '사이버천국'을 기획하고 있을 것이다. 왜냐하면 세속적인 의미에서 '미시적-거시적' 효과 이외에 가상공간, 사이버스페이스, 디지털처치 등은 인간의 이성을 매체로 한 하나님의 계시와 정보를 보여주신 것이다.

이 같은 디지털 혁명은 하나님의 은총이며 선물이다. "태초에 웹(WEB)이 있었다"라는 메타포의 선언 또한 하나님의 계시라고 볼 수 있다. "수직적 사고를 지향하는 메타포, 즉 은유가 모더니즘을 강조하는 대표적인 기호라고 한다면, 예수가 사용하고 있는 은유 및 예수 자신에 대한 은유의 다양성은 '은유 속에 환유(metonymy in metaphor)'라고 할 수 있다." 초대교회시대의 '말씀(WORD)'은 21세기에 'WEB'로 전환되었다.[113] 이 웹의 공간들을 통하여 '하나님의 나라'가 성장하며 확장되고 있음을 부인할 수 없다. 하나님은 성령과 더불어 역동적으로 자연과 과학을 아우르며 자신의 역사를 추구해나가고 있는 것이다.

사이버의 공간을 누리며 살아가는 모든 21세기의 네티즌들은 자신도 인식하지 못하는 가운데 하나님 말씀인 '날아다니는 두루마리(a flying scroll)'[114]를 손에 들고 다닌다. 또한 머지않아 하나님은 모든 인간들에게 영적 바코드가 장식된 칩을 인간의 표피 속에 심어질 것이다.

사이버공간은 '확대 지향적인 창조의 법칙'[115]으로 21세기 새로운 패러다임의 '사이버생태신학'의 장을 구축해가고 있다. 그러나 사이버공간을 위한 오프라인상의 모든 전자기기들은 한마디로 전자 쓰레기 더미를 양산해냄으로써 생태환경에 위협을 줄 수 있다. '사이버생태신학' 또한 그 역기능이 존재한다는 것을 부인할 수 없다.

제4장 아웃풋(Output)

엄청나게 빽빽한 구름이 있을 뿐, 구름이 너무 두꺼워 거기서 어떻게 인간이 생명을 지탱할 수 있을까 의문스럽다.

구름은 거대한 제단에서 피어오르는 연기같이 하늘로 올라간다.

제단, 확실히 나에게는 그렇게 보이는데 거기서 수천 명의 생명이 희생된다. 내 뒤의 언덕 위에는 햇빛이 반짝이고 종달새들이 지저귄다.

그러나 저 아래에서는 어린이들을 빼고도 힘들게 일하고 억척같이 일하고 질식의 삶을 살고 더러운 공기와 햇빛 부족으로 발생하는 질병으로 죽어간다.

이 모든 것이 무엇을 위해서인가?

몇 명의 사람들을 부자들로 만들기 위함이 아닌가!

－에드워드 카펜터(Edward Carpenter, 1844～1929)－

한 통의 편지

"대통령은 우리에게 편지를 보내어 우리 땅을 사고 싶다는 뜻을 보내왔습니다. 하지만 어떻게 하늘을 사고팝니까? 땅을 어떻게 사고 팔 수 있습니까? 우리에게 땅을 사겠다는 생각은 이상하기 짝이 없어 보입니다. 맑은 대기와 찬란한 물빛이 우리 것이 아닌 터, 그걸 어떻게 사겠다는 것인지요. 이 지구라는 땅 덩어리의 한 조각 한 조각이 우리 백성에게는 신성한 것이올시다. 빛나는 솔잎 하나하나, 모래에 깔린 해변, 깊은 숲 속의 안개 한 자락 한 자락, 풀밭, 윙윙거리는 풀벌레 한 마리까지도 우리 백성에게는 신성한 것이올시다. 이 모든 것이 우리 백성의 추억과 경험 속에서는 거룩한 것이올시다.

우리는 나무껍질 속을 흐르는 수액을 우리의 혈관을 흐르는 피로 압니다. 우리는 이 땅의 일부요, 이 땅은 우리의 일부올시다. 향긋한 꽃은 우리의 누이올시다. 곰, 사슴, 독수리 …… 이 모든 것은 우리의 형제올시다. 험한 산봉우리, 수액, 망아지의 체온, 사람 …… 이 모두가 형제올시다.

반짝거리는 시내와 강을 흐르는 물은 그저 물이 아니라 우리 조상의 피올시다. 만약에 우리가 이 땅을 팔거든 그대들은 이것이 얼마나 거룩한 것인가를 알아주어야 합니다. 호수의 맑은 물에 비치는 일렁거리는 형상은 우리 백성의 삶에 묻어 있는 추억을 반영합니다. 흐르는 물에서 들리는 나지막한 소리는 우리 아버지의, 아버지의 음성입니다.

강 역시 우리의 형제입니다. 강은 우리의 마른 목을 적셔줍니다. 강은 우리의 카누를 날라다주며 우리 자식들을 먹여줍니다. 그러니까 그대들은 형제를 다정하게 대하듯이 강 또한 다정하게 대해주어야 합니다.

만일에 우리가 이 땅을 팔거든 공기가 우리에게 소중하다는 것에, 대기의 정기가 그것을 나누어 쓰는 사람들에게 고루 소중하다는 것에 유념해주어야 합니다. 우리 할아버지에게 첫 숨결을 불어넣어 주었던 바람은 우리 할아버지의 마지막 한숨을 거두어 갑니다. 이 바람은 우리 자식들에게도 생명의 정기를 불어넣어 줍니다. 그러니까 만일에 이 땅을 팔거든 다른 땅과는 달리 신성한 땅으로 여겨 주십시오. 풀밭의 향기로 딜콤해진 바람을 쏘이고 싶은 사람이나 찾아가는 신성한 땅으로 여겨 주십시오.

그대들의 자식들에게 가르치는 것을 가르쳐주시겠어요? 우리는 자식들에게 땅이 우리 어머니라는 것을 가르칩니다. 땅에 일이 생기면, 땅의 아들들에게도 일이 생깁니다.

우리는 땅이 사람에게 속한 것이 아니라 사람이 땅에 속해 있다는 것을 알아야 합니다. 우리는 이 세상 만물이 우리가 핏줄에 얽혀 있듯이 그렇게 얽혀 있다는 것을 압니다. 우리는 사람이 생명의 피륙을 짜는 것이 아니라는 것을 압니다. 우리는 우리의 삶이라고 하는 것이 그 피륙의 한 올에 지나지 않는다는 것을 압니다. 우리는 사람이 그 피륙에 하는 것은 저에게 하는 것임을 잘 알고 있습니다. 우리는 우리의 신이 그대들의 신이라는 것도 알고 있습니다. 이 땅은 신에게 소중합니다. 그러므로 이 땅을 상하게 하는 것은 창조자를 능멸하는 짓이라는 것을 우리는 압니다.

그대들의 운명이 우리들에게는 수수께끼입니다. 들소가 모두 살육되면 도대체 어떻게 되는 것인가요? 야생마라는 야생마가 모두 길들여지면 도대체 어떻게 되는 것인가요? 은밀한 숲의 구석이 수많은 사람 냄새에 절여지고 언덕의 경치가 말하는 줄로 뒤엉켜진다면, 도대체 어떻게 되는 것인가요? 수풀은 어디에 있나요? 사라지고 말았나요? 그러면 독수리는 어디에 살지요? 저 발 빠른 말과 사냥감에게 이제 그만 작별인사를 하는 것이 어떠한지요? 누리는 삶의 끝은 살아남는 삶의 시작이랍니다.

마지막 붉은 인간이 황야에서 사라지고 그 추억이 초원을 지나가는 구름그림자 신세가 될 때도 이 해변과 이 숲이 여기 이렇게 있을까요? 거기서 우리 백성의 혼이 조금이라도 남아 있게 될까요? 우리는 이 땅을 갓난아이가 어머니의 심장소리를 사랑하듯이 사랑합니다. 그러니 만일에 우리가 이 땅을 팔거든 우리가 사랑했듯이 이 땅을 사랑해주시오. 우리가 보살폈듯이 보살펴주시오. 그대들의 것이 될 때, 이 땅이 간직하고 있던 추억을 그대들 마음속에 간직해주시오. 자식들을 위해서라도 이 땅을 간직하면서, 신이 우리 모두를 사랑하듯이 이 땅을 사랑해주시오.

우리가 땅의 일부이듯이 그대들도 이 땅의 일부올시다. 이 지구는 우리에게 소중합니다. 이것은 그대들에게도 소중합니다. 우리는 하나님이 한 분뿐이라는 것을 압니다. 황인종이 되었든 백인종이 되었든 인간은 헤어질 수 없다는 것노 압니다. 우리는 결국 형제인 것입니다.”

1852년, 미합중국 정부가 나날이 늘어가는 인구를 이주시키기 위하여 시애틀 부족의 추장에게 땅을 요구했을 때 받은 시애틀 추장의 명해답이다. 이 추장의 서한에 담긴 메시지가 어떻게 자연을 대하고 있는지, 어떻게 지구를 살릴 수 있는지에 대한 해답을 제시해주고 있다.

인간은 메타포다. 인간의 이름도 메타포다. 인간의 삶 자체도 메타포다. 삶의 현장 또한 메타포라고 할 수 있다. 지구촌 생태계를 살리는 최상의 방법은 원시 구석기 시대로 돌아가는 것이다. 하나님의 역사의 흐름을 외면하는 일이라고 비판할지 모른다. 역사의 종말이 하나님의 손에 달려 있다 할지라도, 인간 스스로 인간에 의한 지구촌의 종말을 앞당기는 어리석은 일들은 지양해야 할 것이다. 후손들의 행복과 미래까지도 염두에 두어야 한다. 다가오는 하나님에 의한 종말을 굳이 피해 갈 이유가 없다고 안일하게 생각한다면 지독한 오만이며 욕심이다.

WWW는 은유이다. 이 메타포를 통한 자연환경의 보호는 21세기에 중요한 과제로 떠오른다. 사이버-디지털 환경은 지구촌 생태복원을 위한 최소한의 대안이 될 것이다.

MOBIUS
저자 주해
PROJECT

제1부

1) 심층생태학(Deep Ecology):
   야생성운동을 지향하는 심층생태학은 노르웨이의 아르네 네스가 주도했다. 그 심층 생태론의 8가지 강령을 살펴보면 다음과 같다.
   1. 인간 및 비인간 생명체의 번성은 그 자체로 본원적 가치를 가진다. 비인간 존재의 가치는 인간의 목적달성을 위한 그것들의 유용성과 무관하다.
   2. 지구에 있는 생명형태의 풍부성과 다양성은 본원적으로 가치를 가진다. 여기에는 각종 인간문화형태가 포함된다.
   3. 인간은 생명유지를 위한 욕구를 만족시킬 경우를 제외하고는 이러한 풍부성과 다양성을 감소시킬 권리를 갖지 못한다.
   4. 인간생명과 문화의 번성은 훨씬 적은 수의 인구로도 충족될 수 있다.
   5. 오늘날 인간의 비인간 세계에 대한 개입은 지나치며 상황은 점점 나빠지고 있다.
   6. 앞의 요점들은 이제까지 인간들이 총체로서의 지구에 대해 취해온 지배적인 행동양식에 변화가 필요하다는 것을 지적하고 있다. 이들 변화는 정치, 사회, 기술, 경제 및 이념 구조에 근본적으로 영향을 줄 것이다.
   7. 잘사는 나라에서 이념적 변화는 주로 물질적인 생활 수준에 대한 높은 평가에서 삶의 질에 대한 보다 높은 평가에로의 변화를 가져올 것이다. 이러한 방법으로 생태적으로 지속 가능한 지구적 생태를 준비할 수 있을 것이다.
   8. 앞의 요점들을 받아들이는 사람들은 직접적으로나 간접적으로나 비폭력적 수단으로 필요한 변화를 이룩하도록 노력해야 할 의무가 있다. Ramachandra Guha 저, 권태환 역, 환경사상과 운동, 다산출판사, 2006, 13, 116, David Rothenberg, *Is it too painful to think? Conservations with Arne Naess*(Minneapolis: University of Minnesota Press, 1993), 127~128, 권태환, 116.
2) 계몽주의 시대 역사 철학자인 비코(Vico)는 역사를 '진보(corso)'와 '후퇴(ricorso)'의 맥락 속에서 보는데 인간의 언어, 신화, 습관 등에서도 일정한 진보와 후퇴의 단계가 나타난다고 보고 있다. 노드롭 프라이, *The Bible and Literature*, 김영철 역, 『성서와 문학』, 38.
3) S. McFague, *Models of God*, 174.
4) 하워드 스나이더, 『2000년대 지구동향』, 아가페, 1995, 411.
5) Ibid., 411~412.
6) Ibid., 419.
7) Ibid., 425.
8) <u>Ecofeminism</u> is believed to be used initially by French writer, Françoise d'Eaubonne in 1974. Although her book, Le Feminisme ou la Mort, was never translated into English, the term was widely popularized. The term denotes neither a single movement nor philosophy. It is described in the broadest sense as a loosely knit philosophical and practical analytical set of concepts. [vague] More specifically, the term examines and critiques what ecofeminists view as the mutual devaluation of women and nature. The term ecofeminism is the conjunction of the words ecology and feminism. Linguistically joining these words is often critiqued[by whom?] as being essentialist as it denotes a gender divide. It is important to be cautious of arguments that suggest women are inherently closer to nature; this is a controversial and ill-supported claim. It is also important to consider the argument that gender and the division between genders are social constructs. These subjective definitions may unknowingly exclude certain women. For example, if being a woman is defined by the biological presence of breasts, a uterus or the ability to have children, then breast and endometrial cancer survivors are excluded from being categorized as women. Thereby, women in this camp end up unintentionally perpetuating patterns of oppression and exclusion that feminism aims to contest. Another criticism[by whom?] of this view is that

it holds women unevenly socially responsible for environmental protection and care. This controversial notion created a heated debate within feminist literature during the 1980s and 1990s. Elizabeth Spelman's classic critique in *Inessential Woman* (1988), castigates the tendency to project certain privileged women's experiences or situations as the norm.

9) Carol Adams, *Ecofeminism and the Sacred*(Continuum, 1999), 84~98.

10) 심영보, 『사이버신학과 디지털교회』(2008), 『사이버신학과 사이버은총』(2011).

11) 에코페미니즘은 다른 페미니즘에 비해 자아와 타자의 관계에 대하여 가장 광범위하고 가장 깊이 있는 개념을 제공한다. 에코페미니스트들은 인간의 관계성을 인간 상호 간뿐 아니라 자연세계와도 연결시켜 이해한다. 곧 지금까지 가부장적 문화에서 여성들은 자연과 연관되어 여성들은 '자연화'되었고 자연은 '여성화'되었기 때문에 Sherry B. Ortner에 따르면, 이제까지 역사 속에서 여성은 생리적 기능이나 사회적인 역할, 정신구조 등에 있어서 남성보다 자연에 더 가까운 것으로 생각되어 왔으며, 그 결과 문화와 남성을 일치시키고 자연과 여성을 일치시키는 도식에 의해 남성지배와 여성종속이 보편화되어 왔다. Ortner, S. B.(1974), Is Female to Male as Nature is to Culture? In M. Z. Rosaldo and L. Lamphere(Eds.), *Woman, Culture, and Society*, Stanford: Stanford University Press. 이러한 도식에 의한 여성의 이차적인 위치를 범문화적이고 보편적인 것으로 수용하는 Ortner에 대하여, Rosemary Ruether는 자연보다 문화를 상위에 놓는 위계체제에 대한 문화적 가정에 입각하여 여성에 관한 일반적인 평가절하를 당연시하고 있다고 비판한다. 지배당하는 자연을 지배당하는 여성으로 여기는 문화적 은유들이 인간중심주의와 가부장제에 의한 자연과 여성을 착취와 성차별주의를 정당화시켜 왔기 때문이다. 가부장제의 위계적이고 이원적이며 억압적인 사고양식은 여성과 자연 모두에게 해를 끼쳐왔다는 것이다. Rosemary Ruether(1985), 『성차별과 신학』, 안상님 역, 서울: 대한기독교출판사[*Sexism and God-Talk: Toward a Feminist Theology*, Boston: Bacon Press, 1983]. 따라서 Rosemary Ruether는 여성해방과 자연해방이 공동작업이어야 한다고 역설한다. 다시 말해 사회의 기본적인 관계모델이 지속적으로 지배모형인 경우, 여성들의 해방과 생태학적 문제들에 대한 해결책은 결코 있을 수 없기 때문에 여성과 자연의 해방을 위해서는 사회의 관계구조와 가치들이 철저하게 재구성되도록 해야 한다는 것이다. Ruether, R. R.(1980), 『새 여성·새 세계: 성차별주의와 인간의 해방』, 손승희 역, 서울: 현대사상사[*New Woman New Earth: Sexist Ideologies and Human Liberation*, The Seabury Press, Inc. 1975].

12) 팍스에 의하면 창조성은 인간의 참 본성이며 우주적인 에너지로서 우주 자체를 낳는 만물을 연결시키는 힘이다. 창조성은 우주로부터, 우리의 기쁨과 슬픔으로부터, 그리고 하나님의 마음으로부터 오는 영성이며 자비이고 삶의 예술이다. 그러므로 창조성은 선택받은 소수의 전유물이 아닌 모든 사람들이 지니고 있는 특권이다. Fox, M.(2001), 『원복: 창조영성 길라잡이』, 황종렬 역, 왜관: 분도출판사[*Original Blessing: A Primer in Creation Spirituality*, Santa Fe: Bear & Company, Inc. 1983]. ――(2002), *Creativity: Where the Divine and the Human Meet*, New York: Jeremy P. Tarcher/Putnam. ――(2002), 『영성-자비의 힘』, 김순현 역, 서울: 다산글방[*A Spirituality Named Compassion*, Inner Tradition, 1999].

13) 그들은 힐데가르트(Hildegard of Bingen), 멕틸드(Mechtild von Magdeburt), 줄리앙(Julian of Norwich), 그리고 마이스터 에크하르트(Meister Eckhart)이다. 이들에게 하나님은 아버지일 뿐 아니라 어머니이다. 에크하르트는 하나님을 출산하는 어머니로, 줄리앙은 우주를 어머니이자 아버지인 하나님을 신성한 자궁으로 비유했다. 이들에게 육체와 영혼의 대립적 이원론적 사상은 찾아볼 수 없다. 심지어 에크하르트는 영혼은 육체를 사랑한다고도 말했다.

14) 이에 관해서는 매튜 팍스, 황종렬 옮김, 『원복: 창조 영성 길라잡이』(서울: 분도출판사, 2001)을 참조.

15) Rosemary Ruether(1985, 29~32)는 가부장제가 신구약성서의 사회적 배경이며 기독교가 가부장주의 종교 이데올로기로 통합되어 왔지만, 그럼에도 불구하고 신구약성서 안에는 가부장제 및 가부장제의 종교적 신성화를 비판할 수 있는 근거들이 포함되어 있다고 주장한다. 여성해방론에 의해 예언자적-해방 지향적 전통들이 성서적 신앙의 규범적 원리로 사용될 때, 가부장주의 이데올로기를 비판하고 거부할 수 있으며, 가부장주의는 그 규범적인 특성이 상실된다. 가부장주의는 남성을 신성의 대표자로 우상화하는 것으로서 예언자적 원리에 의해 반드시 고발당해야 하는 것이다. 그녀의 주장에 따르면, 다음과 같이 네 가지 테마가 예언자적-해방 지향적 전통이 성서적 본질이다. 첫째는 억눌린 자들에 대한 하나님의 보살핌과 옹호, 둘째는 지배적인 권력구조와 그 권력의 담당자들에 대한 비판, 셋째는 현재의 불의한 제도가 극복되고 하나님이 뜻하는 평화와 정의가 역사 안에서 이루어지는 다가올 새 시대의 비전, 그리고 마지막으로 이데올로기적인 종교에 대한 비판이다. 예수가 선포한 〈이사야서 61:1~2〉의 말씀은 이러한 예언자적 사명이

무엇인지를 분명하게 보여준다. Rosemary Ruether(1985, 29~32), 『성차별과 신학』, 안상님 역, 서울: 대한기독교출판사[*Sexism and God-Talk: Toward a Feminist Theology*, Boston: Bacon Press, 1983].

16) Gaia(/'geɪ.ə/ or /'gaɪ.ə/; from Ancient Greek $\Gamma\alpha\,\tilde{\iota}\alpha$, a poetical form of $\Gamma\tilde{\eta}$, 'land' or 'earth'; [1] also Gaea, or Ge) was the goddess or personification of Earth in ancient Greek religion, one of the Greek primordial deities. Gaia was the great mother of all: the heavenly gods, the Titans and the Giants were born from her union with Uranus (the sky), while the sea-gods were born from her union with Pontus (the sea). Her equivalent in the Roman pantheon was *Terra*.
http://en.wikipedia.org/wiki/Gaia_(goddess).

17) Aristotle의 생물학에 따르면, 오직 남성만이 생식의 힘을 전유하며, 여성은 단지 남성의 씨를 수동적으로 받아들이는 부화기(incubator)에 불과하다. 더욱이 모든 남성의 씨는 남성이 태어나도록 되어 있지만 생명의 형성과정에서 어머니의 실패로 인하여 여자가 생긴다. 따라서 불완전한 남성인 여성은 남성이 지닌 완전한 합리성과 도덕적 의지, 그리고 육체적인 힘을 결여하여 자율적일 수 없는 열등한 존재이기 때문에 남성의 지배를 받아야 한다. Ruether, R. R.(2000), 『가이아와 하나님: 지구 치유를 위한 생태 여성학적 신학』, 전현식 역, 서울: 이화여자대학교 출판부[*Gaia & God: An Ecofeminist Theology of Earth Healing*, New York: Harper Collins, 1992], 219.

18) 몰트만, 『창조 안에 계신 하나님』, 225.

19) 지구의 중심인 에덴에서 아담과 이브가 추방된 것은 자연의 관리를 잘못한 결과이다. 이른바 이단자라고 불리는 코페르니쿠스, 갈릴레이, 다윈, 프로이드, 마르크스 등이 '인간의 자연화'를 꾀한 생태환경 보호론자들이라는 점에서 아이러니가 아닐 수 없다.

20) 예수 그리스도는 인간이 열매를 맺기 위해서 하나님의 자양분이 필요한 한 그루 나무에 비유한 것으로 알 수 있는 것처럼, 인간은 모두 자연의 일부이다. 폴 토루니어, 한준석 역, 『인생의 사계절』, 10~11. 김균진, 『생태신학의 위기와 신학』, 서울: 대한기독교서회, 1991, 162~193. J. Moltmann, Gottin der Schopfung, Munchen: Kauser Verlag, 1985 김균진 역, 『창조 안에 계신 하나님』, 서울: 한국신학연구소, 1986.

21) 몰트만, 『창조 안에 계신 하나님』, 225.

22) Ibid., 227.

23) Ibid., 230.

24) 영국의 낭만파 시인 워즈워드는 자연으로부터 나와 인간 영혼으로 스며든 '크고 힘찬 형상'에 관해 이야기하고 보들레르는 역시 같은 곳에서 나온 애타게 하는 신비감을 다음과 같이 묘사한다. "자연은 하나의 사원 그곳에서 살아 있는 기둥들은 알 수 없는 말들을 이따금씩 들려준다. 사람은 친밀한 눈으로 그곳을 바라보는 상징의 숲을 통해 지나간다." 『성서와 문학』, 114.

25) 오영석, 『조직신학의 이해』(서울: 대한기독교서회, 1992), 336.

26) Ibid., 352.

27) 김균진, 『생태신학의 위기와 신학』, 17~18.

28) 노드롭 프라이 지음, 김영철 옮김, 『성서와 문학』, 125.

29) Genesis 2:16, 20. 16: And the LORD God commanded the man, saying, Of every tree of the garden you may freely eat; 20:So Adam gave names to all cattle, to the birds of the air, and to every beast of the field. But for Adam there was not found a helper comparable to him.

30) Isaiah11:6~9. 6 The wolf also shall dwell with the lamb, The leopard shall lie down with the young goat, The calf and the young lion and the fatling together; And a little child shall lead them. 7 The cow and the bear shall graze; Their young ones shall lie down together; And the lion shall eat straw like the ox. 8 The nursing child shall play by the cobra's hole, And the weaned child shall put his hand in the viper's den. 9 They shall not hurt nor destroy in all My holy mountain, For the earth shall be full of the knowledge of the LORD As the waters cover the sea.

31) 노드롭 프라이 지음, 김영철 옮김, 『성서와 문학』, 126.

32) Hosea 2:18 In that day I will make a covenant for them With the beasts of the field, With the birds of the air, And with the creeping things of the ground. Bow and sword of battle I will shatter from the earth, To make them lie down safely.

33) Ecojustice applies the concept of justice to the environment. Many features of ecojustic are related to the philosophies of other environmental groups. Supporters of ecojustice attack the historic lack of

regard for non-human parts of the environment. They encourage respect for living things as well as the various parts of the biosphere. Advocates of ecojustice reject the idea that the worth of a thing is its value to human beings. They argue that other parts of nature have value entirely independent of their usefulness to humanity. The primary argument of ecojustice is that the natural world must be included in an evaluation of ethics or morality. Ecojustice supporters say that all living things have some intrinsic value, and people must be aware of this to act ethically. Those who endorse the views of ecojustice maintain one of several arguments. Some think that every living creature has some degree of inherent value. Others follow the utilitarian philosophy and say that animals can suffer, and therefore are relevant ethically. A last group contends that all species have equal value. All of these groups have several major objectives. They hope to create harmony in the ecosystem by allowing people and nature to coexist without harming each other. Many supporters of ecojustice also support sustainable development throughout the world. They seek to prevent the poor nations from being unfairly adversely affected by environmental problems such as pollution.
http://library.thinkquest.org/26026/Philosophy/ecojustice.html.

34) 성례전적 공동체란 예수님이 자신의 몸을 우리에게 주셨듯이 서로 자신의 존재를 주고받는 베풂의 공동체를 의미한다. Gary Snyder에 따르면 인간을 포함한 모든 자연 생태계는 적자생존의 원리가 지배하는 곳이 아니라, 상호 먹이그물로 이루어지는 성찬식과 같은 공동체이다. 서로가 자신을 떡으로 내어주는 성례전적 공동체는 상호공유의식이라는 독특한 공동체 의식에 의해 이루어지며 모두가 함께 벌이는 성대한 선물파티이다(David Landis Barnhill, 정성준 역, 2005, 296).

35) 과소비에서 비롯된 질병으로 소비병이라고 할 수 있다. 단순히 '풍요'라는 의미를 떠나서 신종유행병이며 돌림병이다. 생태계에 미치는 영향이 지대하다고 할 수 있다. 존 드 그라프, 데이비드 왠, 토머스 네일러 지음/박웅희 옮김, 『어플루엔자』, 한숲, 2001, 참조.

36) In the New Testament, the word translated as grace is the Greek word charis (Greek $\chi \acute{\alpha} \rho \iota \varsigma$), pronounced khar'-ece, for which Strong's Concordance gives this definition; "Grace, the state of kindness and favor towards someone, often with a focus on a benefit given to the object." A Greek word that is related to charis is charisma (gracious gift). Both these words originated from another Greek word chairo (to rejoice, be glad, delighted). In the Old Testament, the Hebrew term used is chen (חן), which is defined in Strong's as "favor, grace or charm; grace is the moral quality of kindness, displaying a favorable disposition." In the King James translation, Chen is translated as 'grace' 38 times, 'favour' 26 times, twice as 'gracious', once as 'pleasant', and once as 'precious'. Within Christianity, there are differing conceptions of grace. In particular, Catholics and Protestants use the word in substantially different ways. It has been described as "the watershed that divides Catholicism from Protestantism, Calvinism from Arminianism, modern liberalism from conservatism." Catholic doctrine teaches that God uses the sacraments to facilitate the reception of His grace. Protestants generally do not hold that view. In other words, even without the sacraments, divine grace has been imparted by God to humanity.

37) 하나님의 모상으로 창조된 '원복(Original Blessing)'을 받은 존재인 인간은 하나님의 해방과 구원사역에 '공동창조자(Co-creator)'는 하나님의 공동창조자로서 인간의 창조적인 행위의 증거를 성서에서 찾는다. 곧 창세기에서 인간이 피조물에 이름을 지어 붙이는 행위는 성서가 모든 사람이 창조자임을 보증해주는 내용이라는 깃이다. 이름 짓기는 상징을 만느는 행위로서 창조적인 행위이기 때문이다. 우리가 하나님의 공동창조자라는 사실을 인식할 때, 비로소 우리는 처한 곳에서 왜 무엇을 해야 하는지를 알 수 있으며 창조성은 모든 사람들의 영성과 일상적인 생활방식이 될 수 있다. Mattew Fox, 『영성-자비의 힘』, 김순현 역, 서울: 다산글방[A Spirituality Named Compassion, Inner Tradition, 1999], 208~209.
그렇다면 우리는 왜 하나님의 공동창조자라는 정체성을 상실하고 이러한 창조성의 풍성함을 맛보며 살아가지 못하는 것일까? 그는 우리가 가부장적 종교에 의해 '죄와 구원'이라는 틀 속에 갇혀 있기 때문이라고 말한다. '원복'은 전통적인 '죄와 구원'의 도식보다 앞선 본래적인 하나님과 인간의 관계도식이다. 창조주 하나님의 형상으로 지음 받은 존재인 인간은 하나님의 자녀이며, 하나님의 어머니이며, 또한 창조적인 성령의 공동창조자이다. 그러므로 하나님의 창조성은 인간의 본성으로 전유될 수밖에 없다. 이러한 원복의 본래적 관계성 안에서 인간은 비로소 하나님의 '공동창조자'로서의 자기정체성과 창조성을 발견할 수 있게 된다. 원복의 재발견은 또한 성서를 재해석하도록 우리를 이끈다.

창조영성 신학에서의 창조성은 '원복'을 받은 인간의 본성이며 하나님의 공동창조자로서 인간이 지닌 특권이라는 점에서 존재론적인 의미와 가치를 지닌다. 팍스가 제시하는 창조영성의 네 길인 '긍정의 길(Via Positiva)', '부정의 길(Via Negativa)', '창조의 길(Via Creativa)', 그리고 '변모의 길(Via Transformativa)'에서 창조성은 세 번째 길에 위치한다. 이는 창조성이 기쁨과 환희의 긍정의 힘과 고통과 슬픔의 부정의 힘 모두에서 비롯되며 또한 미래의 새로운 변모를 위한 에너지가 된다는 것을 말해준다. Fox, M.(2001), 『원복: 창조영성 길라잡이』, 황종렬 역, 왜관: 분도출판사[*Original Blessing: A Primer in Creation Spirituality*, Santa Fe: Bear & Company, Inc, 1983].

38) Gustafson, James, *Ethics from a Theocentric Position*, (University of Chicago Press, 1973), 81.

39) Sallie McFague, Bibliography of Sallie McFague's writings New House Rules: Christianity, Economics and Planetary Living Reprinted from Carol Adams (ed.) *Ecofeminism and the Sacred* (Continuum, 1999), 84~98.

40) Terence Hawkes 저, 심명호 역, 『은유(Metaphor)』, 1.

41) Charles Hampden-Turner, *Maps of Mind*, 144.

42) 9000여 년 전 중국의 소동파는 "대나무를 그리려면 먼저 대나무가 내 속에서 자라나게 해야 한다. 손에 붓을 쥐고 눈으로 집중하면, 그림이 바로 내 앞에 떠오른다. 그럼 그것을 재빨리 잡아채야 한다. 그렇지 않으면 사냥꾼이 본 토끼처럼 그림이 잽싸게 사라진다." 로버트 루트번스타인, 미셸 루트번스타인 지음/박종성 옮김, 『생각의 탄생』, 262.

43) Terence Hawkes, 심명호 역, 『은유』, 41.

44) 노드롭 프라이, 『성서와 문학』, 116.

45) 조셉 캠벨, 빌 모이어스, 이윤기 옮김, 『신화의 힘』, 고려원, 1992, 68.

46) Ibid., 69.

47) Ibid., 82~83.

48) Ibid., 123.

49) 예수는 "나는 존재 자체이다. 나의 형태는 변하지만, 나는 변하지 않는다. 나무토막을 쪼개 보라. 내가 그곳에 있다. 돌을 들추어 보라. 그러면 그곳에서 너희는 나를 발견할 것이다. 나는 모든 것이다. 나는 모든 것들 위에 비치는 빛이다. 나는 모든 것이다. ……"라고 말한다. 오쇼, 류시화 역, 『도마복음 강의』, 청아출판사, 1975, 607~633.

『도마복음서』의 기원에 대한 보다 광범위한 내용은 『하나님의 마스크』(*The Masks of God: Occidental Mythology*)(Viking Press, 1964), 363, 참조. The Gospel According to Thomas, commonly shortened to the Gospel of Thomas, is a well preserved early Christian, non-canonical sayings-gospel. It was discovered near Nag Hammadi, Egypt, in December 1945, in one of a group of books known as the Nag Hammadi library. The Gospel of Thomas was found among a collection of fifty-two writings that included, in addition to an excerpt from Plato's *Republic*, gospels claiming to have been written by Jesus' disciple Philip. Scholars have speculated that the works were buried in response to a letter from Bishop Athanasius who for the first time declared a strict canon of Christian scripture. *The Gospel of Thomas* is very different in tone and structure from other New Testament apocrypha and the four Canonical Gospels. Unlike the canonical Gospels, it is not a narrative account of the life of Jesus; instead, it consists of logia (sayings) attributed to Jesus, sometimes stand-alone, sometimes embedded in short dialogues or parables. The text contains a possible allusion to the death of Jesus in logion 65 (Parable of the Wicked Tenants, paralleled in the Synoptic Gospels), but doesn't mention crucifixion, resurrection, or final judgement; nor does it mention a messianic understanding of Jesus. Since its discovery, many scholars see it as evidence in support of the existence of the so-called Q source, which might have been very similar in its form as a collection of sayings of Jesus without any accounts of his deeds or his life and death, a so-called "sayings gospel".

50) 조셉 캠벨, 『네가 바로 그것이다』, 해바라기, 2004, 68~70.

51) 피오렌자(Elisabeth Schussler Fiorenza)에 의하면 예수의 바실레이아는 기본적으로 거룩함이 아니라 온전함을 말하기 때문에, 하나님의 나라의 구원은 예수가 귀신들을 내쫓을 때마다, 병자들을 치유할 때마다, 현재적이며 경험적으로 유용하다(눅 11:20). 잃어버린 자들이 돌아오는, 초대받지 않은 자들이 초대받는,

나중 된 자들이 첫째가 되는 스토리들이다. 선택받은 자들의 거룩성이 아니라 모든 사람들의 온전함이 예수의 중심적 비전이다. Sallie McFague, *Models of God*, 52.

52) Joseph John Campbell (March 26, 1904 October 30, 1987) was an American mythologist, writer and lecturer, best known for his work in comparative mythology and comparative religion. His work is vast, covering many aspects of the human experience. His philosophy is often summarized by his phrase: Follow your bliss.
http://en.wikipedia.org/wiki/Joseph_Campbell.

53) 루돌프 카르나프(Rudolf Carnap)에 의하면 언어에도 소통과 행위의 차원이 존재한다. 즉, 언어의 대상차원, 물리적 대상들에 대한 서술적으로 가능한 언어와 언어 자체에 관한 언어의 메타 차원이 있다. 메타언어(meta-language)의 일상적인 것 중의 하나가 바로 은유이다. 이것은 문자적으로 단어들 혹은 대상들을 전이시키는 것(the transfer)이다. Charles Hampden-Turner, *Maps of Mind*, 144.

54) "샘은 거인이다. 샘은 돼지이다. 리처드는 고릴라이다. 샐리는 얼음덩어리이다" 등등의 메타포 해석의 원리는 Andrew Ortony, *Metaphor and Thought*, Cambridge University Press, 1979, 113~123, 참조.

55) The Promised Land(Hebrew: תחטבומה יראה , translit.: Ha'Aretz HaMuvtahat) is a term used to describe the land promised or given by God, according to the Tanakh (the Hebrew Bible), to the Israelites, the descendants of Jacob. The promise is firstly made to be Abraham (Genesis15:18-21) and then renewed to his son Isaac, and to Isaac's son Jacob (Genesis 28:13), Abraham's grandson. The promised land was described in terms of the territory from the River of Egypt to the Euphrates river (Exodus 23:31) and was given to their descendants after the Exodus. (Deuteronomy 1:8) The term should not be confused with the expression 'Land of Israel' which is first used in 1 Samuel 13:19, when the Israelite tribes were already in the Land of Canaan.

56) Charles Hampden-Turner, *Maps of Mind*, 44~47. Jung의 원형이론은 최근 심리학에서 양성성을 인간의 성숙성으로 보는 견해의 근원이 되었다. 그러나 생태여성주의 신학자인 Rosemary Ruether는 이러한 Jung의 아니마/아니무스 이론이 남성성과 여성성이라는 성차별적인 용어를 사용하여 가부장주의 이데올로기를 더욱 공고히 할 수 있다는 점을 비판하면서 통전적인 인간성을 단순히 양성성으로 이름 붙이는 것을 반대한다. 다시 말해 여성성의 본질과 남성성의 본질을 관계성과 합리성으로 나누는 이분법적인 구별은 남성성과 여성성이라는 이름으로 성차별주의 이데올로기를 오히려 정당화시킨다는 것이다. 따라서 그녀는 통전적인 인간성의 표현을 위해서는 여성성과 남성성이라는 성차별적인 용어보다 '관계성'과 '합리성'이라는 인간의 본성적인 특징을 나타내는 용어가 더 적합하다고 주장한다. 관계성과 합리성은 인간의 총체적인 인간성(full humanity)을 구성하는 본질적인 요소로서 여성과 남성 모두 안에 공존하며, 온전한 인간성의 실현은 여성과 남성 모두가 지향해야 할 목표이기 때문이다. Ruether, R. R.(1980, 206~218), 『새 여성·새 세계: 성차별주의와 인간의 해방』, 손승희 역, 서울: 현대사상사[*New Woman New Earth: Sexist Ideologies and Human Liberation*, The Seabury Press, Inc. 1975].

57) 조셉 캠벨, 『네가 바로 그것이다』, 해바라기, 2004. 276~282.

58) 조셉 캠벨, 빌 모이어스, 『신화의 힘』, 이윤기 옮김, 고려원, 1992.

59) John 14:6, Jesus said to him, I am the way, the truth, and the life, No one comes to the Father except through Me.

60) 조셉 캠벨, 빌 모이어스, 『신화의 힘』, 이윤기 옮김, Ibid., 62.

61) 구약성서의 배경 속에 나타나는 여신들에 관한 내용은 Raphael Patai, *The Hebrew Goddess*(1967) 참조.

62) 통양철학인 도교에서도 생명 탄생의 근원시인 '현빈(玄牝)'이란 인간과 자연을 포괄하는 도가사상에 있어 매우 중요한 창조의 은유이다. 『도덕경』 제6장에는 谷神不死 是謂玄牝 玄牝之門 是謂天地 根 綿綿若存 用之不根 (골짜기의 神은 죽지 않으니 이것을 현빈이라고 한다. 현빈의 문은 천지의 뿌리라고 하는데 미미하게 이어져서 있는 듯 없는 듯하면서도 쓰는 데 힘들이지 않는다)라고 하였다. 곡신은 유형한 몸이 머금고 있는 무형한 마음이 지닌 무한대의 공능(功能)을 암시하고, 현빈(玄牝)은 만물을 다양한 차이로서 생기시키는 어머니와 다를 바 없다. 현빈의 문이란 현빈이 말미암는 곳으로 그 근본은 태극과 더불어 한 몸이므로 '천지의 근본'이다. 현빈은 곡신의 다른 칭호이기도 한데, 여성성을 통한 천지만물의 생식능력을 보이고 있는 것으로 모든 창조의 근원이 바로 근원적 모성임을 분명히 보여주고 있는 것이다. 따라서 이러한 모성은 바로 동양사상에 있어 '창조성'의 근원이라 할 수 있으며, 동양사상이 말하는 '공동창조성'의 근원 또한 이 모성에 그 근원을 두는 것으로 볼 수 있는 근원모델이라 할 수 있다. 오세정, "일상적 창조성에

관한 여성주의 목회 상담학적 연구-중년기 기독교 여성들을 중심으로-", 연세대학교 대학원, 2007, 127.

63) 조셉 캠벨, 빌 모이어스, 『신화의 힘』, Ibid., 64.

64) Charles Hampden-Turner, *Maps of Mind*, 25.

65) 조셉 캠벨, 빌 모이어스, 『신화의 힘』, Ibid., 110.

66) Charles Hampden-Turner, *Maps of Mind*, 54.

67) 조셉 캠벨, 『네가 바로 그것이다』, 119.

68) Revelation 1:8, "I am the Alpha and the Omega, the Beginning and the End", says the Lord, "who is and who was and who is to come, the Almighty."/The Greek letters alpha and omega surround the halo of Jesus Stylized carving at entrance to Antoni Gaudi's Sagrada Família(Barcelona) Coat of arms of Principality of Asturias (Spain) Alpha and Omega, alpha(α or A) and omega (ω or Ω), are the first and the last letters of the Greek alphabet and are an appellation of Christ or of God in the Book of Revelation. These couple of letters are used as Christian symbols, and are often combined with the Cross, Chi rho, or other Christian symbols. The term Alpha and Omega comes from the phrase "I am the alpha and the omega" (Koiné Greek: $\tau\grave{o}\ A\ \kappa\ \alpha\ \grave{\iota}\ \tau\ \grave{o}\ \Omega$), an appellation of Jesus in *the Book of Revelation* (verses 1:8, 21:6, and 22:13). In the Book of Revelation, it reads "I am the Alpha and Omega, the first and the last." The first part of this phrase ("I am the Alpha and Omega") is first found in Chapter 1 verse 8, and is found in every manuscript of *Revelation* that has 1v8. Several later manuscripts repeat "I am the Alpha and Omega" in 1v11 too, but it does not receive support here from most of the oldest manuscripts, including the Alexandrine, Sinaitic, and Codex Ephraemi Rescriptus. It is, therefore, omitted in some modern translations. Scholar Robert Young stated, with regard to "I am the Alpha and Omega" in 1v11, that the "oldest MSS. omit"it.

69) 조셉 캠벨, 『네가 바로 그것이다』, Ibid., 124.

70) Ibid., 128.

71) Ibid., 132.

72) Ibid., 137.

73) Ibid., 422.

74) Ibid., 16~19.

75) Ibid., 25.

76) 노드롭 프라이, 김영철 옮김, 『성서와 문학』, 30.

77) 환유라는 단어를 사용할 수 있는 경우는 3가지다. 1. 한 이미지가 다른 이미지를 대신하는 문제이다. 이것은 은유의 한 종류이다. 2. 유비적 사고와 글쓰기의 양식으로서, 적절한 언어적 표현을 초월해 있는 것을 언어적 표현으로 '대신하는' 경우이다. 환유의 일반적인 의미이다. 3. 단어가 서술하는 대상을 단어가 대신하는 사고와 말하기의 양식이다. 노드롭 프라이, 김영철 옮김, 『성서와 문학』, 42.

78) Ibid., 31~32.

79) Herman Northrop Frye, CC FRSC (July 14, 1912 January 23, 1991) was a Canadian literary critic and literary theorist, considered one of the most influential of the 20th century. Frye gained international fame with his first book, *Fearful Symmetry* (1947), which led to the reinterpretation of the poetry of William Blake. His lasting reputation rests principally on the theory of literary criticism that he developed in *Anatomy of Criticism* (1957), one of the most important works of literary theory published in the twentieth century. American critic Harold Bloom commented at the time of its publication that Anatomy established Frye as "the foremost living student of Western literature." Frye's contributions to cultural and social criticism spanned a long career during which he earned widespread recognition and received many honours.

80) Ibid., 59.

81) John 3:8: The wind blows where it chooses, and you hear the sound of it, but you do not know where it comes from or where it goes.

82) Luke 17:21: Nor will they say, "Look here it is!" or "There it is!" For, in fact, the kingdom of God is among(within) you.

83) 노드롭 프라이, 『성서와 문학』, Ibid., 95~96. 사도 바울은"모든 사람이 죽은 것 같이 그리스도 안에서 모

든 사람이 삶을 얻으리라"(고전 15:22)고 말한다. 육체적 기원을 아담이 갈빗대 안에 가졌으므로 우리는 모두 육적으로 그 안에 존재했다는 교리나 혹은 우리는 모두 법적 계약자의 대표자인 그리스도 안에 포함된다는 안셀름(Anselm)의 논증도 이 구절을 근거로 한 것이다. 사도 바울의 말씀 가운데 그리스도 '안에', 아담 '안에'에서 쓰이는 *안에*라는 말은 신약성서에서 누차 반복되는데 그 말의 의미는 매우 심오하며 우리가 이해할 수 없는 의미로 사용되는 경우가 많다. 우리가 그리스도 *안에* 살고 아담 *안에서* 죽었다는 것은 사람의 본연의 형상은 사람을 표현하는 사상 범주나 삼차원적 개념으로 그릴 수 있는 인간과는 큰 차이가 있다는 사실을 의미하는 듯하다. C. S. 루이스, 『고통의 문제』, 122~123. 루이스는 신약성서에 나오는 '안에'에 대하여, 동일한 의미로 받아들이지 않는다. "그리스도 *안에* 있는 사람, 하나님 *안에* 있는 그리스도, 교회 *안에* 있는 성령, 각 개인 *안에* 있는 성령 등이 다 같은 의미는 아니다. 그 말들은 단 하나의 의미를 가진 것이 아니라 운율이나 서로 상응하는 내용에서 의미를 같이하는 것이다." …… 여기서 말하는 *안에*는 동일한 것이 아니라 서로 상응하는 것이 있다는 뜻이다. 즉, 자아에 도달한 짐승들은 그 주인 *안에* 있는 것이다. 그 주인 *안에서* 참된 자아가 실현되었다는 것이다.

84) Ibid., 97.
85) Revelation 11:8. and their dead bodies will lie in the street of the great city that is prophetically called Sodom and Egypt, where also their Lord was crucified.
86) 노드롭 프라이, 『성서와 문학』, 198.
87) Job 26:7. He stretches out the north over empty space: He hangs the earth on nothing.
88) Ibid., 113.
89) Ibid.,114.
90) Ibid., 119.
91) Ibid., 126.
92) Matthew 6:26, 28 Look at the birds of the air. Consider the lilies of the field.
93) 노드롭 프라이, 『성서와 문학』, 114.
94) Romans 12:6 "we have gifts that differ according to the grace given to us." 흠정역에 '유비(*analogia*)'를 '비율'로 번역하고 있다. "Having then gifts differing according to the grace that is given to us, let us use them: if prophecy, let us prophesy in proportion to our faith."
95) 이 은유는 제도 중에서 상징적으로 가장 널리 퍼져 있는 사회제도 중의 하나인 왕정제도를 의미한다. 노드롭 프라이, 김영철 옮김, 『성서와 문학』, 140.
96) Galatians 2:20 It is no longer I who live, but it is Christ who lives in me. And the life I now live in the flesh I live by faith in the Son of God, who loved me and gave himself for me.
97) 심영보, 『사이버신학과 디지털교회』, 91~94, 'Logocentrism' 참조. Logos, Greek spelling Logos(/ˈloʊgɒs/, UK/ˈlɒgɒs/, or US/ˈloʊgoʊs/: Greek: λόγος, from λέγω lego "I say") is an important term in philosophy, psychology, rhetoric, and religion. Originally a word meaning 'a ground', 'a plea', 'an opinion', 'an expectation', 'word', 'speech', 'account', 'reason', it became a technical term in philosophy, beginning with Heraclitus (ca. 535~475 BC), who used the term for a principle of order and knowledge. Ancient philosophers used the term in different ways. The sophists used the term to mean discourse, and Aristotle applied the term to refer to 'reasoned discourse' or 'the argument' in the field of rhetoric. The Stoic philosophers identified the term with the divine animating principle pervading the Universe. After Judaism came under Hellenistic influence, Philo (ca. 20 BC~AD 50) adopted the term Into Jewish philosophy. The Gospel of John identifies the Logos, through which all things are made, as divine (theos), and further identifies Jesus as the incarnation of the Logos. Although the term 'Logos' is widely used in this Christian sense, in academic circles it often refers to the various ancient Greek uses, or to post-Christian uses Logos within contemporary philosophy, Sufism, and the analytical psychology of Carl Jung. http://en.wikipedia.org/wiki/.
98) 노드롭 프라이, 김영철 옮김, 『성서와 문학』, 158.
99) 신약 외경 중에 하나로 1891~1908년 사이에 옥시린쿠스에서 발견된 양피지 사본들인데 예수의 대화와 말씀이 기록되어 있음.
100) Ibid., 243.
101) Ibid., 244.

102) Ibid., 309.

103) Ibid., 317.

104) Sallie McFague, 은유신학, 47.

105) Charles Hampden-Turner, *Maps of Mind*, 29.

106) 폴 틸리히가 철학과 신학을 연계시키는 신학자라면, 맥페이그는 문학과 신학을 연계시키는 사색가라고 할 수 있다. http://people.bu.edu/wwildman/bce/mwt_themes_909_mcfague.htm.

107) http://people.bu.edu/wwildman/bce/mwt_themes_909_mcfague.htm.

108) McFague, S.(2001), 『은유신학: 종교 언어와 하나님 모델』, 정애성 역, 서울: 다산글방[*Metaphorical Theology: Models of God in Religious Language*, Philadelphia: Fortress Press.

109) Rosemary Ruether(1985, 66), 『성차별과 신학』, 안상님 역, 서울: 대한기독교출판사[*Sexism and God-Talk: Toward a Feminist Theology*, Boston: Bacon Press, 1983]는 성서 속에서 가부장적이지 않은 하나님의 언어를 발견하고자 한다. 예를 들어 자궁으로 묘사되는 하나님의 자비와 여성으로 묘사되는 '지혜'의 이미지에서 여성적인 의미와 가치를 발견하는 것이다.

110) Sallie McFague, 2001, 27~30, 1982, 249.

111) 은유적 사유란 서로 인지도가 다르고 서로 닮지 않은 두 대상과 사건을 유사성의 실로 꿰는 것이고, 또한 잘 알려진 것을 이용해서 잘 알려지지 않은 것을 말하는 것이다(Sallie McFague, 2002, 40).

112) Sallie McFague, 2001, 46~47.

113) Hart, Trevor(1989), Regarding Karl Barth: Essays Toward a Reading of his Theology, Carlisle: Paternoster, 181.

114) Hampson, Daphne(1990), Theology and Feminism, Oxford: Basil Blackwell, 159.

115) Fergusson, David(1998), The Cosmos and the Creator, London: SPCK, 8.

116) http://en.wikipedia.org/wiki/Sallie_McFague.

117) Mark Mann, *Sallie McFague: Mann's Quick Notes*, 1997.

118) C. S. Lewis, 1898~1963, 루이스의 프로필 및 저서들은 다음 하이퍼텍스트를 참조해볼 것. http://www.enotes.com/c-s-lewis-62010-criticism/lewis-c-s.

119) http://cslewis.wikispaces.com/Metaphor.

120) Corinthians 5: 19 that is, that God was in Christ reconciling the world to Himself, not imputing their trespasses to them, and has committed to us the word of reconciliation.

121) http://greatcloud.wordpress.com/2009/04/19/c-s-lewis-on-meta phors-of-the-incarnation- and-atonement/.

122) Ibid.

123) C. S. 루이스, 『고통의 문제』, 김남식 역, 크리스천서적, 2001, 194.

124) Ibid., 197~198. Numbers 22:23~39 발람의 스토리에서 하나님은 동물의 통증감각을 이용하신다. 23 Now the donkey saw the Angel of the LORD standing in the way with His drawn sword in His hand, and the donkey turned aside out of the way and went into the field. So Balaam struck the donkey to turn her back onto the road. 24 Then the Angel of the LORD stood in a narrow path between the vineyards, with a wall on this side and a wall on that side. 25 And when the donkey saw the Angel of the LORD, she pushed herself against the wall and crushed Balaam's foot against the wall; so he struck her again. 26 Then the Angel of the LORD went further, and stood in a narrow place where there was no way to turn either to the right hand or to the left. 27 And when the donkey saw the Angel of the LORD, she lay down under Balaam; so Balaam's anger was aroused, and he struck the donkey with his staff. 28 Then the LORD opened the mouth of the donkey, and she said to Balaam, "What have I done to you, that you have struck me three times?" 29 And Balaam said to the donkey, "Because you have abused me. I wish there were a sword in my hand, for now I would kill you!" 30 So the donkey said to Balaam, "Am I not your donkey on which you have ridden, ever since I became yours, to this day? Was I ever disposed to do this to you?" And he said, "No."

125) C. S. 루이스, 『고통의 문제』, 김남식 역, 크리스천서적, 2001, 194~195. 명료함이나 확실성의 추구는 자연히 은유의 희생을 불러왔다. 드라이덴(Dryden)은 은유의 사치는 엄격한 상황의 반가운 희생물이 될 수 있다고 주장한다. 낱말과 사물과의 정확한 관계는 만약 은유 없이 두게 된다면, 의미를 단순하고 자연

스럽고 더욱 효과적으로 전달하게 될 언어에 대한 일종의 특별히 부가된 장식으로서의 은유를 생각하는
개념을 다만 보강할 수 있을 뿐이다. Terence Hawkes, *Metaphor*, 43~44. 루이스는 선지자가 "어린양
이 사자와 같이 눕는다" ***로 말하는 것은 동양적 과장법이라고 생각한다. 사자와 어린양을 다정스럽고
조화롭게 만들어 놓으면, 그것은 사자도 아니고 어린양도 아닐 것이라고 주장한다. 사자에게 위엄성이
없어진 후에도 그 위엄을 과연 발견할 수 있을까? 이때 진정한 사자의 모습은 이빨이 빠지고 조잡하고
변질된 모습을 상상할 수 있다. 그럼에도 불구하고 사자는 천상에서 황금 갈기를 나부낄 것이다. 그리고
우리 인간들은 "사자여, 다시 포효하려무나!"라고 외칠지 모른다. ***C. S 루이스, 김남식 역, 『고통의 문
제』, 210~212.
126) http://www.studylight.org/lex/grk/view.cgi?number=4983.
127) McArthur, Harvey K., *Understanding the Sermon*, 12.
128) 노드롭 프라이, 『성서와 문학』, 109.
129) Terence Hawkes, 심명호 역, 『은유』, 40~41. 존단의 설교 중에서.
130) 기독교 창세기 이야기에서 발견되는 '이름 붙이기'는 인간의 속성에 부여된 특권이며, 하나님의 창조를
    부분적으로 현실화시키는 인간의 창조 작업이다. C. C. Neuger, 『여성들을 위한 목회상담: 이야기심리
    학적 접근』, 정석환 역, 서울: 한들출판새[*Counseling Women: A Narrative, Pastoral Approach*, Minneapolis:
    Augsburg Fortress, 2001], 2002, 151.
131) Joseph Campbell에 의하면 그동안 남성의 전유물이라고 여겨왔던 영웅적인 모험은 남성들만의 것이 아
    니라, 고통스러운 출생과정을 이기고 태어나는 모든 아기들과 또한 출생의 모든 과정을 가져오는 어머니
    에게 해당된다. 아즈텍 신화에서는 전장에서 전사한 병사와 출산 때 죽은 어머니는 똑같이 최고천을 배
    정받는다. 자신의 생명을 다른 생명에게 나누어주는 것이기 때문이다. 이처럼 생명을 낳는 여성의 출산
    이야말로 영웅적인 모험이며 창조성의 가장 확실한 사례라는 사실은 창조성의 주체로서 여성을 주체성
    을 구축하는 매우 중요한 자원이 될 수 있다. Campbell, J. and Moyers B.(2002), 『신화의 힘』, 이윤기
    역, 서울: 이끌리오[*The Power of Myth*, Doubleday: Random House, 1991].
132) 히브리어에서 '자비'를 뜻하는 *rahamim*과 '자궁'을 뜻하는 *rehem*은 같은 뿌리에서 유래했다. 상당수의
    유대교 신학이 가부장제를 바탕으로 하고 있지만 유대인들은 자궁을 존중하고 그 단어에서 자비라는 말
    을 끌어낸다. 이는 헬라어에서 자궁을 의미하는 단어인 hysterikos가 여성기피를 드러내는 것과 대조된
    다. Mattew Fox, *Creativity: Where the Divine and the Human Meet*. Ibid., 219.
133) 맥페이그는 우주 자체는 어떤 의미에서 '하나님의 몸'이라고 주장한다. '하나님의 몸'으로서 우주는 매력
    적이며 강력한 모델이다. 비가시적인 하나님이 가시적인 몸으로 나타난다. 특히 성만찬에서 하나님의 몸
    은 가장 깊고 심오한 내재성과 압도적인 초월성의 모델이다. 하나님은 전 우주에 내재해 있다. 실재의 과
    정, 그 과정을 통한 신성의 의도와 목적을 표현한다. 동시에 외적인 통제라기보다는 오히려 내적 근원,
    힘, 목표로서 역할을 하지만, 과정의 대리자로서 하나님은 초월적이다.
134) 몸-주체 담론은 Merleau-Ponty의 실존주의적 현상학에서 이야기되어 온 것이며, Whitehead의 합생이론
    에서도 발견될 수 있다. Merleau-Ponty에게 있어서 인간 실존은 무엇보다도 '몸-주체(body-subject)'의
    실존이며, 육체화된 주체성에게 있어서 암묵적이고 감각적인 지식은 명백하고 의식적인 지식보다 앞선
    다. 이는 인과적 효과성의 지각양태가 직접적 현시성의 지각보다 우선한다고 한 Whitehead의 말과 같은
    맥락이다.
135) 콜리지(Coleridge)는 단일화(esemplastic)라는 말을 만들어낸 바 있는 하나의 통합작용 속에서 연결하고
    혼합하고 화해시키는 것인데 그 말은 '하나로 만드는 것(to shape into one)'을 뜻한다고 말한다. 그의 철
    학의 근본적인 원리는 유기체(organism)이다. 진정한 플라톤(Plato) 학파의 사람들과 마찬가지로 그는 모
    든 사물이 유기적 관련성을 찾고 아리스토텔레스(Aristotle)의 분류에 의하여 만들어진 그 사물들 사이의
    인위적인 경계들을 파괴하기를 원했다. Terence Hawkes, *Metaphor*, Methuen & Co Ltd, 43~44, 참조.
136) 촘스키(Noam Chomsky)는 "강정을 말하다", "왜 싸워야 하는가?(Why do we have to fight?)"에서 제주
    도 강정마을 해군기지건설의 이면에 숨겨진 의도를 밝히고 있다.
    http://korea.ucanews.com/2012/03/08/video-120308/삽입.
137) 금강 하구둑에 '세계적 생태관광지'를 만든다는 계획에 우려를 표명하면서 6가지 '바람직한 금강 살리기
    의 방향'을 제안한다. 허재영, "금강 살리기의 바람직한 방향", 2009 하천환경포럼, 한국환경정책 평가연
    구원, 223~252. 허재영, "금강의 올바른 살리기", 농민과 사회, (사)한국농어촌사회연구소, 2010년 4대
    강 특집호(통권 51호), 36~55, 참조. 허재영, "바람직한 금강 살리기", 목요언론, 오늘의 문학사, 2009년

제8호, 134~140. 또한 허재영 교수는 논문 "더불어 사는 방법, 댐 철거"에서 미국, 일본 등은 보나 댐들을 철거하고 있지만, 우리의 경우는 오히려 아주 미미한 편이며 앞으로 철거의 계획이 없다는 점을 지적한다. 보의 철거에 따른 염수와 수위, 수질의 문제를 분석한다. 오히려 4대강 등의 개발로 우리의 보가 늘어나는 현상은 아이러니가 아닐 수 없다. 허재영, "더불어 사는 방법, 댐 철거", 서울환경운동연합, 대한하천학회 엮음, 『한강의 기적』, 이매진, 2003, 255~268. 보(댐) 철거 필요성에 대한 타당성 검토에 대한 상세한 자료는 허재영, "4대강 사업의 향후 과제", 대한민국국회 국토해양위원회, 2012, 121~164.

138) 맥페이그는 자신의 책, 『핵시대 생태학을 위한 신학』(*Theology for an Ecological, Nuclear Age*)에서 '왕국으로서 세계'와 '왕으로서 하나님'에 대한 군주적 언어를 비판한다. 왕, 군주, 족장의 하나님을 어머니, 연인, 친구로 대체시킨다. 그녀는 '하나님의 몸으로서 세계'와 '어머니, 연인, 친구로서 하나님'을 제시한다. 후자의 3가지 모델은 지나치게 개인적인 위험성을 안고 있지만, 포괄적이며 비계급적인 복음에 대한 이해를 가장 잘 반영해주고 있다고 그녀는 믿고 있다.

139) 하나님의 몸으로서 전 우주를 생각하는 사유체계는 처음부터 기독교에 반기를 들었던 영지주의적 범심론이나 이교주의로 회귀하는 것이라는 의혹이 있다. '세계 앞에 무릎을 꿇는 일'이라고 샤르댕을 비판하던 매리테인의 표현과 유사하다.

140) 샤르댕의 '우주적 그리스도(the Cosmic Christ)'의 개념에 관하여 혹은 '그리스도 몸'은 진화적 현상을 이해하는 데 중요한 열쇠가 되는 의식을 지향하는 통합과 복합성의 전체적 유형을 강조한다.

141) Sallie McFague, *Metaphorical Theology*, 20.

142) Genesis1:26 Then God said, "Let Us make man in Our image, according to Our likeness; let them have dominion over the fish of the sea, over the birds of the air, and over the cattle, over all the earth and over every creeping thing that creeps on the earth.

143) 미니멀리즘(Minimalism)은 "작은 것이 아름답다", "적은 것이 많은 것이다"라는 선언이다. 이 미니멀리즘의 텍스트들은 66권으로 이루어진 성경이 대표적이라고 할 수 있다. 영문학에서는 한 글자, 두 글자, 여섯 글자 등으로 이루어진 소설들이 있다. 이 이론은 현대과학에서 나노테크놀로지(Nano Tech)와 일맥상통하고 있다.

144) Terence Hawkes, *Metaphor*, 11.

145) Terence Hawkes 저, 심명호 역, 『은유』, 16~17.

146) Ibid., 6~7.

147) http://www.natureskills.com/survival/primitive-living-as-a-me taphor/April8, 2010 Thomas Elpel, "Wilderness Survival Skills Primitive Living as a Metaphor."

148) http://en.wikipedia.org/wiki/Hildegard_von_Bingen.

149) 그녀는 종종 자신의 예언가적 기질을 종말론적 예언가 에제키엘(Exekiel)과 비교한다. 에제키엘은 상징을 사용하여 힐데가르트처럼 그 당시 종교의 부패성을 폭로하고 공격하였다. 많은 이들은 힐데가르트의 이러한 고발이 그녀를 독일 종교개혁의 선구자로 만들었다고 생각한다. 실제로 마틴 루터(Martin Luther)의 친구이며 뉘른베르크(Nurnberg)의 선교사인 안드레아 오시안데르(Andreas Osiander)는 힐데가르트를 종교개혁의 선구자로 언급하기도 하였다. 지난 몇 세기 동안 힐데가르트의 이름이 거의 거론되지 않았던 이유는 그녀의 종교심이 가톨릭인들에게는 지나칠 정도로 '개신교적'이기 때문이라는 그럴듯한 주장이 있다. 그러나 이제 그리스도교인들 간의 교회일치운동이 가톨릭에는 예언가적 카리스마를, 개신교에는 신비가적 카리스마를 보강시키고 있으며, 힐데가르트는 예언가로서 시의 적절하게 이에 기여하고 있다. 매튜 폭스의 글, "힐데가르트가 우리 시대에 선사한 8가지 선물", blog.daum.net/st-francisco/15418552.

150) Marie-Dominique Chenu (OP) (7 January 1895, Soisy-sur-Seine, Essonne-11 February 1990, Paris) was a progressive Roman Catholic theologian and a founder of the reformist journal Concilium. Chenu entered the French Province of the Dominican Order (Order of Preachers) in 1913. His earlier theological work was on St. Thomas Aquinas, employing an historical method. Chenu was ordained in 1919 and completed his doctorate in theology at the Pontificium Collegium Internationale Angelicum, future Pontifical University of Saint Thomas Aquinas, Angelicum in 1920 under the direction of Reginald Garrigou-Lagrange with a dissertation entitled De contemplatione.

151) Sr. Ethelburg Leuschen, "Hildegarde, Saint and Scientist", Benedictine Review (Summer, 1958), 52.

152) http://www.greenstone.org/greenstone3/nzdl?a=d&c=whist&d= HASH054c11b9ddc99f266f 81dd&dt=-simple&p.a=b&p.s=ClassifierBrowse.

153) 몽준스키(John Monczunski)의 '21세기를 위한 12세기의 지혜'의 글에서, 힐데가르트는 모든 인간의 삶
은 일종의 '서사 영웅담(epic saga)'으로 보았다고 주장한다.
http://magazine.nd.edu/news/27984-12th-century-wisdom- for-the-21st/.
154) 힐데가르트의 영성은 매튜 팍스(Matthew Fox)의 그린영성에 영향을 미쳤다. Creation Spirituality considers
itself a 'green' theology, emphasizing a holy relationship between Man and nature. Accordingly, the
protection of nature is considered a sacrament and an expression of God and a 'Cosmic Christ.'
http://en.wikipedia.org/wiki/Matthew_Fox_(priest).
'힐데가르트가 우리 시대에 선사한 8가지 선물'은 blog.daum.net/st-francisco/ 15418552, 참조.
155) 하늘로 향한 창은 종교적 체험의 영역이다. 이것은 하나님과 인간의 수직적 만남의 차원이다. 하나님은
우리 마음대로는 아니지만 경험된다. 이러한 경험은 예식문, 성찬, 성서주석, 시편찬송 등으로 교회에서
표현된다. 그녀는 간단한 라틴어를 배우고, 베네딕트회 규율을 따르며 집중해서 책 읽는 신앙훈련을 하
였다. 베네딕트회에서 힐데가르트는 그녀의 개인비서가 된 폴마(Vollmar)를 만나게 되었다. 그는 하늘로
향하여진 그녀의 환상들(Visionen)과 생각들(Gedanken)을 신중히 기록해두었다가, 그녀와의 대화를 통
하여 이를 수정, 보완하여 편집하였다.
마당으로 열려진 창은 사회적 의식의 영역이다. 이것은 인간과 인간 사이의 수평적 관계의 차원이며 일
상적 삶 가운데 벌어지는 다양한 모습들과 소리들을 포함한다. 건축현장의 소리, 행인들의 소리에 그녀
는 언제나 귀 기울였고, 수도원의 종들과 방문객들과 대화를 나누었다. 상담을 요하는 사람들을 항상 목
회적 돌봄으로 감싸 안았고 환자는 약초들을 갖고 보살폈다. 그녀는 일상생활로 부터의 배움을 강조하였
다. 또한 그녀는 극도의 겸손과 겸양의 태도를 보이며 그녀가 제대로 교육받지 못하였음을 강조한다. 그
러나 그럼으로써 당대의 상아탑의 신학자들과 차별성을 두는 것이다. 당시의 스콜라 신학을 주도했던 신
학자들이란 안셀름(Anselm von Canterbury), 아벨라르(Petrus Abaelardus), 베렝가르(Berengar von
Tours) 등이었는데 그녀는 이들과 자신을 비교하거나 이들의 척도로 자신이 평가받기를 원하지 않았다.
156) 첫째, 창조물에는 어느 것에나 신비한 치유력이 있다. 자연으로부터 얻은 치료제를 사용한다. 둘째, 식료
품이 곧 치료제이며 구원의 도구이다. 밥상이 곧 몸과 영의 약상이다. 셋째, 기도하고 일하라. 일의 성과
가 우선이 아니라 일 자체가 기도가 되도록 한다. 넷째, 충분한 수면을 취하고 충분히 움직인다. 다섯째,
땀을 흘리거나 사혈, 장의 정화 등으로 독소를 배출하여 몸을 정화시킨다. 여섯째, 영혼의 치유력으로 삶
을 평정하고 식단으로 정화한다. 내적인 평화와 고요함으로 절제된 명상을 행한다. 로날드 슈베페, 알요
샤 슈바르츠, 유 옥 역, 『빙엔의 힐데가르트가 전하는 보석치료』, 다른우리, 2003. 12~19.
157) 293종의 식물, 63종의 나무, 8종의 금속, 72종의 새, 18종의 파충류 등을 다양하게 소개하고 있다. 특히
그녀의 보석치료는 유명하다. http://tessinozona.tistory.com/415, 정홍규, "바람 속의 장미, 빙엔의 힐데
가르트 수녀", 『월간 빛』, 2007년 9월호. 대체의학의 하나라고 볼 수 있는 보석요법은 보석 자체에 내재
해 있는 에너지를 활용하여, 몸 안의 에너지(氣)에 상승효과를 미침으로써 조화로운 에너지를 조절해낸다
는 이론으로, 이것은 독일 최초의 여의사이며 중세의 신비주의자 힐데가르트(Hildegard)의 원전을 근거로
하고 있다. 임상적 보석요법의 창시자라고 할 수 있는 힐데가르트는 자신의 관찰과 경험을 통한 자연치
료법의 하나인 보석요법을 통해 정신적, 심적, 영적 평온함과 안정감 고취로 인체의 에너지를 조절하여
병을 호전시켜왔다. 하경숙, "힐데가르트 보석요법이 중년여성의 심리상태에 미치는 효과", 대구가톨릭대
학교, 2010, A Study on The Influence of Gemstone Therapy by Hildegard on Elderly Woman's
Mental State.
158) She is now popular in natural healing circles, in medieval and women's studies, and among those
interested in investing the everyday with the spiritual. Hildegard's Healing Plants is a gift version and
new translation of the 'Plant' section of Physica, Hildegard's classic work on health and healing.
Hildegard comments on 230 plants and grains—most of which are still grown in home gardens and
sold at local health food stores. In one of many entries on women's health, Hildegard writes, "Also
if a pregnant woman labors much in childbirth, let someone cook pleasant herbs, such as fennel
and assurum, in water with fear and great moderation, squeeze out the water, and place them while
they are warm around her thighs and back, tied gently with a piece of cloth, so that her pain and
her closed womb is opened more pleasantly and easily."
http://www.powells.com/biblio?isbn=9780807021095.
159) 스스로를 치료한 경험을 살려 정신적, 육체적 질병에 대한 처방과 이에 필요한 약초를 글로 적어 놓았다.

9세기 전에 이미 예언적 신비주의의 관점에서 여성문제와 환경문제에 대해 영성적 기초를 마련했던 것이다. 무엇보다도 자연과 초자연을 결합한 그녀의 자연의학이다. 중세의 약초도감뿐만 아니라 힐데가르트의 자연 치료요법은 오늘날 우리 시대에도 효과 있는 약재를 찾아내도록 고무시킨다. 힐데가르트는 마치 동양의 한의처럼 생각되기도 한다.

160) 정미현. "생태여성신학의 선구자: 힐데가르트 폰 빙엔". 『기독교 사상』, 1998년 9월호. cafe.daum.net/yegasa/8vE/17.

161) 심영보. 『사이버신학과 디지털교회』, 한국학술정보[주], 2008, 73.

162) Pierre Teilhard de Chardin SJ (French pronunciation: [pjɛʁ tejaʁ də ʃaʁdɛ̃]; May 1, 188-April 10, 1955) was a French philosopher and Jesuit priest who trained as a paleontologist and geologist and took part in the discovery of Peking Man and Piltdown Man. Teilhard conceived the idea of the Omega Point and developed Vladimir Vernadsky's concept of Noosphere. Some of his ideas came into conflict with the Magisterium of the Catholic Church, and several of his books were censured. Teilhard's primary book, The Phenomenon of Man, set forth a sweeping account of the unfolding of the cosmos. He abandoned traditional interpretations of creation in the Book of Genesis in favor of a less strict interpretation. This displeased certain officials in the Roman Curia and in his own order who thought that it undermined the doctrine of original sin developed by Saint Augustine. Teilhard's position was opposed by his Church superiors, and some of his work was denied publication during his lifetime by the Roman Holy Office. The 1950 encyclical Humani generis condemned several of Teilhard's opinions, while leaving other questions open. However, some of Teilhard's views became influential in the reforms of the Second Vatican Council. More recently, Pope John Paul II indicated a positive attitude towards some of Teilhard's ideas. In 2009, Pope Benedict XVI praised Teilhard's idea of the universe as a 'living host.' From Wikipedia, the free encyclopedia.

163) Jennifer Cobb, 86~89, 94~96.

164) http://milligan.edu/Communications/101files/timejes1.htm.

165) Jennifer Cobb, 81.

166) Ibid., 82.

167) Ibid.

168) Ibid., 83.

169) Ibid., 85.

170) http://www.wires.com/wired/archive/3.06/teilhard.html.

171) Jennifer Cobb, 99~100.

172) http://www.sjsu.edu/depts/Museum/chardin.html.

173) 오메가는 순수한 의식과 절대적 연합의 집중이다. 즉, 모든 존재가 종합되고 조직되는 곳이다. 전통적인 관점에서 오메가는 하나님 혹은 순수한 영이다. Jennifer Cobb, 89~91, 95, 122.

174) http://www.wires.com/wired/archive/3.06/teilhard.html.

175) The genesis of Whitehead's process philosophy may be attributed to his having witnessed the shocking collapse of Newtonian physics, due mainly to Albert Einstein's work. His metaphysical views emerged in *The Concept of Nature* (1920) and were expanded in *Science and the Modern World* (1925), also an important study in the history of ideas and the role of science and mathematics in the rise of Western civilization. Indebted to Henri Bergson's philosophy of change, Whitehead was also a Platonist who "saw the definite character of events as due to the ingression of timeless entities."

In 1927, Whitehead was asked to give the Gifford Lectures at the University of Edinburgh. These were published in 1929 as *Process and Reality*, the book that founded process philosophy, a major contribution to Western metaphysics. Proponents of process philosophy include Charles Hartshorne and Nicholas Rescher, and his ideas have been taken up by French philosophers Maurice Merleau-Ponty and Gilles Deleuze. In poetry, the work and thought of American Charles Olson was strongly influenced by Whitehead's oncepts. Olson referred to him variously as 'the cosmologist' and as the 'constant companion of my poem.'

Process and Reality is famous for its defense of theism, although Whitehead's God differs essentially from the revealed God of Abrahamic religions. Whitehead's Philosophy of Organism gave rise to process theology, thanks to Charles Hartshorne, John B. Cobb, Jr, and David Ray Griffin. Some Christians and Jews find process theology a fruitful way of understanding God and the universe. Just as the entire universe is in constant flow and change, God, as source of the universe, is viewed as growing and changing. Whitehead's rejection of mind—body dualism is similar to elements in traditions such as Buddhism.

The main tenets of Whitehead's metaphysics were summarized in his most accessible work, *Adventures of Ideas* (1933), where he also defines his conceptions of beauty, truth, art, adventure, and peace. He believed that "there are no whole truths; all truths are half-truths. It is trying to treat them as whole truths that plays the devil." Whitehead's political views sometimes appear to be libertarian without the label. He wrote: Now the intercourse between individuals and between social groups takes one of two forms, force or persuasion. Commerce is the great example of intercourse by way of persuasion. War, slavery, and governmental compulsion exemplify the reign of force. On the other hand, many Whitehead scholars read his work as providing a philosophical foundation for the social liberalism of the New Liberal movement that was prominent throughout Whitehead's adult life. Morris wrote that "…… there is good reason for claiming that Whitehead shared the social and political ideals of the new liberals."

176) Jennifer Cobb, 70.

177) Whitehead. A. N. 『과정과 실재: 유기체적 세계관의 구상』, 오영환 역, 제2판, 서울: 민음사, 2003, [*Process and Reality: An Essay in Cosmology*, 1929], 83~84.

178) Jennifer Cobb, 63.

179) Ibid., 64.

180) 국립표준과학 연구소의 과학자들은 베릴륨(금속원소; 기호 Be; 번호 4)의 단일 이온을 취하여 동시에 시계 정방향과 반대방향으로 돌릴 수 있을 때, 이상한 진리에 대한 실험적 증거를 최근에 수집했다. 뉴욕타임스에 이 중요한 실험을 보도하면서, 작가인 조지 존슨(George Johnson)은 중요한 질문을 한다. 이상한 양자효과가 우리가 실체라고 생각하는 물체로 언제 굳어지는가? 가장 인기 있는 대답을 다음과 같이 그는 찾아냈다: "전자가 그 밖의 다른 것과 충돌하면, 그 둘의 상태는 붙었던 것이 분리되며 우리는 어느 쪽이든 돌고 있는 전자와 함께 남는다." 달리 표현하면 양쪽 방향으로 동시에 돌고 있는 이온의 패러독스는 결정된다. 존슨의 설명에 의하면 어느 주어진 대상에 대하여, 원자들은 "주변 환경-양쪽의 영역 속에 머물게 하면서 작고 생명이 없는 이 모든 '관찰'과 함께 서로 상호작용하고 있다." 이 실험은 화이트헤드의 형이상학에 암시를 주기 시작한다. 전자들은 자신들의 환경을 '관찰'하며 이것은 어느 방향으로 돌아야 할지 알려준다. Jennifer Cobb, 64~65.

181) Jennifer Cobb, 65.

182) Jeremy Hayward, *Perceiving Ordinary Magic*, 227.

183) Jennifer Cobb, 67~68.

184) Ibid., 69.

186) Hosinski, T. E. (2006), 『화이트헤드 철학 풀어 읽기』, 제3판, 장왕식 · 이경호 공역, 서울: 이문출판사 [*Stubborn Fact and Creative Advance*, Rowman & Littlefield Publishers Inc. 1993], 56.

187) Whitehead(2003, 46)에게 있어서 실재적 실체는 세계를 구성하는 궁극적인 실재적 사물로서 복잡하고도 상호 의존적인 경험의 방울들이다. Descartes적 의미로 말하면 '진정한 사물'이다. 진정한 사물이란 '진정으로 존재하는 것'이며 이는 '생성 가운데 있는 것'을 의미한다. 진정한 존재는 주체로서 생성 소멸하지만 객체적으로는 불멸한다. 실체적 실재는 비시간적 현실적 존재인 신에서부터 우주의 작은 미미한 존재까지를 포함한다.

188) 생물학에서 '합생'이라는 단어는 '근본적으로 분리된 부분들이 함께 자라남'이라는 뜻을 지닌 전문용어로 사용된다. Whitehead가 이 전문용어를 사용하는 이유는 경험의 순간이 어떻게 존재로 생성되는지를 이해하기 위해서이다. 즉, 매순간 우리의 경험이 어떻게 발생하고 또한 자기존재를 생성하는지를 분석하기 위해서이다. Hosinski, Ibid., 94, Philosophy of Organism or Organic Realism is how Alfred North Whitehead described his metaphysics. It is now known as process philosophy. Central to this school

is the idea of concrescence. Concrescence means growing together (com/con from Latin for 'together', crescence from Latin crescere/cret–grow), the present is given by a consense, representative of a satisfaction reached via progressive integration of feelings controlled by their subjective forms. We are multiple individuals, but there are also multiple individual agents of consciousness operant in the construction of the given. Marvin Minsky calls this the 'society of mind' in his book Society of Mind. Whitehead's 'subjective forms' complement 'eternal objects' in his metaphysical system; eternal objects being entities not unlike Plato's archetypal Forms. In *Process and Reality*, Whitehead proposes that his 'organic realism' be used in place of classical materialism. From Wikipedia, the free encyclopedia.

189) Hosinski, Ibid., 61.

190) Whitehead는 과거에 실현된 현실적 존재들을 주체적으로는 소멸했지만 '객체적으로는 불멸성 지닌 존재들'이라는 의미에서 Stubborn Facts(확고한 사실들)라고 명명한다. 현실적 존재는 생성이 완결되면 주체적으로는 경험의 직접성을 상실하지만, 만족에 이른 초월적 주체로서 다른 존재 생성을 위한 여건이 된다는 점에서 객체적인 불멸성을 획득한다.

191) 합생의 세 위상은 대상관계 이론의 자기발달 과정과 은유적으로 상호연관 될 수 있다. 곧 '최초의 위상'인 물리적 순응의 단계는 '공생과 융합'의 단계로, '반응적 위상과 통합적 위상'은 '분리·개별화'의 단계로, 마지막 단계인 '고차원적 존재들의 보충적 위상'은 '대상항상성 형성'을 통한 지속적인 자기 발달의 단계로 볼 수 있다. 이는 또한 Piaget가 기술한 아동이 환경에 적응하는 '동화'와 새로운 도식을 만들어내는 '조절'의 과정과도 유비된다. Hosinski, T. E. (2006), 『화이트헤드 철학 풀어 읽기』, 제3판, 장왕식·이경호 공역, 서울: 이문출판사. [*Stubborn Fact and Creative Advance*, Rowman & Littlefield Publishers Inc. 1993].

192) 영원한 객체들은 신의 가치평가에 의해 현실적 존재를 특징짓는 한정의 형식으로 존재 생성에 참여한다. Whitehead 철학에서 영원한 객체들은 현실적 존재의 특성을 결정하는 한정의 형식으로, 전통 철학에서 흔히 보편자(universal)로 일컬어지는 존재와 유사하나 실재성을 가지지 않는다. 그는 현실적 존재가 '존재한다는 것'은 창조성의 결과이지만 그것이 '무엇이냐 하는 것'은 기본적으로 그것이 구현하고 있는 영원한 객체들에 의해 결정된다고 말한다. 그러나 가능태로서의 영원한 객체는 현실적 존재에 의해 결정될 가능성을 가지고 있기 때문에 이런 의미에서는 현실적 존재가 영원한 객체의 결정자가 된다. 문창옥 (1999), 『화이트헤드 과정철학의 이해: 문명을 위한 모험』, 서울: 통나무. 91.

193) Whitehead에게 있어서 신은 창조성이 창조성으로 나타나기 위해 반드시 필요한 존재이다. 신은 자신의 두 본성인 원초적 본성과 결과적 본성으로 새로운 존재창조의 과정에 참여한다. 신의 원초적 본성은 영원한 객체에 대한 개념적 가치평가를 하며, 이를 통해 현실적 존재가 생성될 수 있도록 질서와 가능태들을 최초의 주체적 지향으로 제공한다. 신의 원초적 본성이 부여한 최초의 주체적 지향은 현실적 존재가 만족의 극치를 향유할 수 있는 완결점을 향해 구성되어 나아가도록 유혹(lure)한다. 이러한 점에서 신의 원초적 본성은 현실적 존재의 궁극적 근거가 된다. 일단 신의 원초적 본성에 의한 최초의 주체적 지향이 주어지면 그 즉시 현실적 존재의 생성은 자기 원인적 성격을 갖게 된다. 최초의 주체적 지향 안에는 현실적 존재가 자기를 구성할 자유를 포함하고 있기 때문이다. 그러므로 현실적 존재는 자율적 주체이다. 만일 현실적 존재가 자율적 주체로서 신의 원초적 본성이 평가한 가치들 중에서 가장 낮은 것을 선택하는 경우 만족을 향유하지 못하며 악이 발생하게 된다. 그러므로 신이 현실적 존재들에게 가능태와 최초의 주체적 지향을 제공한다는 점에서 '창조자'이기는 하지만, 각각의 현실적 존재들은 궁극적으로 자신의 합생을 자신이 결정한다는 점에서 자신에 대한 '공동창조자'라고 할 수 있다. 한편 신의 결과적 본성은 현실적 존재의 이러한 모든 경험과 의미들을 통일한다. 모든 현실적 존재들의 주체적 지향이 통합되고 의미를 찾을 수 있게 되는 곳은 바로 이 신의 결과적 본성 안에서라고 할 수 있다. 그러므로 모든 현실적 존재들의 역동적인 자기 창조성은 신의 원초적 본성과 결과적 본성이라는 관계적 맥락 안에서 발현된다. 궁극적으로 신의 결과적 본성은 세계가 소멸할 때 그것을 구제하며 신의 사랑으로 치유하며 아름다운 선에 대한 자신의 영원한 비전이 실현되도록 세계를 유혹하는 창조성의 최고사례로 이해된다. Whitehead, A. N.(2003), 『과정과 실재: 유기체적 세계관의 구상』, 오영환 역, 제2판, 서울: 민음사. [*Process and Reality: An Essay in Cosmology*, 1929], 694~696; Hosinski, 2006, 267~344, 참고.

194) Whitehead에게 있어서 모든 존재는 물리적인 극과 정신적인 극을 지닌다. 저차원의 현실적 존재들일수록 물리적 극을 많이 가지고 있으며 고차원적인 현실적 존재들로 갈수록 정신적인 극을 많이 소유한다.

물리적인 극은 과거에 실현된 존재들을 그대로 수용함으로써 존재의 동일성을 계승하며 정신적인 극은 아직 실현되지 않은 영원한 객체의 가능태를 받아들임으로써 존재에 새로움을 가져다준다. 물리적 극과 정신적 극의 개념은 현실적 존재의 질적인 특성이면서 동시에 자신의 창조과정에 사용하는 파악의 방식과 연관한다. Whitehead는 파악의 가장 근본적인 양태를 느낌이라고 보았다. 그는 지각의 행위를 감각적 지각과 비감각적 지각의 두 가지 양태로 나누고 비감각적 지각이 감각적 지각보다 선행한다고 주장한다. 곧 현시적 직접성의 양태의 지각인 감각적 지각은 선행하는 몸의 상태인 눈, 귀, 손 등이 있기 때문에 가능한 것이며 연쇄적인 몸의 경험들에 의존하기 때문이다. 그는 감각적 지각에 우선하는 비감각적 지각을 '인과적 효과성에 의한 지각의 양태'라고 부른다. 이는 비감각적 지각에 의해 이루어지는 경험으로 물리적 느낌에의 순응이라 할 수 있다. Hosinski, Ibid., 96~111.

195) Whitehead에 의하면 신의 원초적 본성에 의해 인간에게 주어진 최초의 주체적 지향과 인간 자신의 주체적 지향이 일치하는 경우 만족의 극치를 향유할 수 있으며, 최고의 창조성이 발휘된다.

196) 틸리히(Paul Tillich)는 기독교의 하나님을 '존재의 근원(the Ground of Being)'이라고 명명하였다. 사실상 존재의 근원에 대한 이름은 각기 다르지만 종교와 철학, 심리학 전반의 공통적인 관심 주제이다. Jung의 분석심리학에서는 인간 존재의 근원을 우주적인 존재로서 전체 정신구조의 중심인 자기(the Self), 혹은 객관적 정신(Objective Psyche)이라고 부른다. Jung이 말하는 자기(the Self)는 한 인간이 진정으로 되어야 할 자기가 되도록, 곧 온전한 개인으로 개성화될 수 있도록 인도하는 인도자이며 창조성의 근원이라는 점에서, 기독교의 하나님뿐 아니라 모든 종교에서 말하는 신적인 존재와 유사성을 지닌다. 이에 비하여 화이트헤드에 의하면 신은 유일한 비시간적인 현실적 존재로서 창조성의 최고의 예증사례다. 모든 현실적 존재는 이미 존재 안에 내재하고 있는 창조성으로 인해 자기 창조적이지만, 신으로 말미암아 존재 생성의 과정은 비로소 현실적인 것이 된다. 신은 자신이 지니고 있는 두 가지 본성, 즉 원초적 본성과 결과적 본성을 통해 현실적 존재들을 창조하고 세계를 완성해나간다. 이러한 융과 화이트헤드의 주장은 모든 인간의 자기실현, 혹은 자기 창조 과정에 근원적이며 궁극적인 존재의 적극적인 참여가 이루어지고 있다는 사실을 말해준다. 따라서 기독교적으로 말한다면 하나님과의 상호관계성을 기반으로 하여 인간이 자기정체성을 창조적으로 재구성해 나가는 일은 하나님과의 '공동창조' 작업이라 할 수 있다.

197) Whitehead는 이것을 최초의 주체적 지향이라고 말한다. 신의 원초적 본성에 따라 존재생성을 위해 주어지는 최초의 주체적 지향은 존재의 생성과정에서 다양한 유혹적인 요소들에 의해 최초의 지향과는 다른 주체적 지향으로 변화되어 간다. 그러나 신의 결과적 본성은 인간의 왜곡되어가는 주체적 지향을 사랑으로 끌어안으면서 신의 원초적 본성에 일치한 만족에 이르는 존재로 창조되어갈 수 있도록 끊임없는 응답적 사랑으로 인간을 초대(유혹) 한다. Whitehead, A. N.(2003), 『과정과 실재: 유기체적 세계관의 구상』, 오영환 역, 제2판, 서울: 민음사, *Process and Reality: An Essay in Cosmology*, 1929.

198) Jennifer Cobb, 54.

199) S. McFague, *Models of God*, pp.69~78.

200) __________, "Imaging a Theology of Nature: The World as God's Body", *Liberating life*, Orbis, 1990, 213.

201) __________, *Models of God: Theology for an Ecological, Nuclear Age*, Philadelphia: Fortress Press, 1987, 74.

202) Ibid., 32.

203) Ibid., 181.

204) Ibid., 13.

205) Ibid., 17.

206) Ibid., 15.

207) S. McFague, "Imaging a Theology of Nature: The World as God's body", *Liberating Life*, 70.

208) __________, *Models of God*, 82.

209) Ibid, 80~82.

210) Ibid, 85~86.

211) 『성서와 문학』, 11.

212) 심영보, 『고갈과 소생의 변증법』, 한국학술정보[주], 2006, 49~50. "언어는 '아버지의 법'이 지배하는 상징계이며 '아버지의 이름'으로 구조되어진 초자아의 체계이다." Lacan은 아버지 은유를 상징계로 제시한다.

213) S. McFague, *Models of God*, 65. 101〜123.
214) ________, *Metaphorical Theology: Models of God in the Religious Language*, Philadelphia: Fortress Press, 1982, 91.
215) S. McFague, *Models of God*, 104.
216) ________, *Metaphorical Theology*, 3〜4.
217) Ian G. Barbour, *Myths, Models and Paradigms: A Comparative Study in Science and Religion*, New York: Harper & Row, 1974, 156.
218) Ibid.
219) S. McFague, *Models of God*, 65.
220) Ibid., 114.
221) Ibid., 69.
222) ___, *Metaphorical Theology*, 167.
223) Ibid., 175.
224) S. McFague, *Models of God*, 33.
225) 심영보, 『사이버신학과 사이버은총』, 한국학술정보[주], 2011, 108.
226) Psalms 105: 39 He spread a cloud for a covering, And fire to give light in the night.
227) S. McFague, *Models of God*, 104〜105.
228) Ibid., 125〜155.
229) Ibid., 130.
230) Ibid., 131.
231) Ibid., 129.
232) Ibid., 135〜136.
233) Sheila Collins, *A Different Heaven and Earth*, 67. S. McFague, *Metaphorical Theology*, 148에서 재인용.
234) S. McFague, *Metaphorical Theology*, 135.
235) Ibid., 146.
236) S. McFague, *Models of God*, 157〜179.
237) Ibid., 162〜163.
238) Ruth Page, "Human Liberation and Divine Transcendence", *Theology* 85, 1992, 184. S. McFague, *Metaphorical Theology*, 183 재인용.
239) S. McFague, *Models of God*, 167.
240) ________, *Metaphorical Theology*, 180.
241) C. S. Lewis, *The Four Loves*, New York: Harcourt, Brace & co., 1960, 172.
242) Isaiah 7:14 "Therefore the Lord Himself will give you a sign: Behold, the virgin shall conceive and bear a Son, and shall call His name Immanuel. / Isaiah 8:8 He will pass through Judah, He will overflow and pass over, He will reach up to the neck; And the stretching out of his wings Will fill the breadth of Your land, O Immanuel." / Matthew1: 23 "Behold, the virgin shall be with child, and bear a Son, and they shall call His name Immanuel", which is translated, "God with us."
243) S. McFague, *Models of God*, 169.
244) Ibid., 167.
245) S. McFague, *Metaphorical Theology*, 87.
246) ________, *Models of God*, 183.
247) 존 드 그라프, 데이비드 왠, 토머스 네일러 지음, 박웅희 옮김, 『어플루엔자』, 하슈, 217.
248) 어플루엔자 1호 환자는 아담과 이브이다. 이 두 사람은 에넨농산에 필요한 모든 깃이 있는데 불구하고 따먹지 말라는 신의 명령을 어기고 금단의 열매를 따먹은 장본인들이다. 최초 성서의 가르침은 바로 어플루엔자에 대한 경고였다. 즉, 필요한 것보다 더 많은 것을 탐내지 말라는 것이다. 탐욕은 바로 원죄인 것이다. Affluenza, from affluence and influenza, is a term used by critics of consumerism. Sources define it as follows: affluenza, n. a painful, contagious, socially transmitted condition of overload, debt, anxiety and waste resulting from the dogged pursuit of more. affluenza, n. 1. The bloated, sluggish and unfulfilled feeling that results from efforts to keep up with the Joneses. 2. An epidemic of stress,

overwork, waste and indebtedness caused by the pursuit of the American Dream. 3. An unsustainable addiction to economic growth. Proponents of the term consider that the prizing of endless increases in material wealth may lead to feelings of worthlessness and dissatisfaction rather than experiences of a 'better life', and that these symptoms may be usefully captured with the metaphor of a disease. They claim some or even many of those who become wealthy will find the economic success leaving them unfulfilled and hungry only for more wealth, finding that they are unable to get pleasure from the things they buy and that increasingly material things may come to dominate their time and thoughts to the detriment of personal relationships and to feelings of happiness. The condition is considered particularly acute amongst those with inherited wealth, who are often said to experience guilt, lack of purpose and dissolute behavior, as well as obsession with holding on to the wealth. A potential criticism of the idea of affluenza is that it presents subjective social critique as an objective inevitable and debilitating illness. / From Wikipedia, the free encyclopedia.

249) Matthew 19:23~24 Then Jesus said to His disciples, "Assuredly, I say to you that it is hard for a rich man to enter the kingdom of heaven. 24 And again I say to you, it is easier for a camel to go through the eye of a needle than for a rich man to enter the kingdom of God."

250) Matthew 19:20~21 The young man said to Him, "All these things I have kept from my youth. What do I still lack?" 21 Jesus said to him, "If you want to be perfect, go, sell what you have and give to the poor, and you will have treasure in heaven; and come, follow Me."

251) Mammon is a term derived from the Christian Bible used to describe material wealth or greed, most often personified as a deity, and sometimes included in the seven princes of Hell. Etymologically, the word is assumed to derive from Late Latin 'mammon', from Greek 'μαμμωνᾶς', Syriac 'mámóna' (riches), and was an Aramaic loan word in Hebrew meaning wealth or possessions, although it may also have meant 'that in which one trusts.' The Greek word for 'Mammon', μαμμωνᾶς, occurs in the Sermon on the Mount (during the discourse on ostentation) and in the parable of the Unjust Steward (Luke 16:9~13). The Authorised Version keeps the Syriac word. John Wycliffe uses 'richessis'.
Christians began to use the name of Mammon as a pejorative, a term that was used to describe gluttony and unjust worldly gain in Biblical literature. It was personified as a false god in the New Testament. [Mt.6.24; Lk.16.13] The term is often used to refer to excessive materialism or greed as a negative influence.
You can not serve both God and Mammon.—Matthew 6:19~21, 24. In the Bible, Mammon is personified in Luke 16:13, and Matthew 6:24, the latter verse repeating Luke 16:13. In the Greek, Luke 16:9 and Luke 16:11 also personify Mammon. / From Wikipedia, the free encyclopedia.

252) John 2:13~16 13 Now the Passover of the Jews was at hand, and Jesus went up to Jerusalem. 14 And He found in the temple those who sold oxen and sheep and doves, and the moneychangers doing business. 15 When He had made a whip of cords, He drove them all out of the temple, with the sheep and the oxen, and poured out the changers' money and overturned the tables. 16 And He said to those who sold doves, "Take these things away! Do not make My Father's house a house of merchandise!"

253) 존 드 그라프, 데이비드 왠, 토미스 내일러 지음, 박웅희 옮김, 『어플루엔사』, 한숲, 216~218. 254) 이 용어에 대한 한글 번역은 필자의 번역이다. Donald Winnicott came to psychoanalysis from paediatrics, and …… through his analysis with James Strachey', and his work with children and their mothers fed into the experience on which he built his most influential concepts, such as the 'holding environment' so crucial to psychotherapy, and the 'transitional object', known to every parent as the 'security blanket.'
Part of that loving care was the mother's attentive holding of her child; and as Winnicott(1965) suggested, the therapist recreates a 'holding environment', that resembles that of the mother and infant. Winnicott described minutely "the business of picking a baby up …… gathering her together", and the way that the mother's technique of holding, of bathing, of feeding, everything she did for the

baby, added up to the child's first idea of the mother. Winnicott considered that the child's ability to feel the body is the place where the psyche lives could not have been developed without a consistent technique of handling, and he extrapolated 'the idea of 'holding' and of meeting dependence' from the mother to the family as a whole, and to the wider world surrounding it. He saw as a prerequisite for healthy development "the continuation of reliable holding in terms of the ever-widening circle of family and school and social life."
http://en.wikipedia.org/wiki/Donald_Winnicott.

255) Matthew 8:20 And Jesus said to him, "Foxes have holes and birds of the air have nests, but the Son of Man has nowhere to lay His head."

256) 다석(多夕) 유영모 선생은 하루를 한 생애처럼 살았다. '오늘' 하루가 하나님이 주신 '일용할 양식'으로 생각하고 단식(斷食)과 단색(斷色)을 생활철학으로 삼고 일일일식(一日一食)을 실천하며 살았다. "사람들은 지식이 있거나 없거나 모두 부귀를 찾는다. 부귀란 식색의 사회적 표현이다. 모두 이것에 사로잡혀 있다. 그러나 참이란 부귀를 넘어서야 한다. 인간 본성은 사람이 되는 것이지 부자가 되는 것이 아니다. 땟거리가 없어도 천명이면 산다는 믿음이 있어야 한다. 진리에 대한 사랑과 하나님을 그리는 사랑이 밥 먹는 것보다 더 강해야 한다. 발분망식위도망기(發憤忘食爲道忘飢: 오직 밥은 내가 깨어나기 위한 약으로 먹어야 한다)이다"이라고 다석은 주장했다.

257) 『어플루엔자』, 28~30.

258) Downshifting is a social behavior or trend in which individuals live simpler lives to escape from the rat race of obsessive materialism and to reduce the "stress, overtime, and psychological expense that may accompany it." It emphasizes finding an improved balance between leisure and work and focusing life goals on personal fulfillment and relationship building instead of the all-consuming pursuit of economic success. Downshifting, as a concept, shares many characteristics with Simple living, but is distinguished, as an alternative form, by its focus on moderate change and concentration on an individual comfort level, a "dip your toes in gently" approach. In the 1990s this new form of Simple living began appearing in the mainstream media and has continually grown in popularity among populations living in industrial societies especially the United States, the United Kingdom, New Zealand and Australia. / From Wikipedia, the free encyclopedia.

259) 촘스키, 『불량국가』, 191.

260) 성서와 문학, 219.

261) 『어플루엔자』, 370.

262) '생명'이란 심연에서 비롯되어 심연으로 녹아 없어지는 생기요, 의지이다. 생명은 느낌이요, 경험이며 고통이다. …… 길가에 죽어 있는 작은 딱정벌레-애썼으며 당신처럼 태양 빛을 즐기고 당신처럼 두려움과 고통을 알고 있었다. 그러던 것이 이제는 단지 썩어가는 물질에 지나지 않는다-그것은 하나의 생물로서 당신처럼 살기 위해 그게 바로 금명간 당신이 처하게 될 처지이다. …… 생명을 나누어 향유하고 지속시키는 것이 우리의 의무이다. 모든 산 것들을 경외하는 것이 가장 위대한 계명이다. "살인하지 말라"는 계명은 죽이지 말라는 것이다. 무심코 꽃을 따고 무심코 불쌍한 곤충을 짓밟고 만사가 결국 보응을 받는 까닭인지 동료 인간들의 고통과 생명을 무시하고 사소한 지상의 목표 때문에 사람의 목숨을 희생시킨다. …… 생명의 경외만이 지극히 깊고도 높은 사랑의 윤리를 포괄한다. 그것은 개인과 인류의 끝없는 재생의 근원이다. A. 슈바이처, 이희숙 옮김, 『생명의 경외』, 121~124.

263) 『어플루엔자』, 380.

264) Qality of life (QOL) is used to evaluate the general well-being of individuals and societies. The term is used in a wide range of contexts, including the fields of international development, healthcare, and politics. Quality of life should not be confused with the concept of standard of living, which is based primarily on income. Instead, standard indicators of the quality of life include not only wealth and employment, but also the built environment, physical and mental health, education, recreation and leisure time, and social belonging.
According to ecological economist Robert Costanza: While Quality of Life (QOL) has long been an explicit or implicit policy goal, adequate definition and measurement have been elusive. Diverse 'objective' and 'subjective' indicators across a range of disciplines and scales, and recent work on

subjective well-being (SWB) surveys and the psychology of happiness have spurred renewed interest. Also frequently related are concepts such as freedom, human rights, and happiness. However, since happiness is subjective and hard to measure, other measures are generally given priority. It has also been shown that happiness, as much as it can be measured, does not necessarily increase correspondingly with the comfort that results from increasing income. As a result, standard of living should not be taken to be a measure of happiness.

Livability: The term quality of life is also used by politicians and economists to measure the livability of a given city or nation. Two widely known measures of livability are the Economist Intelligence Unit's quality-of-life index and Mercer's Quality of Living Reports. These two measures calculate the livability of countries and cities around the world, respectively, through a combination of subjective life-satisfaction surveys and objective determinants of quality of life such as divorce rates, safety, and infrastructure. Such measures relate more broadly to the population of a city, state, or country, not to individual quality of life. / From Wikipedia, the free encyclopedia.

265) 문화, 경제, 환경, 사회 등의 영역에서 장기적인 건강과 활력을 의미한다. 예를 들면 시애틀의 40가지 '지속가능성'의 예시는 다음과 같다: 야생연어, 습지, 생물다양성, 토양침식, 대기의 질, 보행자 친화적 거리, 동네의 공터, 불투과성 지표면, 인구, 주거용 물 사용량, 고형 폐기물 산출량과 재순환량, 오염예방과 재생가능 자원의 사용, 농지 면적, 자동차 교통량과 연료소비량, 재생 가능한 에너지와 재생 불가능한 에너지 사용량, 고용집중도, 실질 실업률, 개인 소득의 분배, 보건 의료비, 기본적 욕구의 충족에 필요한 노동시간, 집 장만의 용이성, 빈곤층 아동, 응급실 이용, 공동체 자본, 성인 문맹률, 고등학교 졸업, 교사의 인종다양성, 예술 교육, 학교에 대한 자원봉사, 청소년 범죄, 청소년의 공동체 활동참여, 재판의 공정성, 낮은 출산율, 아동천식환자의 입원률, 선거참여, 도서관과 시민회관 이용실태, 예술 활동 참여도, 정원이나 뜰 가꾸기, 이웃 간의 우애, 삶의 질에 대한 인식. 『어플루엔자』, 381~382.

266) 기존의 국민 총생산이나 국내 총 생산 개념에 대한 대안으로 미국 소장 경제학자들이 주창한 새로운 경제지표. 시장가치로 나타낼 수 있는 경제활동 외에 가사노동, 육아노동에서 유발되는 긍정적인 가치와 범죄, 환경오염, 자원고갈의 부정적 비용 등 총 26가지 요소의 비용과 편익을 포괄하는 개념이다. GPI에 포함되는 지출의 내용을 보면 다음과 같다: 대기오염비용, 가족와해비용, 소음공해비용, 여가상실, 습지상실, 불완전고용비용, 농지상실, 내구소비재비용, 재생 불가능한 자원의 고갈, 통근비용, 장기환경 손상비용, 가정오염제거비용, 오존층 파괴비용, 자동차사고비용, 장령림산림상실비용, 수질오염비용, 범죄비용. 존 드 그라프, 데이비드 왠, 토머스 네일러, 『어플루엔자』, 28~30, 387.

267) 『어플루엔자』, 387.

268) Ibid., 387.

269) Ibid., 388.

270) John 3:16 "For God so loved the world that He gave His only begotten Son, that whoever believes in Him should not perish but have everlasting life."

271) 1 John 3:17~18 How does God's love abide in anyone who has the world's goods and sees a brother and sister in need and yet refuses help? Little children, let us love, not in word or speech, but in truth and action.

272) Luke 14:12~14, 12 Then He also said to him who invited Him, "When you give a dinne or a supper, do not ask your friends, your brothers, your relatives, nor rich neighbors, lest they also invite you back, and you be repaid." 13 "But when you give a feast, invite the poor, the maimed, the lame, the blind." 14 "And you will be blessed, because they cannot repay you; for you shall be repaid at the resurrection of the just."

273) Gensis 1:31 Then God saw everything that He had made, and indeed it was very good. So the evening and the morning were the sixth day.

274) '지구헌장(Earth Chapter)'의 내용은 다음과 같다.
1. 지구의 다양한 생명체들을 존경하라. 2. 이해, 동정, 사랑을 가지고 생명공동체를 돌보라. 3. 정의, 참여, 유지, 평화로운 민주적인 사회를 건설하라. 4. 현재, 미래 세대들을 위한 지구의 풍요와 아름다움을 확보하라. 5. 생명을 보존하는 자연적 과정과 생물학적 다양성에 특별한 관심을 가지고 지구생태계의 통합을 보호하고 회복시켜라. 6. 환경을 보호할 수 있는 최상의 방법으로 피해를 줄여라. 7. 지구의 재생능

력, 인권, 공동체의 복지를 담보할 수 있는 생산, 소비, 재생산의 패턴을 적용하라. 8. 생태학적 보존능력
에 대한 연구를 향상시키고 폭넓은 정보의 응용과 교환을 증진시켜라. 9. 사회경제적 정의를 실현시켜라.
윤리적, 사회적, 환경적 의무사항으로 빈곤을 퇴치하라. 10. 모든 차원에서 경제적 활동과 기관들이 유비
무환의 방법으로 인간 개발을 도모하라. 11. 교육, 보건, 경제적 기회에 보편적 접근이 이루어질 수 있도
록 보장하라. 보존개발을 위한 선결조건으로 성의 평등을 인정하라. 12. 인간의 품위, 신체적 건강, 영적
복지를 가지고 가난한 사람들과 소수집단들의 권리를 지원할 수 있는 자연적, 사회적 환경에 차별을 두
지 마라. 13. 민주주의, 비폭력, 평화를 사랑하라. 14. 모든 차원의 민주적인 제도를 강화하라. 정책 결정
시 포괄적인 참여와 투명성과 책임을 제공하라. 15. 삶의 존재방식을 위한 정보, 가치, 훈련 등을 배울
수 있는 장기적이며 공식적인 훈련으로 통합을 유도하라. 16. 존경과 신중함으로 모든 생명체들을 대하
라. 17. 인내, 비폭력, 평화의 문화를 증진시켜라. http://www.greenspirit.org.uk/resources/EcoFeminism.shtml.
275) http://www.plymouth.org/about/McDaniel-Ecotheology.pdf "Ecotheology and World Religions", Jay
McDaniel.

제2부

1) Mark Johnson, *Moral Imagination: Implications of Cognitive Science for Ethics*, Chicago: University of
Chicago Press, 1993.
2) Jennifer Cobb, *Cybergrace The Search for God in the Digital World*, New York: Crown Publishers, Inc.
1998. 217.
3) Paul Santmire gives Christians—as well as their 'cultured despisers'—a reason to give a second look at
the tradition. His quite novel hermeneutical approach to historical theology yields a new panorama that
is relevant to the ecological anxiety of our age. Although some voices are left out (notably women),
Paul Santmire's clarity of thought and force of argument compel Christians to reconsider theology as a
resource for renewing our relationship to the planet, and for non-Christians to give Christianity a fresh
look, with new eyes to potential allies (who bear the name of Christ) in the fight for a right relationship
to nature. http://www.amazon.com/The-Travail-Nature-Ambiguous-Ecological/dp/0800618068.
4) Jennifer Cobb, *Cybergrace*, 24.
5) Ibid.
6) Ibid., 25. '자연의 책'은 하나님을 모르는 사람들을 포함하여 모든 사람들이 활용 가능한 책으로 성경책과는
다르다. G. R. Evans, *The Language and logic of the Bible: The Road to Reformation*, Cambridge
University Press, 1985. 11.
7) Ibid., 24~26.
8) Ibid., 231.
9) Ibid.
10) '오즈모스'는 기본적으로 '세계 안의 존재에 관한 것(about *being-in-the-world*)'으로 데카르트의 이분법
을 해체에서 오는 아픔을 치유하고 통합하려는 동기를 가지고 있다. 몸과 마음, 세계를 재구축, 재연결을
추구한다. Jennifer Cobb, *Cybergrace*, 193~194. 오즈모스에 대한 상세한 내용은 다음 pdf 파일을 참조.
http://www.noemalab.org/sections/ideas/ideas_articles/pdf/shapiro_excerpts_02.pdf.
11) Ibid., 231.

12) Ibid., 29.

13) Ibid., 232.

14) Ibid.

15) Carol Gigliotti, "Aesthetics of a Virtual World", *Leonardo* 28, no. 4, 1955, 289~295.

16) Jennifer Cobb, 45.

17) Ibid., 124.

18) Ibid., 230~233.

19) 심영보, 『고갈과 소생의 변증법』, 73~74. 인생은 공간 시스템(Blank System)이다. 고갈된 공간을 채우는 것이 인생의 스토리이다. 결론과 종결을 유보함으로써 "열린 결말을 유도하는 공백", "질문에 대한 대답을 유도하는 공백"의 시나리오다. 독자들로 하여금 스스로 상상과 창작에 참여케 하여 리얼리티의 환상을 증폭시키는 것이다.

20) ______, 『사이버신학과 디지털교회』, 34~35.

21) Ibid., 97.

22) Michael Heim, *The Metaphysics of Virtual Reality*, 106~107.

23) Indeed, as I looked, the sinews and the flesh came upon them, and the skin covered them over; but there was no breath in them.

24) "I will put My Spirit in you, and you shall live, and I will place you in your own land. Then you shall know that I, the LORD, have spoken it and performed it, says the LORD."

25) Michael Heim, Ibid., 100~101.

26) http:www.msnbc.com/news/226001.asp#BODY.

27) http://www.wsu.edu:8080/~brains/science_fiction/neuromancer.html.

28) Exodus 3:2~6 2 And the Angel of the LORD appeared to him in a flame of fire from the midst of a bush. So he looked, and behold, the bush was burning with fire, but the bush was not consumed. 3 Then Moses said, "I will now turn aside and see this great sight, why the bush does not burn." 4 So when the LORD saw that he turned aside to look, God called to him from the midst of the bush and said, "Moses, Moses!" And he said, "Here I am." 5 Then He said, "Do not draw near this place. Take your sandals off your feet, for the place where you stand is holy ground." 6 Moreover He said, "I am the God of your father—the God of Abraham, the God of Isaac, and the God of Jacob." And Moses hid his face, for he was afraid to look upon God.

29) Jennifer Cobb, Cy*bergrace*, 1~11.

30) http://www.independent.co.uk/net/980428ne/story1.html.

31) *Time*, April 1, 1996, 36.

32) http://www.independent.co.uk/net/980428ne/story1.html.

33) http://milligan.edu/Communications/101files/timejes1.html.

34) And Enoch walked with God; and he was not, for God took him.

35) Deuteronomy 34:5~6 5 So Moses the servant of the LORD died there in the land of Moab, according to the word of the LORD. 6 And He buried him in a valley in the land of Moab, opposite Beth Peor; but no one knows his grave to this day.

36) Northrop Frye, *The Great Code*, New York: HBJ, Publishers, 1982, 180.

37) Mark 9:1~9 1 And He said to them, "Assuredly, I say to you that there are some standing here who will not taste death till they see the kingdom of God present with power." 2 Now after six days Jesus took Peter, James, and John, and led them up on a high mountain apart by themselves; and He was transfigured before them. 3 His clothes became shining, exceedingly white, like snow, such as no launderer on earth can whiten them. 4 And Elijah appeared to them with Moses, and they were talking with Jesus. 5 Then Peter answered and said to Jesus, "Rabbi, it is good for us to be here; and let us make three tabernacles: one for You, one for Moses, and one for Elijah" 6 because he did not know what to say, for they were greatly afraid. 7 And a cloud came and overshadowed them; and a voice came out of the cloud, saying, "This is My beloved Son. Hear Him!" 8 Suddenly, when they had looked around, they saw no one anymore, but only Jesus with themselves. 9 Now

as they came down from the mountain. He commanded them that they should tell no one the things they had seen, till the Son of Man had risen from the dead.

38) Sally McFague, *The Body of God*, 144. Acts 17:28: "for in Him we live and move and have our being, as also some of your own poets have said, For we are also His offspring."

39) 우주에서 차이들을 묵상하는 것은 하나님의 몸의 성스러운 본질에 참여하는 기본적인 성만찬(sacraments) 중의 하나이다. 맥페이그는 이것을 '주의 인식론(attention epistemology)'이라고 부르며 성스럽고 구체화된 지혜의 중심적인 특징이라고 주장한다. 구체화된 지혜는 분열된 개인주의에 의존하지 아니하고 우리의 독특하고 특별한 관점을 존중해줄 것을 요구한다. '주의 인식론'은 성령과 함께 구성된 리얼리티를 우리 모두 집착하는 동안 창조의 모든 면들의 독창적인 구체화를 요구하는 방법을 제공한다. Jennifer Cobb, 49.

40) Jennifer Cobb, 154.

41) Ibid., 159~161.

42) Ibid., 166~172.

43) Ibid., 55~56.

44) *Wired* 잡지의 편집장인 켈리(Kevin Kelly)는 자신의 저서, *Out of Control*에서 이 주제를 광범위하게 탐험한다. 켈리는 자신의 독특한 절충적인 관점으로 컴퓨터가 세계 속으로 전개되는 과정을 추적하면서 수년 동안 컴퓨터의 세계에 관하여 책을 쓰고 있다. Jennifer Cobb, 59.

45) Ibid.

46) Jennifer Cobb, 60.

47) Ibid.

48) Ibid., 60.

49) 켈리는 러셀(Bertrand Russell)과 함께 연구한 천재 수학교수, 인공두뇌의 아버지인 웨이너(Norbert Weiner)와 함께 그의 연구를 시작했다. 그의 저서 『인공두뇌』*(Cybernetics)*에서, 웨이너는 피드백 루프(Feedback Loops)에 대한 근본적인 컴퓨터 아이디어를 소개한다. 이 사소한 겉으로 보기에는 중요하지 않은 열쇠가 신성과 컴퓨터 테크놀로지 사이에 중요한 다리역할을 한다. Jennifer Cobb, 61.

50) Ibid., 62.

51) Ibid., 30.

52) Michael Heim, *The Metaphysics of Virtual Reality*, 참조.

53) <u>Chaos theory</u>: A plot of the Lorenz attractor for values r=28, σ =10, b=8/3Chaos theory is a field of study in mathematics, with applications in several disciplines including physics, engineering, economics, biology, and philosophy. Chaos theory studies the behavior of dynamical systems that are highly sensitive to initial conditions, an effect which is popularly referred to as <u>the butterfly effect</u>. Small differences in initial conditions(such as those due to rounding errors in numerical computation) yield widely diverging outcomes for chaotic systems, rendering long-term prediction impossible in general. This happens even though these systems are deterministic, meaning that their future behavior is fully determined by their initial conditions, with no random elements involved. In other words, the deterministic nature of these systems does not make them predictable. This behavior is known as deterministic chaos, or simply chaos. Chaotic behavior can be observed in many natural systems, such as weather. Explanation of such behavior may be sought through analysis of a chaotic mathematical model, or through analytical techniques such as recurrence plots and Poincaré maps.
<u>Superstring theory</u> is an attempt to explain all of the particles and fundamental forces of nature in one theory by modelling them as vibrations of tiny supersymmetric strings. Superstring theory is a shorthand for supersymmetric string theory because unlike bosonic string theory, it is the version of string theory that incorporates fermions and supersymmetry. / From Wikipedia, the free encyclopedia.

54) <u>Mandelbrot set</u>: Initial image of a Mandelbrot set zoom sequence with a continuously coloured environment. Mandelbrot animation based on a static number of iterations per pixel. The Mandelbrot set is a mathematical set of points whose boundary is a distinctive and easily recognizable two-dimensional fractal shape. The set is closely related to Julia sets (which include similarly complex shapes), and is named after the mathematician Benoît Mandelbrot, who studied and popularized it. Images of the Mandelbrot set display an elaborate boundary that reveals progressively ever-finer recursive detail at

increasing magnifications. The 'style' of this repeating detail depends on the region of the set being examined. The set's boundary also incorporates smaller versions of the main shape, so the fractal property of self-similarity applies to the entire set, and not just to its parts. The Mandelbrot set has become popular outside mathematics both for its aesthetic appeal and as an example of a complex structure arising from the application of simple rules, and is one of the best-known examples of mathematical visualization. / From Wikipedia, the free encyclopedia.

55) Jennifor Cobb, 32.

56) Benjamin Woolley, *Virtual Worlds: A Journey in Hype and Hyperreality*, Oxford: Blackwell Publishers, 1992. 70.

57) 심영보, 『사이버신학과 디지털교회』, 한국학술정보(주), 2008. 제5장 하이퍼신학과 공간의 개념 참조. 109~120.

58) Jennifor Cobb, 47.

59) Charles Birch and John B. Cobb, Jr., *The Liberation of Life*: From the Cell to the Community, Denton, Texas: Environmental Ethics Books, 1990. 189.

60) Jennifer Cobb, 93.

61) Entropy, in an information sense, is a measure of unpredictability. For example, a series of coin tosses with a fair coin has maximum entropy, since there is no way to predict what will come next. A string of coin tosses with a coin with two heads and no tails has zero entropy, since the coin will always come up heads. Most collections of data in the real world lie somewhere in between. It is important to realize the difference between the entropy of a set of possible outcomes, and the entropy of a particular outcome. A single toss of a fair coin has an entropy of one bit, but a particular result (e. g. 'heads') has zero entropy, since it is entirely 'predictable.'
http://en.wikipedia.org/wiki/Entropy_(information_theory).

62) Jennifer Cobb, 184.

63) Ibid., 109.

64) Ibid., 59.

65) Ibid., 99.

66) Ibid., 100.

67) 생태철학의 5가지 원리가 있다. 광의의 의미에서 '생태학적'이다. 자연과 함께하는 인간성의 원리이다. 1. 세계는 신성한 지성소이다. 2. 생명에 대한 존경이 선결적 가치이다. 3. 검소가 내적 행복의 선결 조건이다. 4. 영성과 합리성은 배제가 아닌 보충관계이다. 5. 지구촌을 치료하기 위해서는 먼저 우리 자신부터 치료해야 한다. http://www.ecophilosophy.org/.

68) Jennifer Cobb, Ibid., 100.

69) '홀론(*Holon*)'은 그리스어 전체를 의미하는 '홀로스(*holos*)'에서, '온(*on*)'은 실체를 의미하는 것으로 이 두 단어의 합성어이다. 여기서 홀론은 계급구조 안에서 하위에 있는 부분들에 대한 전체를, 계급구조 안에서 상위에 있는 전체에 대한 부분을 의미한다. Charles Hampden-Turner, *Maps of The Mind*, 162. 참조. "홀론은 전체와 원소의 종합이다(Holon is a synthesis of 'whole' and 'atom')" Charles Hampden-Turner, 103. 모든 부분들은 상호 의존적이며 홀론 사이에는 국부적 자율성을 가지고 있다. [유기체-시스템-기관 -조직-세포-소세포-단세포-원자-하부 원자적 분자-……]에 대한 지도는 *Maps of The Mind*, 163. 참조.

70) Ken Wilber, *Sex, Ecology, Spirituality: The Spirit of Evolution*, Boston: Shambhala, 1990, 35.

71) Jennifor Cobb, Ibid., 102~103.

72) Charles Hampden-Turner, *Maps of The Mind*, 163. "살아 있는 자연의 홀로아키: 케스틀러(Arthur Koestler)의 열정적 페시미즘"에서 홀론은 로마의 신, 야누스처럼, 두 가지 방향을 직시한다. 부분과 전체, 자아주장과 통합, 이기주의와 이타주의, 경쟁과 협동, 자율과 의존 등의 대립적 요소들의 융합 내지는 통합의 문제를 직시한다. 전체는 부분의 합이며 부분은 전체라는 것 그 이상을 강조한다. 즉, "한 송이 장미는 한 송이 장미이다. 한 송이 장미는 한 송이 장미이다(a rose is a rose is a rose)." Charles Hampden-Turner, 162~165.

73) Ken Wilber, *Sex, Ecology, Spirituality: The Spirit of Evolution*, 104.

74) Ibid., 51.

75) Algorithms: In mathematics, computing, linguistics, and related disciplines, an algorithm is a procedure (a finite set of well-defined instructions) for accomplishing some task which, given an initial state, will

terminate in a defined end-state. The computational complexity and efficient implementation of the algorithm are important in computing, and this depends on suitable data structures. Informally, the concept of an algorithm is often illustrated by the example of a recipe, although many algorithms are much more complex. Basically, an algorithm is a method, like a recipe, in that by following the steps of an algorithm you are guaranteed to find the solution or the answer, if there is one. Algorithms often have steps that repeat (iterate) or require decisions (such as logic or comparison). Algorithms can be composed to create more complex algorithms.

The concept of an algorithm originated as a means of recording procedures for solving mathematical problems such as finding the common divisor of two numbers or multiplying two numbers. The concept was formalized in 1936 through Alan Turing's Turing machines and Alonzo Church's lambda calculus, which in turn formed the foundation of computer science. Most algorithms can be directly implemented by computer programs; any other algorithms can at least in theory be simulated by computer programs. In many programming languages, algorithms are implemented as functions or procedures. http://psychology.wikia.com/wiki/Algorithms.

76) Jennifer Cobb, 104.

77) Ibid., 106.

78) Ibid.

79) Ibid., 107.

80) Indra's Net: There are several aspects of Indra's Net, that signify it as a crystal clear allegory of reality:

1. The Holographic Nature of the Universe

Long before the existence of the hologram, the jeweled net is an excellent description of the special characteristic of holograms: that every point of the hologram contains information regarding all other points. This reflective nature of the jewels is an obvious reference to this. This kind of analogy has been suggested by science as a theory for an essential characteristic of the cosmos, as well as as the functioning of the human brain, as beautifully described in The Holograpic Universe by Michael Talbot.

2. The Interconnectedness of All Thingss

When any jewel in the net is touched, all other jewels in the node are affected. This speaks to the hidden interconnectedness and interdependency of everything and everyone in the universe, and has an indirect reference to the concept of 'Dependent Origination' in Buddhism. Additionally, Indra's Net is a definitive ancient correlate of Bell's Theorum, or the theory of non-local causes.

3. Lack of a substantive self

Each node, representing an individual, simply reflects the qualities of all other nodes, inferring the notion of 'not-self' or a lack of a solid and real inherent self, as seen in the Advaita Vedanta school of Hinduism and Buddhism in general.

4. Non-locality

Indra's Net shoots holes in the assumption or imputation of a solid and fixed universe 'out there.' The capacity of one jewel to reflect the light of another jewel from the other edge of infinity is something that is difficult for the linear mind, rational mind to comprehend. The fact that all nodes are simply reflections indicates that there is no particular single source point from where it all arises.

5. Innate Wisdom

The ability to reflect the entirety of all light in the universe attests to the inherent transcendant wisdom that is at the core of all nodes, representing all sentient beings, and to the inherent Buddha Nature.

6. Illusion or Maya

The fact that all nodes are simply a reflection of all others implies the illusory nature of all appearances. Appearances are thus not reality but a reflection of reality.

7. Universal Creativity

A familiar concept in various high dharmas is one of an impersonal creative intelligence that springs forth into reality through the instruments of all living beings.

8. The Mirror-like Nature of Mind

The capacity to reflect all things attests to the mind being a mirror of reality, not its basis. This is a common thesis among various schools and religions. And Indra's Net has been used as a defining metaphor for the Internet. One major web hosting site is www.indra.com.

The following are some quotes and interesting web sites regarding Indra's Net: Indra's Net is a core metaphor of HuaYen.

Stephen Mitchell, in his book *The Enlightened Mind*, wrote: "The Net of Indra is a profound and subtle metaphor for the structure of reality. Imagine a vast net; at each crossing point there is a jewel; each jewel is perfectly clear and reflects all the other jewels in the net, the way two mirrors placed opposite each other will reflect an image ad infinitum. The jewel in this metaphor stands for an individual being, or an individual consciousness, or a cell or an atom. Every jewel is intimately connected with all other jewels in the universe, and a change in one jewel means a change, however slight, in every other jewel." (It's also interesting to note that contemporary physicists are in general agreement that this ancient metaphor is indeed a good description for the universe)

As one of the West's preeminent philosophers defined human interaction: The [people] are the primary units of the actual community, and the community is composed of the units. But each unit has in its nature a reference to every other member of the community, so that each other member of the community, so that each unit is a microcosm representing in itself the entire all-inclusive universe.

——Lecture: Body and Spirit, 1926, Alfred North Whitehead /http://www.heartspace.org/misc/IndraNet.html.

81) Ken Wilber, Ibid., 65.

82) Jennifer Cobb, 108.

83) Ken Wilber, Ibid., 104.

84) Jennifer Cobb, 112~113.

85) 실용생태주의자 겸 디지털 자연주의자로서 세계적으로 독보적인 존재, 레이(Tom Ray)는 하버드에서 대학원생으로서 코스타리카의 우림지대를 연구하면서 특별한 캐리어를 경험하기 시작했다. 그가 박사학위를 마칠 때까지, 레이는 자기가 선택한 분야, 생물학에 대하며 가장 중요한 원리에 대한 인식 부족으로 좌절을 경험했다. 레이는 단지 끝이 보이지 않는 일련의 더 작은 생태시스템이 아니라 보다 더 큰 영역을 연구하고 싶었다. 상당한 기간 이러한 생각에 골몰한 나머지 레이는 자기가 진정으로 원하는 것은 진화였다는 것을 깨달았다.

86) Jennifer Cobb, 159.

87) Tom Ray, "Artificial Life", section Synthesis and Simulation, available at:
http://hip.atr.co.jp/~ray/pubs/tatm/tatm.html.

88) Jennifer Cobb, 163~164.

89) Tom Ray, "Artificial Life", section Synthetic Evolution.

90) Ibid., "Artificial Life", section Evolution and the Medium.

91) Jennifer Cobb, 165.

92) Ibid., 183~184.

93) Tom Ray, "Artificial Life", section Auto-catalytic Evolution, available at:
http://hip.atr.co.jp/~ray/pubs/tatm/tatm.html.

94) Jennifer Cobb, 184.

95) Ibid., 185.

96) John Young, "Global Network: Computers in a Sustainable Society", Worldwatchpaper 115. Washington, D. C.: Worldwatch Institute, 1993, 47.

97) Roger Molander, Andrew Riddile, Peter Wilson, Strategic Information Warfare: A New Face of War, Rand Corporation, 1996, abstract available at: http://www.rand.com.

98) Analysis and quote from Julian Wolpert, "Session Summary from Center Cities as Havens and Traps Low-Income Communities", page 4, available at:http://sap.mit.edu/projects/colloquium/.

99) John Young, "Global Network", 14.

100) Ibid., 4.
101) Julian Wolpert, "Session Summary from Center Cities as Havens and Traps Low-Income Communities", 8.
102) Jennifer Cobb, 218.
103) Rejane Spitz, "Qualitative, Dialectical and Experiential Domains of Electronic Art", 32.
104) John Young, "Global Network", 37.
105) 무색 유독 액체: 드라이클리닝 용제나 금속 유지 제거에 쓰인다.
106) Jennifer Cobb, 220.
107) Ibid., 221.
108) Charles Hampden-Turner, *Maps of The Mind*, 194~196.
109) Jennifer Cobb, 236.
110) Wigglism at http://www.artnetweb.com/port/wigglism.
111) Jennifer Cobb, 238.
112) 장기영, 『책의 미래』, 푸른영토, 2011. 376~377.
113) 심영보, 『하이퍼신학의 관점에서 본 사이버처어치』, 112.
114) Zechariah 5:1~2: "Then I turned and raised my eyes, and saw there a flying scroll. And he said to me, What do you see? So I answered, I see a flying scroll. Its length is twenty cubits and its width ten cubits."
115) Ibid., 125.

심영보 ————————————————————————————————

연세대학교 연합신학대학원(M.Div.)
목원대학교 신학대학원(CRE, Kcm)
연세목회클럽(YPCC) 학술위원장
FEBC 극동방송 *Guidepost* 해설위원
감리교목사고시 패스·목사안수
실버랜드·둔산한방병원 원목
대전대학교 영문학박사·교수
English Bible Study 지도교수
Time Study 동아리 지도교수
한국기독교정보학회(KSCEIT) 회원
한국문화신학학회 회원
사이버신학연구소 소장

저서
『존 바스: 고갈과 소생의 변증법』
『사이버신학과 디지털교회』
『하나님의 실수』
『사이버신학과 사이버은총』

역서
『마음의 지도』
『하나님의 힘』
『밤바다 여행』
『자서전』

논문
「인간회복 인간상실」
「Utopia는 가능한가?」
「John Keats의 정직성—"Ode on a Grecian Urn"을 중심으로—」
「신학적 관점에서 본 *Tess of the D'Urbervilles*」
「John Barth의 *Chimera* 연구」
「제유적 이미지의 반전과 전환—*The End of the Road*—」
「John Barth의 Narrative 전략연구」
「John Barth 소설의 내러티브 기법연구—*Sabbatical: A Romance*—」
「Cyber-Literature의 현황과 전망」
「현대문학의 예술성과 외설성」
「존 바스의 케노시스와 블랙홀」
「우연적 필연성과 필연적 우연성의 담론—*Being There*를 중심으로—」
「Incarnation과 해체—John Barth를 중심으로—」
「So it goes의 미학—*Slaughter-House Five*를 중심으로—」
「The Cyber-Church in the Hypertheology」

Metaphor-Theology &
Digital-EcoTheology

은유신학과 디지털-생태신학

초 판 인 쇄 | 2012년 10월 26일
초 판 발 행 | 2012년 10월 26일

지 은 이 | 심영보
펴 낸 이 | 채종준
펴 낸 곳 | 한국학술정보㈜
주   소 | 경기도 파주시 문발동 파주출판문화정보산업단지 513-5
전   화 | 031) 908-3181(대표)
팩   스 | 031) 908-3189
홈 페 이 지 | http://ebook.kstudy.com
E-mail | 출판사업부 publish@kstudy.com
등   록 | 제일산-115호(2000. 6. 19)

ISBN   978-89-268-3853-2 93230 (Paper Book)
            978-89-268-3854-9 95230 (e-Book)

내일을여는지식 은 시대와 시대의 지식을 이어 갑니다.